权威·前沿·原创

皮书系列为
"十二五""十三五"国家重点图书出版规划项目

上海蓝皮书

BLUE BOOK OF SHANGHAI

总 编／张道根 于信汇

上海传媒发展报告（2019）

ANNUAL REPORT ON MEDIA DEVELOPMENT OF SHANGHAI (2019)

新时代 新配置 新传播

主 编／强荧 焦雨虹

社会科学文献出版社
SOCIAL SCIENCES ACADEMIC PRESS (CHINA)

图书在版编目(CIP)数据

上海传媒发展报告.2019：新时代　新配置　新传播/强荧，焦雨虹主编.--北京：社会科学文献出版社，2019.8
（上海蓝皮书）
ISBN 978-7-5201-5083-5

Ⅰ.①上… Ⅱ.①强… ②焦… Ⅲ.①传播媒介-研究报告-上海-2019 Ⅳ.①G219.275.1

中国版本图书馆 CIP 数据核字（2019）第 129261 号

上海蓝皮书
上海传媒发展报告（2019）
——新时代　新配置　新传播

主　　编 / 强　荧　焦雨虹
出 版 人 / 谢寿光
责任编辑 / 张　媛

出　　版 / 社会科学文献出版社·皮书出版分社（010）59367127
　　　　　　地址：北京市北三环中路甲29号院华龙大厦　邮编：100029
　　　　　　网址：www.ssap.com.cn
发　　行 / 市场营销中心（010）59367081　59367083
印　　装 / 天津千鹤文化传播有限公司
规　　格 / 开本：787mm×1092mm　1/16
　　　　　　印张：18.5　字数：277千字
版　　次 / 2019年8月第1版　2019年8月第1次印刷
书　　号 / ISBN 978-7-5201-5083-5
定　　价 / 128.00元

本书如有印装质量问题，请与读者服务中心（010-59367028）联系

▲ 版权所有 翻印必究

上海蓝皮书编委会

总　编　张道根　于信汇
副总编　王玉梅　谢京辉　王　振　张兆安　权　衡　干春晖
委　员　（按姓氏笔画排序）
　　　　　王德忠　王中美　叶必丰　阮　青　朱建江　李安方
　　　　　沈开艳　杨　雄　邵　建　周冯琦　周海旺　荣跃明
　　　　　徐清泉　屠启宇　强　荧　惠志斌

《上海传媒发展报告（2019）》编委会

主　编　强　荧　焦雨虹

编　委　（按姓氏笔画排序）
　　　　　　丁方舟　王　月　王建军　王　雷　王　蔚
　　　　　　方师师　白红义　同　心　吕　鹏　许顺利
　　　　　　李　敬　吴宜萍　宋　超　张志安　张雪魁
　　　　　　张昱辰　陈文韵　陈　骅　孟　晖　赵　祎
　　　　　　郑博斐　郭　欣　童　希　裘　新　董　倩
　　　　　　戴丽娜

主要编撰者简介

强 荧 二级研究员，上海市文化创意产业推进领导小组办公室专职副主任，上海市第八次党代会代表，上海市第十二届政协委员，上海市作协会员，上海市领军人才。

1995 年获首届"全国百佳新闻工作者"称号，1998 年获"中国报刊之星"称号，2001 年获上海第三届"范长江新闻奖"，数十次获中国新闻奖和上海新闻奖。

新闻从业 30 余年，新闻类著作 12 本。曾经长江漂流，摩托西行，走过沙漠，找过野人，攀登雪山，穿越丝路，申奥远征，闯过南极，去过北极。

坚持笔触扎根于民众之中，亲身体验出租车司机、巡警、殡葬工、卖报人、保险推销员等普通劳动者生活，发表系列体验式报道。

1994 年，强荧新闻作品义拍，所得捐赠给上海市记协，创立"强荧风险新闻奖"，定期表彰一批敢冒风险采访的新闻记者。

2003 年，在南纬 72 度 56 分 30 秒、东经 75 度 16 分 39 秒发现外星陨石，成为中国发现南极陨石第 15 人，国家极地办和中国极地研究所命名这块陨石为"强荧 GRV021604"。

焦雨虹 新闻传播学博士后，文学博士，副教授。主要研究方向为新闻理论、媒介与传播、文化产业。主持、参与多个国家级、省部级研究项目并撰写研究报告，发表多篇学术论文，出版相关学术著作。

摘 要

2018年，人类社会和互联网发展进入新阶段，以网络连接为核心的网络互联时代进入了以智能物联为核心的智能时代，技术驱动下的传媒业从"互联网+"进入了"智能+"时代。媒体边界进一步交叉和模糊，人与机器的融合成为新课题。基于用户规模增长的新媒体流量触碰天花板，面临结构性转折和调整。进入关键阶段的媒介融合发展面临新的挑战，智能化成为新背景、新逻辑，以"智能+"为核心驱动新一轮融合发展。传媒发展进入新时代，从宏观到微观，传媒生态面临新转折。

《上海传媒发展报告（2019）》以"新时代 新配置 新传播"为主题，分析人工智能、云计算、5G等技术驱动下信息传播的新型模式，指出其在信息的输出方式、传播速度、生产模式、分发机制等领域给传媒业带来了巨大挑战，同时提供了新的发展契机，传媒发展进入智媒时代。报告追踪传媒发展中的热点焦点现象，发现问题并探讨可能的对策路径。全书由总报告、专题篇、转型篇、案例篇、综合篇等几大部分构成。总报告总结2018年中国传媒发展的主要成就、焦点问题，并对未来趋势做出展望；专题篇聚焦县级融媒体中心建设、人工智能等重大问题；转型篇讨论传统财经媒体、主流媒体新闻客户端、出版行业等转型过程中出现的现象与问题；案例篇集中探讨进博会报道、西方主流媒体关于"一带一路"报道、网络媒体与传统媒体议题互动等具体案例；综合篇涵盖话语研究、伦理探讨、媒介文化等领域。

2018年依然是媒体的融合探索之年，问题虽然复杂，但删繁就简，媒体的本质是为社会、为人类传播信息，促进沟通、促进认同，从这个层面来说，无论技术如何变迁、外在形态如何变换，新闻的专业性依然是一个有效

的分析框架和价值判断依据。已经成为国家战略的"人工智能"是新的契机和窗口，传播科技力量，探索适合中国媒体发展的"人工智能+"的媒体融合之路，是未来的主要挑战和机遇。

关键词： 新配置　结构性转折　媒介融合　新传播

目 录

Ⅰ 总报告

B.1 "智能+"开创媒体新格局 …………………… 强 荧 焦雨虹 / 001
  一 态势与热点 ……………………………………………… / 002
  二 新媒体结构性调整 ……………………………………… / 005
  三 媒体融合进入关键阶段 ………………………………… / 009
  四 对策与展望 ……………………………………………… / 011

Ⅱ 专题篇

B.2 新传播形态下新闻生产实践的变革 …………………… 王 月 / 012
B.3 边界设定与正当性重构：新闻业的"人工智能"
  话语研究 …………………………………………… 丁方舟 / 021
B.4 融媒体中心建设的业务模式与技术架构研究报告 …… 邹双泽 / 032

Ⅲ 转型篇

B.5 区块链技术能为新闻业带来什么？
  ——以去中心化新闻网（DNN）为例 …… 戴丽娜 张钰莹 / 045

B.6 媒介融合时代下的财经媒体发展变革
　　——以上海报业集团界面·财联社为例……………… 戴　榆 / 056
B.7 传统媒体新闻客户端平台化策略探析………… 高存玲　张丽华 / 071
B.8 新媒体技术环境下移动出版的发展趋势与对策………… 孟　晖 / 079

Ⅳ 案例篇

B.9 新时代重大主场外交活动的公众认知与态度研究
　　——以第一届中国国际进口博览会为例…… 郑博斐　张雪魁 / 095
B.10 从"大写意"到"工笔画"：西方主流媒体关于
　　"一带一路"倡议报道的倾向研究 ………………… 郭雅静 / 109
B.11 新媒体环境下的谣言传播
　　——以××事件为例 ………………………………… 张昱辰 / 123
B.12 网络媒体与传统媒体间议题互动研究
　　——基于"瑞典警察粗暴对待中国游客"事件的研究
　　………………………………………………… 李景欣　焦雨虹 / 137
B.13 运气归因与社会支持：基于支付宝"锦鲤"事件的
　　舆情分析 …………………… 杨　雅　王童宁　万乐萌 / 151

Ⅴ 综合篇

B.14 资本的"焦虑"与技术的"争议"：公共话语中的
　　网络视频直播 …………………………… 白红义　李　拓 / 161
B.15 网络直播的伦理失范及其综合治理 ………………… 杨桃莲 / 183
B.16 强监管语境下的短视频发展生态：现状、问题
　　与调整 …………………………………… 方师师　张心志 / 196
B.17 移动社交APP的分类与发展现状 …………………… 李　敬 / 213
B.18 作为新社会力量的媒介：新传播环境下社区媒体
　　参与社区治理研究 ……………………… 郭恩强　邓以勒 / 224

目　录

B.19　新媒体环境下社区沟通体系构建研究 …………………… 董　倩 / 237
B.20　新媒介环境如何塑造文化行动者？
　　　——试析作为新传播现象的网络"丧文化"
　　　……………………………………… 马新瑶　戴宇辰 / 248

B.21　后记 ………………………………………………………………… / 263

Abstract ………………………………………………………………… / 264
Contents ………………………………………………………………… / 265

皮书数据库阅读使用指南

003

总 报 告

General Report

B.1
"智能+"开创媒体新格局

强荧 焦雨虹*

摘 要： 2018年，人类社会和互联网发展进入新阶段，以网络连接为核心的网络互联时代进入了以智能物联为核心的智能时代，技术驱动下的传媒业进入了"智能+"时代。媒体边界进一步交叉和模糊，人与机器的融合成为新课题。新媒体原生动力流量触碰天花板，面临结构性转折和调整。媒介融合进入关键阶段，智能化成为新背景、新逻辑，以"智能+"为核心驱动新一轮融合发展。传媒发展进入新时代，从宏观到微观，传媒生态面临新转折。

关键词： 智能+ 结构性转折 媒体融合 新传播

---

* 强荧，研究员，上海市文化创意产业推进领导小组办公室专职副主任；焦雨虹，主要研究方向为新闻理论、媒介与传播。

2018年，人类社会和互联网发展进入新阶段，以网络连接为核心的网络互联时代进入了以智能物联为核心的智能时代，技术驱动下的传媒业进入了"智能+"时代。媒体边界进一步交叉和模糊，人与机器的融合成为新课题。智能化成为媒介融合的新背景、新逻辑，从宏观到微观，传媒业的生态和面貌将发生重大转折，媒体开始顺应智能化大趋势，以"智能+"为核心驱动新一轮融合发展。

一　态势与热点

2018年，科技加速发展，推动产业升级、生活方式变革、传媒变革。中国互联网络信息中心（CNNIC）发布的第43次《中国互联网络发展状况统计报告》指出，人工智能、5G、量子信息、云计算、大数据、物联网、超级计算等技术领域，取得了长足发展。其中5G核心技术取得突破，大规模进入应用领域指日可待，人工智能领域的规划及应用开始普及，进一步推动了人工智能与经济发展及社会各个层面的融合，云计算逐渐被市场认可和接受，传媒业进入了"智能+"的新时代。

1. 从"互联网+"到"智能+"

在政府战略部署、资本跟进、技术驱动之下，人工智能正与各个行业各个产业加快融合，继PC互联网、移动互联网之后，新的智能时代的轮廓初现，开始进入、渗透生活的各个层面。

2017年7月，国务院发布了《新一代人工智能发展规划》，对新一代人工智能发展的目标、任务和措施做出了具体部署。2017年12月，工信部发布《促进新一代人工智能产业发展三年行动计划（2018－2020年）》，明确了重点智能产品的领域和指标，推动人工智能和实体经济进一步融合。

2018年3月，全国两会政府工作报告要求："实施大数据发展行动，加强新一代人工智能研发应用，在医疗、养老、教育、文化、体育等多领域推进互联网+。"[①]

---

① http：//www.gov.cn/zhuanti/2018qglhzb/live/0305b.htm.

2018年10月31日，中共中央政治局聚焦人工智能开展集体学习，强调人工智能是新一轮科技革命和产业变革的重要驱动力量，其"头雁"效应正在对经济发展、社会进步、国际政治经济格局等方面产生深远的影响，是推动我国科技跨越发展、产业优化升级、生产力整体跃升的重要战略资源。①

2019年1月，习近平总书记在考察人民日报社新媒体大厦时指出，要探索将人工智能运用在新闻采集、生产、分发、接收、反馈中，全面提高舆论引导能力。②

"智能+"是数字技术发展的新阶段，人工智能、移动互联网、大数据、云计算等的广泛运用是智能化的发展基础，物联网、VR/AR、5G、4K、脑科学等技术的发展则是驱动智能化的直接技术动因，跨界融合、人机协同、群智开放等是智能化的新特征。

2018年6月，国际5G标准正式出炉。5G技术将使万物互联成为可能，信息传播的格局进入新一轮颠覆阶段，发展迅猛的高清视频传播、网络直播将进一步占领市场。

"互联网+"给社会生产、生活方式带来了巨大改变，重塑了产业结构和形态。从"互联网+"到"智能+"，其核心是运用新技术升级新业态、新模式，更重要的是技术与医疗、教育、生活服务等紧密结合，将给人们的生活方式带来深远影响。

2. 智媒布局

媒介变革常常伴随着技术的迭代，3G、4G技术催生了移动互联网，新兴的5G也必将为传媒业带来更加深层次、更广范围内的变革，媒体与通信、互联网的合作必然更深入、更广泛。

人工智能技术催生了信息传播的新型模式，在信息的输出方式、传播速度、生产模式、分发机制等领域给传媒业带来了巨大挑战，同时也提供了新

---

① http://www.cac.gov.cn/2018-10/31/c_1123643315.htm.
② 《人民日报》2019年1月25日。

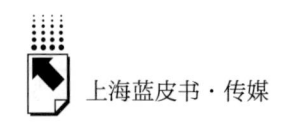

的发展契机，传媒发展进入智媒时代。

人工智能已经成为国家战略，传媒业的智能化之路早已开启，机器人写作系统、直播APP、无人机报道、虚拟主持人等智能手段和产品的使用已经并不新鲜，智能技术已经应用于媒体的多个业务层面。

技术赋能解放生产力，写稿机器人的运用应该是最早的人工智能应用，腾讯的"Dreamwriter"、今日头条的"小明"和新华社的"快笔小新"等，都曾经名噪一时。新华社较早使用人工智能技术，2015年推出写作机器人"快笔小新"，2017年推出媒体大脑，2018年11月在第五届世界互联网大会上发布了"AI合成主播"，其既是人工智能发展的突破，也是智能时代媒体的新探索。

数据是人工智能产业最核心的资源之一，也是"智能+"时代媒体的核心资源，数据资源的抓取、分析和配置，是传媒内容生产、分发传播、网络覆盖、用户服务的基础。用户分析、用户画像是信息传播的逻辑起点，日趋精准化、场景化是媒体内容生产的基础，对人工智能、大数据、云计算等技术的充分运用是大势所趋。

在新闻选题、信息采集、信息加工等内容生产的诸多环节，智能化技术已被扩大应用。机器人写作提升了新闻生产速度和数量，在挖掘信息的广度、提升数据的准确性方面超越了传统信息来源。机器人写作目前主要用于体育、财经、自然灾害等题材领域，数据繁多、写作程式化、采访少是它们的共同点，而数据处理正好体现了智能技术的优势。2017年8月8日四川九寨沟发生地震，地震信息播报机器人用25秒写了全球第一条速报，通过中国地震台官方微信平台推送。后续的地震速报均由机器人操作，最快出稿速度为5秒。

"算法+社交"的智能推荐机制是当下具有代表性的内容分发模式，相较于传统生产和分发机制，其高效率、个性化、社交化优势比较显著。但其弊端日渐突出，引发较大争议，其中算法的制定与核实、新闻的公共性与信息茧房的矛盾、工具理性与价值理性的冲突、技术主导与人的主体性矛盾等是核心问题。

智能化已成传媒业大势所趋，其目标不仅仅是将人类从机械刻板的工作中解放出来，节省时间、降低成本只是表层诉求。人机协同、人机交互是基本思维，技术作为驱动力，增强人的主体性，提升人类能力拓展应用范畴，在选题的策划与发现、传播规律的探析、趋势的预测以及传播效果的预判等方面深入探索，以提升媒体内容生产的专业度，是媒体智能化发展的根本。

二 新媒体结构性调整

1999年被称为"中国互联网元年"，至今已经20年，经过多年持续快速发展，中国互联网进入新时期。中国互联网络信息中心（CNNIC）发布的第43次《中国互联网络发展状况统计报告》显示，截至2018年12月，我国网民规模达8.29亿人，普及率达59.6%。手机网民规模达8.17亿人，网民通过手机接入互联网的比例高达98.6%。短视频用户达到6.48亿人，使用率为78.2%，内容生产的专业度与垂直度不断提升。监测到的移动APP在架数量为449万款。[1] 腾讯发布的《2018微信年度数据报告》显示，微信每月有10.82亿名活跃用户，每天超450亿次信息发送，4.1亿次音视频呼叫。[2]

庞大的数据显示了互联网应用的全覆盖和深度依赖。不管是生根于互联网的新兴媒体，还是融入互联网的传统媒体，在2018年都面临着诸多挑战，新产品、新现象、新问题相伴相生。

1. 模式困境

新兴媒体经过多年快速发展，形态、结构、内容、模式相对固化，虽然新产品、新形态依然不断出现，但在网络大环境和专业媒体的多重压力冲击下，先天不足等问题逐渐突出，新媒体产业发生着剧烈的变化，2018年是新媒体产业重要的转折点。

---

[1] http：//cnnic. net. cn/hlwfzyj/hlwxzbg/hlwtjbg/201902/P020190318523029756345. pdf.

[2] https：//mp. weixin. qq. com/s? _ _ biz = MjM5NTEyMjg0OMA = = &mid = 2650831134&idx = 1&sn = f13e748999cc8447aaaca987ead27d4d.

提供海量信息，但缺乏专业的媒体能力，一直是新媒体的基因短板。网络新兴媒体通过最新的技术手段每时每刻提供各种信息，极大地满足了用户的信息需求。但在信息的采集、加工、传输等传播价值链上，网络媒体并没有大的突破，依然处于探索期。虽然产品和内容都冠以"网络"之名，但其内核与传统形态并无本质性区别。比如网剧、网络电影、网络综艺，虽然节目外在形态有所不同，但与传统综艺、影视剧并无太大不同。速生速死、缺乏黏性是网络产品的共性，新媒体只能不断地推陈出新，但并无实质性的突破，因此一边是大量垃圾内容沉余，一边是用户的厌倦和不满。同时，借助算法机制的内容模式的负面效应日渐突出，信息茧房、后真相、群体极化等现象引发了越来越多的关注和讨论。

2. 流量天花板出现

中国互联网20年的发展，其核心之一就是用户抢夺战，阿里巴巴、腾讯、京东、百度等巨头成长史就是用户增长史。但从2017年开始，用户规模增长基本停滞，至2018年移动互联网用户基本维持在10亿人左右，已然到达天花板状态，腾讯研究院连年发布的《中国互联网趋势报告》用数据充分证明了这一现实。

"用户下沉"成为2018年互联网领域的大热词，正是基于这样一种现实。所谓用户下沉，就是发掘新的价值洼地，在三、四线及以下城市区域寻找新的用户增量。与此同时，"重回线下"成为新的出口。线上流量成本越来越高，线下市场成为新的布局，阿里巴巴、腾讯、顺丰、京东、一条等纷纷开设线下消费、体验场所。

基于用户增长、用户规模发展起来的中国互联网业，正面临着用户这个原动力的巨大变化，其发展模式必然随之发生巨大变化。所以，"互联网的下半场来了"的判断不绝于耳。

流量作为互联网发展的核心资源，是大数据产业的支撑点，理所当然是大小平台争夺的核心资源，点击率、收视率、转化率是网络经济的命门，数据、流量的统计方法及其真实性，一直存在着各种争议。2018年9月，导演郭靖宇首先捅开了电视剧收视率数据的造假问题，接着腾讯等视频网站播出的剧集播放量引发质疑，60多亿次的播放量成为笑话。准备上市的马蜂窝的点评数也被曝造假。不少假数据事件的曝光，使得流量变现、点击变现的网络经济模式引发广泛质疑。

3. 短视频+直播风口

中国互联网络信息中心数据显示，截至2018年12月，网络视频、网络音乐和网络游戏的用户规模分别为6.12亿人、5.76亿人和4.84亿人，使用率分别为73.9%、69.5%和58.4%。在2018年用户网络应用排名中，除了即时通信、网络搜索、网络新闻等常规应用之外，网络直播和短视频快速增长，尤其是短视频领域，用户规模达6.48亿人，用户使用率为78.2%。随着众多互联网企业布局短视频，市场成熟度逐渐提高。2018年网络直播和短视频爆发式增长，视频化成为网络内容发展的重要趋势。

继今日头条后，字节跳动推出的抖音平台无疑是2018年强大的"网红制造厂"，预计其广告收入将超过180亿元。它不仅是年轻人热衷的网络娱乐平台，而且正逐渐发展为综合平台。例如中央电视台的2019年春节联欢晚会，抖音是其独家社交媒体传播平台。

古城西安被戏称为"抖音之城"，包括西安市公安局、西安市旅游发展委员会、西安市文物局等部门在内的70多个政务及相关部门开通官方抖音号。在西安政务微博账号"西安发布"内容中，"抖音"一直是个热词。[①]作为旅游城市的西安，抖音的短视频宣传模式成为推广利器，其美食、美景、历史、文化一时间铺满抖音。据说传播效果超出预期，人流量、旅游收入大幅增长，直接拉动了旅游经济的发展。

不仅是西安，许多地方政府及相关部门都开通了抖音号，"政务抖音"成为继政务网站、政务微博、政务微信、政务公众号之后的又一政务平台。

随着网络视频竞争加剧，平台的内容质量有所提升，内容生产的专业度与垂直度不断提升，优质内容成为各平台的核心竞争力，多频道垂直类内容

---

① https：//weibo.com/u/3757167087？profile_ ftype=1&is_ all=1&is_ search=1&key_ word=抖音#_ 0.

和娱乐化内容并存，内容生态更为丰富，碎片化的短视频内容趋于体系化、栏目化，例如法制类一直是传统电视媒体的内容强项，抖音开设的《法制进行时》进行了视频化尝试，既模仿了传统电视栏目的体系化，又保持了短视频的轻度化、便捷性。

网络直播的快速发展引人注目，小红书、趣头条、樊登读书等垂直社区借助短视频直播实现用户急速增长。网络直播影响深远，不仅为商业消费带来巨大利润，同时由于其信息输出形态的颠覆性，也为传媒业态的重塑提供了一种可能。针对重大事件、重要场景的即时播送模式，不仅进一步打破了网络围观的界限，而且对传统的组织传播体系形成了挑战。

4. 自媒体的增长与整顿

在中国互联网发展架构中，自媒体的力量不容忽视，其不仅是重要的内容提供者，也是产业重要的组成部分。2018年长春长生疫苗事件中，自事件曝光，到广泛传播、推进进程，自媒体发挥了积极作用。

从市场估值角度看，自媒体远远超越了传统媒体。据恒大研究院报告，2018年今日头条广告收入预计突破290亿元[1]，估计超过所有省级电视广告收入总量。

但是，参差不齐的自媒体发展与混乱并存，版权问题、虚假信息、价值混乱一直存在，对自媒体的规范和整顿一直伴随着其成长发展。

2018年11月，国家网信办及相关部门针对自媒体存在的诸多问题，展开了专项整治行动，9800多个自媒体账号被依法依规处置，其中自媒体账号咪蒙引发广泛关注。

自2016年起，前传统媒体人创设的自媒体大号咪蒙，引发广泛关注和极大争议。关注的焦点包含两个层面，一是其内容层面的两极化效应，既拥有千万数量的网络读者和追随者，又被称为毒鸡汤制造者和贩卖者；二是其节节攀升的商业价值。据统计，2016年、2017年、2018年连续几年中，每年其广告收入都在6000万元左右，不仅远远超越传统媒体，也超越了许多

---

[1] https://www.adquan.com/post-2-45839.html.

互联网企业的收入。随着商业上的巨大成功,其内容层面的问题也更加凸显。2019年初,咪蒙公司出品的网文《一个出身寒门的状元之死》被广泛刷屏,文中混乱的价值观、不实的信息引发负面效应,点燃网民情绪,随之账号被封,团队解散,账号咪蒙自网络消失。

三 媒体融合进入关键阶段

媒体融合自正式拉开大幕,发展至今已经五年,经历了由初期的渠道融合、平台融合向系统化的生态融合转变的过程。2018年,随着智能技术的发展,"智能+"成为媒介融合的新背景、新逻辑,从宏观到微观,传媒业的生态和面貌正在发生重大转折,以"智能+"为核心,驱动新一轮融合发展是大势所趋。

1. 机构整合与改革

媒体融合进入关键时期,机制机构改革的重要性更加突出。2018年,媒体融合改革从机构改革开始,广电总局成立了专门的"媒体融合司",推进机制、业态、技术等众多领域的融合发展。

2018年3月,中共中央印发的《深化党和国家机构改革方案》明确指示,中央电视台(中国国际电视台)、中央人民广播电台、中国国际广播电台三台整合,组建中央广播电视总台;中央电视台(中国国际电视台)、中央人民广播电台、中国国际广播电台三台原来的建制撤销;对内保留原呼号,对外统一呼号为"中国之声"。[①] 三台整合的宗旨是通过资源整合,推动广播电视媒体、新兴媒体融合发展,增强整体实力和竞争力,加快国际传播能力建设,形成多覆盖的主流媒体传播矩阵,体现传媒新格局和国际视野。

与此同时,各地媒体机构改革纷纷推进,银川、辽宁、湖南、广西、天津等地动作频频。[②] 其中天津整合幅度巨大:天津日报报业集团、今晚传媒

---

① http://china.cnr.cn/.
② http://www.sohu.com/a/236866322_351788.

集团、天津广播电视台三合一，合并组建"天津海河传媒中心"，纸媒迁入广电大院办公。这一整合方案覆盖了报纸、广播、电视台等主要传统媒体，具有标志性意义。

2. 建设县级融媒体中心

融媒体中心是媒体融合的标配，中央媒体、省级媒体的融媒体中心基本进入常态化运作阶段。新成立的中央广播电视总台将包括融合发展中心、新闻新媒体中心、视听新媒体中心三个融媒体中心。

县级媒体在传统媒体时代话语权就相对较弱，在互联网时代其存在感和影响力几乎直线下降，其存在的必要性曾经引发讨论。2018年10月，县域融媒体中心建设工程在全国全面铺开，中央要求，2018年先行启动600个县级融媒体中心建设，2020年底基本实现全国覆盖。[①]

建设县级融媒体中心，是媒体融合战略的进一步深入，如此从中央媒体、省市级媒体到县级媒体，融媒体中心实现了全覆盖，形成了体系化、网络化的融合工程。县级融媒体中心战略是继"中央厨房"后又一媒体融合战略的实施。

3. "智能+"融合新机遇

智能化、移动化、社交化不仅是新媒体发展的趋势，也是媒体融合的主要方向。智能化正在驱动内容生产的革命，触发媒体生态的系统性变化，对于传统媒体而言，"智能+"刚刚开始，正是嵌入的最好时机。

人工智能、5G应用等将加速拓展媒体融合的深度与广度，媒体应该尽早抢占技术风口。2018年11月，中宣部副部长聂辰席在全国"智慧广电建设"大会上明确指出，如何抓好5G时代的机遇，是全行业的重大课题。这方面，只有早谋划、早动手、积极抢占制高点，才能赢得发展先机。[②] 2018年10月，央视开播4K超高清实验频道，4K超高清电视显示终端进入应用市场，带动超高清视频产业的融合发展，预计将成为全球最大的4K超高清

---

① http://www.xinhuanet.com/zgjx/2018-09/25/c_137491367.htm.
② http://www.sohu.com/a/278318202_246493.

市场。

智能化不是简单的技术搬迁和技术应用，它包括媒介产品、媒介结构以及模式等方方面面，是一个复杂的、系统化的过程。

四　对策与展望

2018年依然是媒体的探索之年，纸媒继续在消亡，电视在求新求变，新媒体也在奋力转身。已经成为国家战略的人工智能是新的契机和窗口，传播科技力量，探索适合中国媒体发展的"人工智能＋"的媒体融合之路，成为当前的主要任务。

进入智能时代，传媒业的变革迫在眉睫。与此伴生的巨大挑战在于，新的技术、新的传播模式是否能更好地发挥传媒的公共性，体现传媒参与社会建构、推动社会发展的作用？

算法机制的话语操控、后真相的困扰、信息茧房的加剧、人机伦理的困惑，诸多问题已经出现，并且呈现逐渐加剧的态势。该如何应对和调适，法律、法规、伦理层面的治理尚处于观望和讨论之中。对于传媒业而言，问题虽然复杂，但删繁就简，媒体的本质是为社会、为人类传播信息，促进沟通、促进认同，从这个层面来说，无论技术如何变迁、外在形态如何变换，新闻的专业性依然是一个有效的分析框架和价值判断依据。

专题篇
Hot Topics

B.2
新传播形态下新闻生产实践的变革*

王 月**

摘　要： 移动带宽的提升、资费的下降、产品体验的升级等,使网络覆盖范围越来越广,并逐步建构了新的传播形态。移动传播形态下,信息生产主体壮大,除专业记者和社会大众外,技术团队成为信息生产主体的重要组成部分;信息生产实践,从传统媒体时代的"把关",到门户时代的人工"策展",转变为人机协作式"策展";信息生产内容,呈现"内容思维"向"产品思维"的转变;用户从公共信息涉猎者转变为个性信息的拥趸者。新传播形态下,形成了以资讯分发为起点,聚集娱乐、生活、教育、理财等的传媒产业链。

---
* 本文受上海社会科学院创新工程"媒体融合发展研究"项目资助。
** 王月,博士,复旦大学新闻传播学流动站博士后,上海社会科学院新闻研究所副研究员,研究方向为媒介生态、新媒体与文化传播。

关键词： 移动传播　信息生产主体　信息生产实践　信息生产内容　用户

人烟所及之处网络覆盖范围越来越广，带宽的提升、城市以及农村移动资费的下降、产品体验的升级等，帮我们构建了一个无网不在的社会。本文所指的"新传播形态"主要是移动传播建构的新传播形态。移动传播是借助移动客户端实现的信息传播。"移动互联网不仅是互联网的升级，也是大众传播的升级，它为大众传播带来了新的时空。"[①] 移动传播形态下，传播主体、传播内容、传播渠道、用户和传播效果都发生了变化。

一　信息生产主体：专业记者＋社会大众＋技术团队

传统媒体的信息生产主要由专业记者到现场采访、写稿，编辑进行审核、编辑、排版。互联网接入中国、新媒体不断迭代，以及移动终端的出现，都促使用户进入信息生产领域，宣告了自媒体时代的来临。而大数据、人工智能、算法分发等技术的出现，使得技术团队进入信息生产领域。首先，互联网出现前，传统媒体新闻来源的一种主要方式是"爆料"。互联网出现后，传统媒体开始从网络论坛、博客、微博，以及各种社交平台寻找新闻源。商业门户的新闻来源主要是传统媒体的信息发布，社交媒体的信息源则还包括用户生成内容。Web 1.0 时代，老榕于 1997 年在四通利方论坛体育版发表了中国第一足球博文《大连金州不相信眼泪》，48 小时浏览量高达数万次。当时我国网民总数才 62 万人。[②] Web 2.0 时代，用户自建博客，并在博客上发表个人观点。Web 3.0 时代，用户借助微博、微信查看个人感兴

[①] 彭兰：《新媒体传播：新图景与新机理》，《新闻与写作》2018 年第 7 期。
[②] CNNIC 中国互联网络信息中心：第 1 次《中国互联网络发展状况统计报告》，1997 年 10 月。

趣的信息，并发表个人观点。Web 3.0时代多种平台并存，各平台可关联，信息也可整合使用。互联网时代，用户的众多相对于传统媒体专业记者的人员有限，形成了信息生产者何时何地都在场的生产场景。他们虽没受过信息生产的专业训练，但以目击者身份第一时间发布消息，容易捕捉到更鲜活的影像信息。并且不同用户对同一事件信息生产的参与，形成了更丰富、全面、多视角的立体报道。信息生产主体的变化使得报道对象随之发生了变化，一些未能走进传统媒体视野的人物与事件，则成为互联网时代被报道的对象。生产主体和报道对象的变化又导致了信息内容的变化。

随着互联网技术的进一步发展，除大众参与信息生产外，信息生产者还借助智能化媒体进行新闻生产。2017年，新华社和阿里联手打造了智能媒体生产平台"新华智云"，运行了我国第一个智能媒体项目"媒体大脑"。该项目借助爬虫系统和埋点系统，智能采集获取视频、图片、文字信息。通过数据过滤系统、数据清洗系统、数据去重系统和数据抽取系统，实现高效的数据加工。最终，通过结构化数据和质量评级实现高品质的数据产出。新华智云着力打造了媒体内容资源的"仓储中心"和"算法中心"，形成了媒体内容资源的"零件化"和"标准化"。2017年"6·22"杭州大火事件中，"媒体大脑"根据城市摄像头系统的视频信息，经图像识别和视频识别等技术，自动生成了视频新闻。"媒体大脑"项目在2018年"两会"报道中也有应用。2018年世界杯期间，新华智云借助人脸识别技术智能生成赛事报道。[①]

互联网出现前，信息生产主要由媒体机构承担，属于专业生产内容（PGC）时代。互联网出现后，用户可以在论坛、博客、微博、微信、斗鱼或抖音等平台上传自己的内容，内容生产进入了专业生产内容（PGC）+用户生产内容（UGC）时代。随着大数据技术和人工智能技术的出现，内容生产进入专业生产内容（PGC）+用户生产内容（UGC）+机器生产内容（MGC）时代——运用人工智能技术，由机器智能生产新闻。这使得大数据

---

① 本部分内容来源于新华智云北京分公司调研材料。

库技术团队、数据分析员等进入信息生产领域。除原有的专业媒体人外,信息生产队伍中专业人员的比例又有所增加。新华智云科技有限公司董事、高级记者傅丕毅曾指出"未来 UGC 生产的内容将仅仅占到 10%,剩下的 90% 都是 PGC + MGC,即专业的人与机器协作生产出的内容"。[1] 随着信息数据的泛滥,用户对信息筛选需求的增强,人机协作的专业生产内容将成为用户的主要选择。某种程度上,信息生产重回精英之手。

二 信息生产实践:"把关"—人工"策展"— 人机协作"策展"

传统媒体的信息生产者有"把关人"之称,他们对信息展开核实与筛选,决定信息是否被允许进入传播渠道或继续流动在传播渠道,并按主流价值观予以呈现。而互联网时代,信息泛滥,新闻工作者的一项重要任务是从海量信息中"强调更重要内容",担当了信息策展人的角色。澳大利亚学者布伦斯(Bruns)将"大众基于社交平台发掘、排序、分享、评论新闻这一现象概括为'协作性新闻策展'(colaborative news curation)"。[2] "策展"原指艺术展览活动中的策划与展示行为。它以一种特定的理念与框架,将艺术作品以具有意义的方式展示给观众。策展人没有参与作品创作,进行原创性的生产,但其提供了作品解读、展示以及意义建构的服务,使作品实现了价值增值。正如罗森鲍姆所说,"内容策展人的工作不是创作更多内容,而是让其他人创造的内容有意义,即'找出最佳与最相关的内容,然后以最适当方式呈现之'。"[3] 中国的商业门户网站和自媒体平台都没有新闻采编权。商业门户网站的信息生产主要是编辑加工转载传统媒体信息。经过传统媒体

---

[1] 《从进球到生成视频新闻只要 20 秒,新华社和阿里对世界杯下手了》,凤凰科技,http://tech.ifeng.com/a/20180614/45025728_0.shtml。
[2] Bruns, A., "Gatekeeping, Gatewatching, Real-Time Feedback: New Challenges for Journalism," *Brazilian Journalism Research*, 2011, vol.7 (11).
[3] 〔美〕史蒂芬·罗森鲍姆:《为什么搜寻将被淘汰:在内容被淹没的网络世界,策展才是王道》,黄贝玲译,麦格罗·希尔出版社,2012,第 20~33 页。

的信息核实与把关，商业门户网站作为传统媒体信息的二传手，为了吸引用户，通常会对传统媒体信息进行拼贴、组合，并起一个叫座的标题。由此，互联网时代信息把关人由传统的审核、排版的编辑变成了改编、策划的编辑。社交媒体出现后，用户甚至可以通过转发新闻时添加标签和评论，置换或扭转报道重点和价值取向。门户时代，网站编辑所进行的拼贴、组合、重设标题，以及用户添加标签等行为，某种程度上都是对信息进行人工策展，这种策展是以信息内容和观点为出发点的。

移动互联时代，商业媒体以及新闻分发类科技公司中并没有编辑岗位，相应地设置了"运营"岗位，负责判断重要新闻。他们7×24小时值班，根据用户阅读、评论、转载等数据情况，判断重要信息并把关，然后根据算法进行千人千面的信息分发，形成了"人工+机器"挑选、分发新闻的模式。[1] "今日头条"着力打造新闻资讯的聚合和智能分发平台，用人工智能技术改变人与信息的连接方式。它是一款基于机器学习的个性化资讯推荐引擎。用户无须关注或添加兴趣标签，今日头条通过记录用户的每一次使用行为，分析用户的兴趣爱好，自动推荐给用户喜欢的和应知的内容。每位用户的主页都是不一样的，今日头条为每位用户制作了一份专属刊物。今日头条的资讯推荐系统主要解决用户、环境和资讯的匹配问题。算法推荐的基本流程是消重——包括内容消重、标题和预览图片消重、相似主题消重，文章审核——如标题问题、正文错误、推广信息、广告、恶意推广等，推荐——机器通过订阅、关注点和相似人物等因素把文章推荐给可能感兴趣的用户。如果点击率高，再一步步扩大范围推荐给更多相似的用户。如果出现一定的用户举报、负面评论和无效点击，则限制推荐。[2] 移动互联时代的信息策展，把初步筛选信息的任务交给了机器和算法，再进行人工二次筛选。机器筛选的出发点是用户兴趣，目标是抓住用户和流量，人工筛选的着力点在信息内容和观点上，这样便形成了"人机协作""用户+内容"的策展模式。

---

[1] 本部分内容来源于新浪新闻部调研材料。
[2] 本部分内容来源于"今日头条"调研资料。

三 生产内容的变化：从"信息"到"产品"的变化

移动传播出现前，媒体生产的是信息、资讯，消息一经刊出、发布，这一生产任务便完成了。媒体人则开始投入下一则信息的生产。互联网1.0和2.0时代，商业门户网站开始尝试通过起一个叫座的标题吸引用户，在信息生产过程中考虑了"营销"因素，但"营销"结束便没有其他"售后"服务了。而移动传播出现后，信息生产团队生产的不仅是信息，更是"产品"。"互联网+"时代，很多行业都在强调"产品思维"和"用户思维"。产品思维是以产品质量为基础，强调产品的营销及售后服务，将三者并置于同等重要的地位。甚至很多行业都依靠服务来提升用户黏性。产品思维背后映射着用户思维，用户思维更多强调的是用户表面需求背后的诉求。哈佛商学院荣誉退休教授西奥多·莱维特（Theodore Levitt）曾经对他的学生说："人们要的不是一把1/4英寸型号的电钻，而是一个1/4英寸的孔。"① 因此，我们不能仅靠不断地改进升级电钻来满足用户诉求，我们可以尝试了解用户为什么需要1/4英寸的孔。如果他想做一面照片墙，或许我们可以为他们提供免打孔的无痕钉。比产品和服务更重要的是挖掘客户遇到的真正问题和真正需求，并尝试去解决和满足。这样，媒体想要的浏览量、点击量、用户活跃度，传播力、影响力、公信力都会得到。这就要求整个团队成员，包括信息生产、技术、营销团队，人人都要有产品思维和用户思维。然而，这又不等于简单地分析、迎合用户需求，而是分析用户选择倾向背后的原因。比如一些用户倾向于从社交媒体获取信息，部分原因是因为朋友圈可以帮助筛选过滤部分信息；同时，可以通过朋友圈信息了解朋友动态。可见，从社交媒体获取信息这一使用习惯背后的诉求是信息筛选和关系维护。产品思维和用户思维便着力于满足用户的这两点诉求。因此，"今日头条"等信息筛选机构应运而生，腾讯仍可以凭借QQ和微信变现用户资源，保持游戏和社

---

① 〔美〕西奥多·莱维特：《营销短视症》，《哈佛商业评论》1960年7/8月号。

交网络的主要业绩增长点地位。新传播时代，商业平台做的是闭环营销，将信息生产、渠道建设、传播和售后服务/传播效果打造成一个闭环，通过每一次闭环循环，逐步提高客户的满意度和产品忠诚度。

四 用户的变化：从公共信息涉猎者到个性信息的拥趸者

美国宾夕法尼亚大学杨国斌教授曾提出"中国互联网的深度研究"问题，探讨如何使中国互联网（包括手机等新媒体）的研究进一步向纵深发展。其中一点意在强调互联网研究要有人的故事，尤其是"主流文化、媒体和政治生活中缺少声音的弱势群体、少数族裔、边缘人群的故事"[①]。意大利学者Bahroun（2016）认为，迄今为止关于中国互联网的历史，大多只关注技术以及技术如何影响社会，忽视了用户，因此应该强调用户层面的历史，用户才是互联网信息交流与传播的核心。[②] 网络传播、新媒体传播、移动传播等，不仅是技术和媒介的问题，更是人的问题——人运用媒介如何满足自我、实现自我的过程。中国文化历史中一直缺少对"个体""自我"的关怀，对"个体"关怀的长期缺失也将导致对"他者"关怀的缺失。未得到真正的关注与重视，也不会真正地去关注与重视他人。另外，物质、信息的匮乏也会对个性的满足产生影响。互联网出现前后，在信息获取方面用户经历了关注公共信息—兴趣信息—关系信息和个性化信息的历程。

首先，互联网出现前，媒体在信息采集、生产方面更趋向于选择大众的、公共的信息，在信息分发方面只能面向自己的用户群做到千人一面。用户主要接收广播电视和报纸媒体的信息，多是关乎大众的公共事业相关信息。关注对象则主要是领导层、国家公务人员、事业单位人员以及白领阶层。其次，互联网出现后，各大门户网站丰富了信息供应，出现了按兴

[①] 杨国斌：《中国互联网的深度研究》，《新闻与传播评论》2017年第1期。
[②] Bahroun, Allan, "Rewriting the History of Computerized Media in China, 1990s – today," *Studies in Communication & Culture*, 2016, Vol. 7 (3).

趣区隔的分众信息消费趋势。商业门户网站更像一个产品丰富的超级市场，用户可根据兴趣爱好选择查看感兴趣的信息门类。虽然用户可以选择自己需要的信息，但这个时候的信息分发可以说仍是千人一面的。纸媒时代，用户会因为某个栏目板块成为报纸的订阅用户。互联网门户时代，用户同样会因为某些栏目而成为门户的重度用户。纸媒和互联网门户时代，都是用户选择信息。再次，社交媒体时代，用户会因为关系而关注到某些信息或某些信息平台。这一时期，不是用户和信息间的相互选择，而是关系决定信息。用户越来越倾向于通过移动端和社交端获取、评论、转发信息。CNNIC数据显示，"2016年下半年，通过社交媒体获取新闻资讯的用户比例高达90.7%，在微信、微博等社交媒体参与新闻评论的比例分别为62.8%和50.2%，通过朋友圈、微信公众号转发新闻的比例分别为43.2%、29.2%。社交媒体正在成为网络社会热点事件产生和发酵的传播源头，在形成传播影响力后带动新闻网站、传统媒体跟进报道，最终形成更大范围的舆论浪潮。"[①] 最后，算法分发时代，则是信息选择用户。算法分发时代，用户的个体性决定了接收到的信息，平台会根据用户使用习惯推算出用户大致感兴趣的信息，进行个性化推送，信息分发已做到了千人千面。互联网出现后，尽管信息渠道日益多元，用户日渐分化，但只有到了移动互联网时代，技术才能够实现信息分发的个性化。PC时代多人使用一个终端，移动互联时代一个终端只对应一个人。此时，算法分发技术才允许通过终端用户的使用习惯分发信息。如今日头条会根据资讯推荐系统解决用户、环境和资讯的匹配问题，帮助内容找到合适的用户，在人、数据、算法、内容之间形成完整的反馈闭环。

五 新传播形态下以资讯为起点的产业链的形成

目前，很多新闻分发公司虽已成为用户获取新闻资讯的重要渠道，但

---

① CNNIC中国互联网络信息中心：《2016年中国互联网新闻市场研究报告》，2016年12月。

其都称公司产品不是一个新闻客户端，只是一个推荐引擎。这些新闻分发公司多秉持"羊毛出在猪身上"的靠流量赚取广告费的盈利模式，并逐步拓展开发周边产品。如今日头条陆续上线了"西瓜视频、抖音短视频、火山小视频、悟空问答、懂车帝"等项目。此外，今日头条凭借"行业领先的机器算法、日活超过3亿的数据厚度、千人千面一次分发"等营销优势，开发了在线一对一少儿英语培训项目Gogokid，并推出三大概念："个性化教学、纯北美师资力量、智能课堂"。在线少儿英语培训项目目前可谓一片红海，且已形成鼎足之势，今日头条此时涉足该领域，底气多源自旗下产品的高用户量和人气。科技公司一旦拥有了用户和人气，再加上领先的算法，可以对接多个行业，形成真正的"互联网+"经济。如此便形成了以资讯分发为起点，聚集娱乐、生活、教育、理财等的"互联网+"大产业链。

B.3
边界设定与正当性重构：新闻业的"人工智能"话语研究

丁方舟[**]

摘　要： 本报告以元新闻话语理论为框架，对专业新闻机构以及平台公司围绕人工智能和智能媒体展开的话语博弈进行分析。研究发现，不同的行动者通过对话语的阐释和协商，区分了人工智能时代的新闻行动者与非新闻行动者。平台对人工智能技术的运用挑战了传统新闻实践的边界；专业新闻机构则把专业化新闻实践的边界划定在解释性报道与调查性报道上，进而巩固自身的文化权威地位。在正当化过程中，平台将自身的正当性建立在用户需求上；专业新闻机构则通过回溯规范性话语和新闻价值观来重构其正当性基础。上述话语博弈揭示了当前新闻场域在面对人工智能技术时持续不断的边界工作与正当化努力。

关键词： 元新闻话语　人工智能　边界工作　正当性

一　引言

人工智能之于新闻业的影响正在日益加深。路透新闻研究所 2018 年数

---

[*] 本研究得到上海市哲学社会科学规划课题"上海新闻从业者的职业伦理认知及其影响因素研究"（2016BXW002）支持。
[**] 丁方舟，复旦大学新闻学院博士后，上海社会科学院新闻研究所助理研究员。

字新闻项目报告显示，近3/4的受访数字平台已在尝试运用算法推荐、机器人写作、自动化事实核查等人工智能技术来提高新闻生产效率。在中国新闻业界，凭借算法优势崛起的今日头条APP累计激活用户数超7亿人，月活跃用户数量达2.63亿人，月用户使用时长超20小时；腾讯开发的自动化写作机器人Dreamwriter已有能力在2秒以内利用海量数据和不断演进的算法生成一篇深度报道；新华社与阿里巴巴合资研发的"媒体大脑"智能生产平台在"两会"报道和俄罗斯足球世界杯报道中得到运用，仅用时15秒就能够完成数据分析、可视化图表制作、视频剪辑等新闻生产流程，生成一条完整的视频新闻。

技术革新是推动新闻业实践与话语变革的重要动力。如果说上一次有关新闻业未来的话语博弈主要发生在传统媒体与网络媒体之间，那么，这一次的对垒则主要发生在专业新闻机构与平台公司之间，而区分两者的关键正是对于人工智能技术的理解与阐释。新闻是一种文化实践，新闻业也始终处于一个话语场域中。正是通过持续不断的话语建构，新闻业的意义才得以产生并随着时空情境的变迁而变迁。有学者把这一话语场域理论化为"元新闻话语"（metajournalistic discourse）。所谓"元新闻话语"是指行动者通过公开表述来定义新闻业、设定新闻业边界、辨析新闻业正当性的场域。[1] 本报告将以"元新闻话语"为理论框架，探讨中国新闻业如何通过有关人工智能的话语实践重新设定新闻业的边界并重构新闻业的正当性基础。

本报告的经验数据来自专业新闻机构（包括传统媒体和网络媒体）以及平台公司从业人员公开发表的有关人工智能和智能媒体的言论。通过对经验材料的话语分析，本报告将聚焦以下研究问题：新闻场域的不同行动者如何理解人工智能对新闻业的影响？他们又如何通过话语阐释来定义和区分人工智能时代的新闻从业者与非新闻从业者？人工智能技术的引入何以挑战了新闻实践的边界？专业新闻机构如何在对新闻伦理的话语再阐释中修复新闻

---

[1] Carlson, Matt, "Metajournalistic Discourse and the Meanings of Journalism: Definitional Control, Boundary Work, and Legitimation," *Communication Theory*, 2015. Vol. 26（4）.

业的边界并巩固其正当性基础?平台公司又如何定义自身的正当性基础?新闻业在人工智能时代建构了哪些新的共享意义?

二 "元新闻话语"理论与新闻业的意义建构

"元新闻话语"理论的提出建立在这一假设上:新闻实践不仅是一种社会实践,也是一种建立在共享意义基础上的文化实践。[1] 新闻场域内外的多元行动者经由话语生产有关新闻业的共享意义,建构新闻业得以存续和发展的正当性基础。新闻业的文化权威地位正是在这种话语生产中得以确立的。新闻实践的边界发生争议的时刻,也是元新闻话语生产最为活跃的时刻。这些时刻激发新闻从业者驱逐偏离轨道的行动者,将其排除在新闻场域之外,以此重构新闻业的边界与正当性基础。每一次新媒介技术的革新都曾引发新闻场域的话语博弈,随着人工智能技术对新闻业的影响与日俱增,这样的争议时刻再一次来临。

元新闻话语理论旨在提供一种连贯而深入的理论框架,从而把公共话语与新闻业的文化意义建构联系起来,考察多元行动者在话语阐释中定义新闻实践边界与正当性的努力。元新闻话语理论把新闻业视作嵌入社会中的、制度化的文化实践。由此,元新闻话语的生产就是一种建构或挑战新闻实践、新闻规范、新闻业正当性的文化手段。[2] 元新闻话语的建构包括三个主要的过程:定义建构、边界设定与正当化。在定义建构过程中,最重要的就是回答"谁是新闻从业者"这一问题,它说明了哪些行动者以及实践应当包含在新闻业之内,哪些又应被排除在新闻业之外。在边界设定过程中,行动者通过边界工作定义何为恰当的新闻实践和新闻规范。其中,新闻从业者通过元新闻话语巩固原有的边界,其他行动者则可能挑战、质疑或重构这一边

---

[1] Carlson, Matt, "Metajournalistic Discourse and the Meanings of Journalism: Definitional Control, Boundary Work, and Legitimation," *Communication Theory*, 2015. Vol. 26 (4).

[2] Carlson, Matt, "Metajournalistic Discourse and the Meanings of Journalism: Definitional Control, Boundary Work, and Legitimation," *Communication Theory*, 2015. Vol. 26 (4).

界。在正当化过程中,新闻作为权威知识形式这一地位及其正当性基础是行动者经由元新闻话语协商之后的结果。①

本报告将以元新闻话语为理论框架,意在将新闻场域的多元行动者,如专业新闻机构及其从业者和新兴的数字平台公司及其从业者,都纳入话语分析的考察范围,重点聚焦人工智能时代围绕新闻业边界与正当性等展开的话语博弈与意义建构。

三 人工智能时代的新闻行动者/非新闻行动者

当数字时代来临时,公民新闻和自媒体的出现曾引发新闻业对"谁是新闻从业者"这一问题的公共讨论。在人工智能时代,这一经典问题又一次摆在了新闻业的面前。过去十年来,文化生产的平台化成为一种全球趋势。作为内容产业之一的新闻业,同样受到这一趋势的影响。随着社交媒体、平台公司等向新闻场域的进军,平台新闻业异军突起,旧有的传播权力格局正在发生变化。② 在平台的媒体化和媒体的平台化过程中,基于算法的资讯平台逐渐成长为新闻场域的局内人。但话语的转变过程并非一蹴而就,这从专业新闻机构与平台公司的话语交锋中就可见一斑。

2014年,中国智能媒体的"领军羊"今日头条因版权问题遭到传统媒体的"围攻"。《广州日报》起诉今日头条,称其在未告知的情况下转载内容,构成侵权;《新京报》发表社论,直指今日头条为"剽窃者";随后,搜狐起诉今日头条,索赔1100万元。彼时的今日头条自称只是"技术平台",创始人张一鸣在访谈中说道,"我们不跟内容媒体竞争……不做内容生产,只做信息的分发。"③ 言下之意,张一鸣并不承认今日头条是一款新

---

① Carlson, Matt, "Metajournalistic Discourse and the Meanings of Journalism: Definitional Control, Boundary Work, and Legitimation," *Communication Theory*, 2015, Vol. 26 (4).
② 白红义:《重构传播的权力:平台新闻业的崛起、挑战与省思》,《南京社会科学》2018年第2期。
③ 《今日头条和他的"敌人们"》,http://finance.ifeng.com/a/20140707/12663344_0.shtml,2014年7月7日。

闻客户端,而是坚称今日头条只是"一款把用户感兴趣的内容精准推送给用户的软件"①。彼时的传统媒体也并不把今日头条看成新闻场域内的行动者。《新京报》时任新媒体负责人在回应双方的版权纠纷时表示,"总体而言是件好事,这也说明互联网企业利用技术创新单方面对传统媒体内容进行肆意抓取和不对等的利益分配模式有望改写。"② 可见,在传统媒体的眼中,当时的今日头条只是一家以技术为驱动力的互联网公司。

而到了2015年,张一鸣的话锋一转,承认"今日头条不仅是一个新闻客户端,还是信息分发平台",但他仍然反复强调,"今日头条不是一家媒体公司,而是一家具有媒体属性的技术公司"③。然而,今日头条的迅猛发展还是使新闻场域原有的行动者尤其是传统新闻业感受到冲击。2017年,《人民日报》发表评论员文章《新闻莫被算法"绑架"》,称"一些痴迷于技术和算法的新闻客户端越来越'简单粗暴'了",甚至批评这些客户端"热衷于搬运新闻、沉溺于算法"④。这说明传统新闻机构已然承认基于人工智能的资讯平台不再是纯粹的技术公司,而是新闻场域的行动者和参与者。换句话说,平台不再是局外人,而是局内人了。

2018年,今日头条再次遭遇两场风波。首先是4月4日被国家广电总局约谈并要求彻查违规内容;紧接着的4月11日,今日头条旗下的内涵段子客户端因导向不正、格调低俗被永久关停。事后,张一鸣发表致歉信,写道"产品走错了路,出现了与社会主义核心价值观不符的内容,没有贯彻好舆论导向"⑤。这也意味着,今日头条承认自身和传统新闻业一样,承担

---

① 《纸媒声讨"今日头条"侵权 张一鸣:别骂我们是盗贼》,http://cul.qq.com/a/20140612/034737.htm,2014年6月12日。
② 《今日头条和他的"敌人们"》,http://finance.ifeng.com/a/20140707/12663344_0.shtml,2014年7月7日。
③ 《创始人张一鸣说:今日头条不是一家媒体公司,而是一家技术公司》,https://www.qdaily.com/articles/9019.html,2015年4月29日。
④ 《新闻莫被算法"绑架"》,http://society.people.com.cn/n1/2017/0706/c1008-29385852.html,2017年7月6日。
⑤ 《今日头条要将正确价值观融入技术产品》,http://tech.ifeng.com/a/20180411/44945454_0.shtml,2018年4月11日。

着舆论导向的责任。

6月1日,腾讯和今日头条同时递起诉状,腾讯以声誉受损为名向今日头条索赔1元;今日头条起诉腾讯封禁外链涉及不正当竞争,向腾讯索赔9000万元。此次风波更多涉及平台强势崛起所引发的新闻业格局重构问题。有数据显示,2018年一季度的新闻资讯类APP排名中,今日头条以24.2%的渗透率位列第一;腾讯新闻以24.1%的渗透率位列第二;一点资讯以7.5%的渗透率位列第三。① 这表明,平台已经成长为新闻场域的核心行动者,而这一新闻业的共享意义是在专业新闻机构和平台共同的话语实践中建构而成的。

四 人工智能时代的新闻实践边界

当智能写作机器人可以取代记者和编辑的大部分职能,当算法推荐取代了传统新闻从业者的把关人角色,当社交媒体和资讯平台开始成为新闻分发的核心渠道,人工智能时代新闻实践的边界同样滑向了模糊的边缘。总体而言,新闻业对于人工智能可能带来的影响持较为乐观的态度。瞭望周刊社副总编辑罗海岩认为,"人工智能正在逐步作用于媒体领域,意味着媒体从'众媒'走向'智媒',这是一次革命性的重大历史转变……写作机器人是为了解放采编人员的劳动,有利于他们将精力集中于更深层次的研判和思考。"② 新华社副社长刘思扬认为,人工智能"不是要取代记者和编辑,而是在更高层面上,把人的延伸与物的延伸连接起来,更快、更准、更智能地获得新闻线索和新闻素材,帮助媒体提高生产力"③。

但在新闻实践的边界这一问题上,新闻从业者并不愿意过分让渡属于自

---

① 《2018年Q1移动互联网行业数据研究报告》,http://www.100ec.cn/detail--6445394.html,2018年4月17日。
② 《"智媒"革命已来 人工智能将给媒体行业带来崭新面貌》,http://www.oeeee.com/html/201805/14/625976.html,2018年5月14日。
③ 《人工智能时代逐渐到来,新闻行业到底还能坚持多久?》,http://tech.sina.com.cn/roll/2018-01-03/doc-ifyqinzs7978340.shtml,2018年1月3日。

身的疆域。《中国记者》值班主编陈国权认为，"人工智能没有情感只会做薄情报道，缺乏媒体所需的倾向、情感和人文关怀；同时人工智能也做不到采访或者提问的精髓——追问。"① 腾讯研究院在名为《人工智能时代：新闻业的谢幕与重生》的报告中称，"无论自动写作软件，还是视频自动剪辑，都不过是对传统新闻从业者的初级拟态，从这一点看，人工智能短期内取代的主要是菜鸟写手，媒体老炮们的地位依旧岿然不动，理论上不会引发新闻业大规模的浪潮。"② 可见，腾讯并不认为传统新闻从业者的角色会被智能写作机器人所取代。在门户网站时代还是新媒体的腾讯，如今在平台的对比下，似乎也成为传统新闻实践的捍卫者。有学者认为，人工智能无法做到的是逼近事实背后的真相和提供针对现实的深度解释。③ 言下之意，人工智能写作虽然能够跨越初级写作的门槛，但并不能打破新闻业引以为傲的边界，即调查性报道和解释性报道的写作。

对平台来说，早期以技术为主导的产品思路也在平台媒体化的过程中受到了来自新闻场域的影响，使之逐渐采纳了新闻生产的机制与逻辑。2016年，张一鸣仍坚称，"今日头条不会也不需要设立传统意义上的总编辑"，他认为不干涉可能是对内容最好的管理。④ 但在传统新闻业看来，算法和内容之间不能呈现为本末倒置的关系。《人民日报》评论员文章指出，算法主导的时代，"更需要把关、主导、引领的'总编辑'，更需要有态度、有理想、有担当的'看门人'。"⑤ 在经历了内涵段子关停事件后，今日头条更加认同自身作为新闻场域行动者的角色和责任，提出要"强化总编辑责任制，全面纠正算法和机器审核的缺陷，不断强化人工运营和审核，将现有6000

---

① 《"智媒"革命已来 人工智能将给媒体行业带来崭新面貌》，http：//www.oeeee.com/html/201805/14/625976.html，2018年5月14日。
② 《人工智能时代：新闻业的谢幕与重生》，http：//www.tisi.org/4906，2017年6月21日。
③ 张志安、刘杰：《人工智能与新闻业：技术驱动与价值反思》，《新闻与写作》2017年第11期。
④ 《对话张一鸣：技术与人文、责任与价值观之间到底是什么关系？》，https：//news.cnblogs.com/n/558984/，2016年12月14日。
⑤ 《算法盛行更需要"总编辑"》，http：//opinion.people.com.cn/n1/2016/1223/c1003-28970666.html，2016年12月23日。

人的运营审核队伍，扩大到10000人"①。由此可见，新闻场域的逻辑也在打破平台公司固有的边界，使之将传统新闻实践中形成的把关人机制引入自身的技术逻辑中，而话语的协商与阐释在其中扮演了重要的角色。

在话语转变的过程中，传统新闻业的边界由于人工智能技术的引入而受到挑战，传统媒体一方面通过把人工智能排除在专业化新闻实践即调查性报道和解释性报道之外，来划定、修复并巩固传统新闻实践的边界；另一方面又通过把平台纳入新闻场域的话语中，要求其承担如同传统新闻业一样的媒体责任来扩大新闻场域的边界。而平台也在实践和话语层面上逐渐接纳了新闻场域的逻辑，开始认同并实践自身作为新闻行动者的角色。在此意义上，技术与内容的融合程度进一步加深，新闻实践的边界既得到了修复，又得到了扩张。

五 人工智能时代的新闻业正当性基础

新闻业固有的正当性基础是以真实、客观、准确、公正等为基础的新闻伦理。而在人工智能时代，机器和算法可能产生各种偏差，由此造成事实核查的缺失、假新闻的泛滥、信息的窄化和极化等后果，这些都将对新闻伦理造成巨大冲击，也是近年来传统新闻业与平台新闻业之间展开话语交锋的焦点问题。在今日头条尚未承认自身媒体角色的阶段，张一鸣认为"媒体是要有价值观的，它要教育人、输出主张，这个我们不提倡"，同时他还称，"我不觉得算法要和人性挂钩"。② 对于平台来说，它们的正当性基础在于对用户兴趣的忠诚。一点资讯算法总监王元元表示，一点资讯的目标就是"做一个更有价值，对于用户来说更容易满足其多元化需求的产品"。③ 彼时

---

① 《今日头条要将正确价值观融入技术产品》，http://tech.ifeng.com/a/20180411/44945454_0.shtml，2018年4月11日。
② 《对话张一鸣：技术与人文、责任与价值观之间到底是什么关系？》，https://news.cnblogs.com/n/558984/，2016年12月14日。
③ 《追着效率跑的算法，如何把好内容关？》，http://www.chinanews.com/it/2016/11-24/8073662.shtml，2016年11月24日。

的张一鸣也说，今日头条的价值观是"提高分发效率、满足用户的信息需求，这是最重要的"①。在平台看来，用户就是其正当性的来源。

而在专业新闻机构看来，平台的正当性问题就是价值观的缺失。《人民日报》近日又发表评论员文章，提出"每一种技术架构、每一行代码、每一个界面，都代表着选择，都意味着判断，都承载着价值"，事实上，"算法也是价值表达，技术也有价值属性"。②《新京报》也认为，"要正视算法中掩藏的价值观⋯如何设计广告分发系统，如何在商业利益与社会责任之间平衡，都是算法要平衡的"。③ 随着各种批评声音的纷至沓来，张一鸣终于在致歉信中表示，"技术必须要用社会主义核心价值观来引导，传播正能量，符合时代要求，尊重公序良俗"。④ 从某种程度上来说，这标志着以今日头条为代表的平台从无涉价值观的立场转向新闻价值观的立场，从用户导向转向责任导向，并在话语层面上认同了新闻场域的正当性基础。

与此同时，对于人工智能发展未来的忧虑也在影响新闻业对自身未来的看法。乐观的观点认为，基于人工智能的自动事实核查技术能够更好地解决虚假信息的传播问题。悲观的观点则认为，人工智能可能推动新闻造假，未来新闻业的正当性基础将进一步动摇。《文汇报》评论员文章称，如果人工智能 PS 技术运用在新闻领域的话，可能产生的后果是"一般的受众对此真假难辨，甚至会产生一种错觉：'我所看到的世界是真实的世界吗'"。⑤ 2018 年 6 月 20 日，微信改版升级，订阅号不再以账号列表形式展示，而是以信息流的形式呈现。凤凰新媒体副总裁、新闻客户端总经理岳建雄认为，

---

① 《对话张一鸣：技术与人文、责任与价值观之间到底是什么关系？》，https：//news. cnblogs. com/n/558984/，2016 年 12 月 14 日。
② 《用主流价值纾解"算法焦虑"》，http：//www. xinhuanet. com/zgjx/2018 - 06/20/c_137267065. htm，2018 年 6 月 20 日。
③ 《今日头条，请正视你的价值观》，http：//tech. sina. com. cn/i/2018 - 03 - 30/doc - ifystwmm5273410. shtml，2018 年 3 月 30 日。
④ 《今日头条要将正确价值观融入技术产品》，http：//tech. ifeng. com/a/20180411/44945454_0. shtml，2018 年 4 月 11 日。
⑤ 《未来，我们还能看到真实的世界吗》，http：//media. people. com. cn/n1/2018/0201/c40606 - 29799020. html，2018 年 2 月 1 日。

微信此举可能导致"越来越多的标题党,对于用户的伤害可能更大",而微信团队却认为,"这次改版会增加阅读评论率"。① 由此可见,人工智能技术带来的效率与伦理之间的矛盾仍然随时威胁着新闻业的正当性基础。

在话语正当化的过程中,专业新闻机构通过对规范性话语的阐释来重构新闻业的正当性基础,同时将这种话语推及平台新闻业,使之逐渐认同新闻场域的伦理准则与价值观立场。在此意义上,传统新闻业正是通过回溯固有的新闻伦理重申了新闻业的正当性基础。与此同时,专业新闻机构与平台公司之间的话语协商也形成了一种新的共享意义,那就是算法背后同样具有价值观。

六 结论

元新闻话语是新闻场域内外的行动者建构或挑战新闻实践、新闻规范以及新闻业正当性的一种文化实践。每当新技术打破了固有的传播格局和传播关系,新闻场域的行动者就会对新闻业的共享意义产生争议,并在对话语的再阐释和再协商中重新划定新闻业的边界,重构新闻业的正当性基础。在人工智能时代,平台的媒体化与媒体的平台化推动了新闻业的变革,新闻行动者的定义再一次面临更新,新闻实践再一次滑向模糊,新闻业的正当性基础再一次受到挑战。本报告以元新闻话语理论为框架,考察了传统新闻机构与平台围绕人工智能和智能媒体展开的话语博弈,并分析了形塑元新闻话语的三个主要过程:定义建构、边界设定与正当化。

在定义建构过程中,初期的平台并不认同自身作为新闻行动者的身份,专业新闻机构也试图通过把平台公司定义为技术公司来将其驱逐出新闻场域。随着平台的扩张,专业新闻机构开始承认平台是新闻场域的局内人,平台也从抗拒转变为接受,认可了自身的媒体属性及其作为新闻行动者的身

---

① 《腾讯微信头条化:张小龙说好不做信息流呢?》,https://www.ithome.com/html/it/366037.htm,2018年6月21日。

份。专业新闻机构与平台之间共同的话语实践塑造了人工智能时代新闻行动者的意义。

在边界设定过程中，传统新闻生产的边界由于人工智能技术的引入而受到挑战。为了维护自身的权威地位，专业新闻机构通过把人工智能技术排除在专业化新闻实践的边界之外，并强调自身在调查性报道与解释性报道方面的绝对优势，来划定、修复、巩固新闻业固有的边界。平台在向新闻场域进军的过程中，也逐渐开始接纳传统新闻生产的机制与逻辑，进而认同并实践自身的新闻行动者角色。

在正当化过程中，初始的平台只将用户需求作为自身的正当性基础，但在传统新闻业不断将其纳入新闻场域的努力下，平台也开始认识到算法的背后同样是有价值观的，人工智能技术不能完全脱缰于人类之手。专业新闻机构则通过对规范性和新闻价值观的话语阐释来重构新闻业的正当性基础，同时将这种话语推及平台新闻业，使之逐渐认同新闻场域的伦理准则与价值观立场。

总之，专业新闻机构和平台在话语阐释和话语协商中区分了人工智能时代的新闻行动者与非新闻行动者。平台通过对人工智能技术的运用挑战了传统新闻实践的边界；专业新闻机构则把专业化新闻实践的边界划定在解释性报道与调查性报道上，进而巩固自身的文化权威地位。在正当化过程中，平台将自身的正当性建立在用户需求上；专业新闻机构则通过回溯规范性话语和新闻价值观来重构其正当性基础。专业新闻机构与平台之间的话语博弈，揭示了当前新闻场域在面对人工智能技术时的边界工作与正当化努力。人工智能时代仅仅迎来了一个开端，可以想见，这种经由话语建构的新闻业的共享意义更新还将持续下去。

B.4 融媒体中心建设的业务模式与技术架构研究报告

邹双泽*

摘　要：	随着云计算技术的日臻成熟，通过网络把大量的计算等IT资源整合成一个具有强大能力的资源池，并根据实际需求把资源弹性分配给各个应用系统，是融媒体技术平台建设的主要模式。基于云计算技术进行设计和架构，完成新闻全媒体融合生产、渠道多元化融合发布和融合互动业务，是加快媒体融合发展的急先锋，同时其可以大大提高集团技术资源的共享能力和再分配能力。在推动传统媒体和新兴媒体融合发展的同时，助力新媒体领域的快速发展。
关键词：	云计算　融媒体技术平台　资源池　融合互动

　　融合发展已成为不可逆转的趋势与潮流。融合媒体的转型，需要媒体单位从组织架构、技术驱动、运营支撑等多方面全角度对传统的媒体生产和营销过程进行改革，重建媒体与用户间的"链条"。

　　融合媒体是全媒体功能、传播手段乃至组织结构等核心要素的结合、汇聚和融合，是信息传输渠道多元化背景下的新型运作模式。媒体融合态势下，传统媒体与互联网、移动互联网等新兴媒体传播渠道有效结合，实现资源共

---

* 邹双泽，成都索贝数码科技股份有限公司事业部。

享、集中处理，能够衍生出多种形式的信息产品，多渠道广泛传播给受众。

近年来，新技术革命和互联网的发展正在颠覆旧的媒体产业格局，媒体生态、舆论格局正在发生深刻变化。随着三网融合在全国的加速推进，大众传播开始了一场新的革命，人民群众信息需求、沟通方式、接收方式和接收习惯也发生了翻天覆地的转变，今日头条、微博、微信等新媒体传播已成为现阶段的主流传播方式。移动终端已成为人们获取生活资讯及收看各类视频节目的重要渠道，同时由于拥有最为广泛的群众基础，其已成为新的舆论阵地，对电视台等传统媒体的传播力、引导力、影响力等方面造成了很大的冲击。

因此，在当前新的社会环境下，面对新媒体发展的挑战，传统媒体内部之间、传统媒体和新媒体之间相互交叉、相互渗透的需求越来越强烈，融合发展成为必然趋势。

进入21世纪，信息技术的发展和网络的崛起已成为大趋势，以云计算、大数据、人工智能等为代表的高新技术，对现代媒体的结构形态产生着重要的影响。

随着云计算技术的日臻成熟，通过网络把大量的计算等IT资源整合成一个具有强大能力的资源池，并根据实际需求把资源弹性分配给各个应用系统。云平台的建设将提供强大的基础资源保障，也是加快媒体融合发展的急先锋，同时可以大大提高集团技术资源的共享能力和再分配能力。云平台作为基础平台，在推动传统媒体和新兴媒体融合发展的同时，助力新媒体领域的快速发展。

一　融合媒体建设目标

融媒体中心建设的目标是把握正确舆论导向，提高新闻舆论传播力、引导力、影响力、公信力，巩固壮大主流思想舆论，通过构建融媒体中心，整合媒体资源、再造工作流程，加强传播手段和话语方式创新，让党的创新理论"飞入寻常百姓家"，更好地引导群众、服务群众。

通过构建融媒平台、再造媒体工作流程、培养新型传媒人才队伍、探索融媒相应机制，打造"统一策划、多元采集、融合生成、全媒体传播、全平台融合、大数据反馈"的全新业务模式，使独唱更具特色，使合唱更有力量，使媒体融合工作成为宣传思想发动、意识形态引领、舆论生态构建的有力抓手，成为服务于党的建设和中心工作的有力支撑。

一是构建融媒平台。坚持功能集约、细分受众、错位发展，将自身两微一端（微信、微博、APP）、各部门新媒体端纳入统一管理的融媒体中心，建立互为支撑、策应环流的立体梯队，形成时效性强、公信力高的权威发声平台。

二是再造媒体工作流程。从宣传策划、信息采集、编辑制作、信息刊播发布、宣传效果监测与评价等方面进行全业务链优化再造，重构融媒化工作流程，实现"一次采集、多种生成、多元传播"（见图1）。

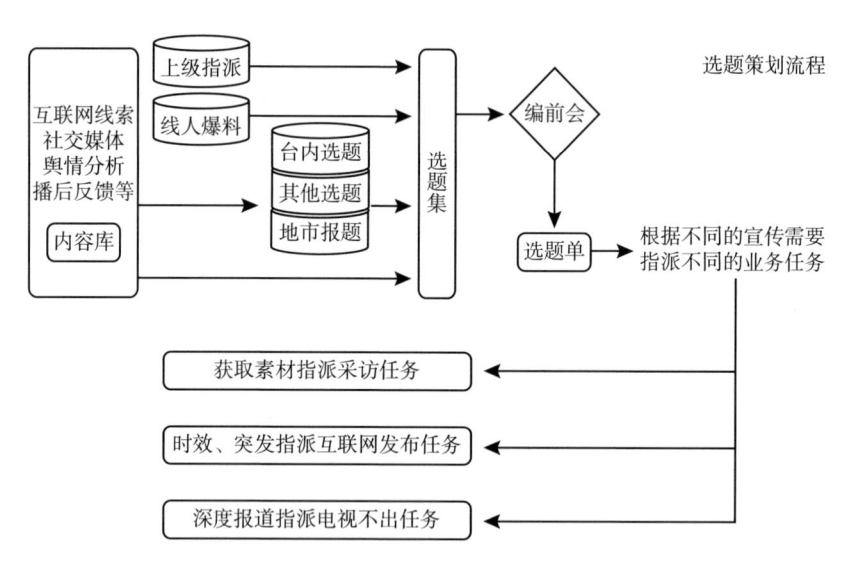

图1　融媒化工作流程

三是培养新型传媒人才队伍。遵循媒体格局和舆论生态演变规律，培育一支懂网用网、具有互联网思维的高素质融媒体人才队伍，提高体制内人才新媒体素养，用活体制外人才资源，形成科学高效的人才管理体系。

四是探索融媒创新机制。通过引入新的融媒体技术和方式（如 H5、直播等），在内容呈现形式上力求更直观、更形象、更生动、更丰富、更深刻、更有趣、更具传播力，提升用户黏度。在内容生产机制上，通过整合资源及结合地方和国内外新闻热点、动态做好策划，使媒体生产的新闻立意更高、角度更深、速度更快。

融媒体中心建成后将具备以下四大功能，如图 2 所示。

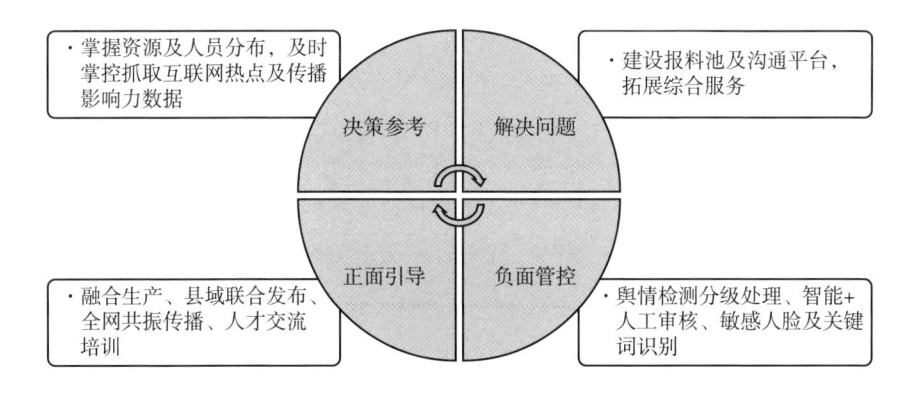

图 2 融媒体中心的四大功能

二 融媒体技术发展趋势

目前，业界新技术、新理念、新手段层出不穷，互联网技术，尤其是云技术、大数据等互联网及业界先进技术发展势头迅猛，并逐渐成为整个传媒行业在推进融合媒体建设过程中重点参考、论证和选择的技术手段，而如何可控、良好地将这些互联网技术融入整个技术系统建设，则是未来技术发展的重要研究方向（见图 3）。

传统广电业务架构采用烟囱式的建设方式，由生产系统、媒资系统、发布系统、播出系统等组成，每套系统有独立的数据服务器、存储服务器以及日志服务器，由媒体处理中心对业务进行统一调度。随着全媒体的逐步发展，媒体对象数量越来越大、类型越来越多、关系错综复杂，传统架构中资

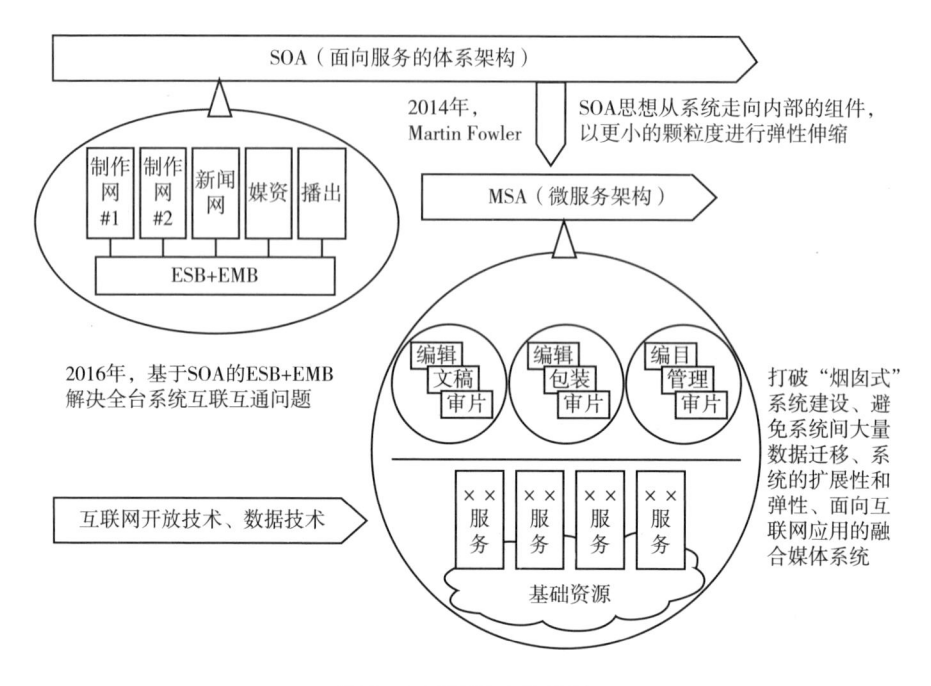

图3 互联网技术的发展

源四处分散难管理、单点不堪重负易故障、数据没有副本难恢复、系统纷繁复杂难扩展等问题日益显现。

媒体业务本身具有"大数据"特性，且"互联网+"的需求呈井喷式爆发，媒体业务本身的特点非常适合采用分布式架构来保障庞大系统的安全，实现快速的检索处理以及对数据的挖掘。一个以数据为核心面向业务的基于数据融合架构并具备媒体应用特性的平台服务层是本设计方案的亮点之一，利用成熟的分布式集群技术解决日益膨胀的内容数据问题，降低了数据通信成本和产品维护成本，能够为业务系统提供更稳定、更安全的内容存储以及数据分析与挖掘等一体化服务。

全局资源的统一管理，改变了传统架构中烟囱式的建设方式，打破了固有结构的局限性，以扁平化的方式存储，采用一种统一地址描述媒体资源的方法将数据统一管理。好比所有资源同在一个容器中，相对自由、彼此独立，但又相互联系，既增强了数据间的逻辑性也方便了用户的使用。

融合媒体技术平台将基于云计算技术进行设计和架构，完成新闻全媒体融合生产、渠道多元化融合发布和融合互动业务。技术平台纵向遵循云平台IaaS、PaaS、SaaS的三层架构设计，通过横向扩展安全系统进行三层架构的统一管理和安全保障。其具备开放性与先进性，能代表当前及未来传媒机构发展趋势。

融媒体业务系统构建在融合媒体私有云平台上，该平台是基于云计算技术建设的，具备云架构的基本属性和特征。平台总体架构分为三层，分别是设施服务层（IAAS）、平台服务层（PaaS）、软件服务层（SaaS），如图4所示。

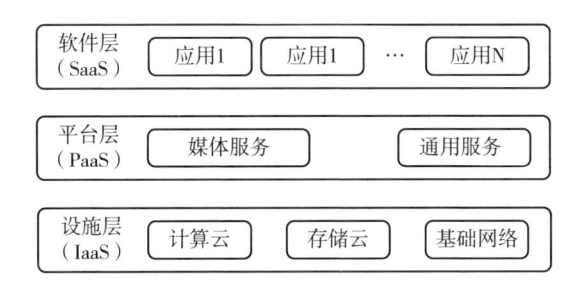

图4 融合媒体技术平台总体架构

系统整体规划按照云架构模式，脱离以前的系统概念，不再以单独业务系统模块存在。

第一，设施服务层（IaaS），整合系统IT基础资源，分别组成计算云、存储云、基础网络，为上层平台提供硬件资源支撑。对公共的、后台性质的资源进行集中式、统一的维护与管理，并且降低终端应用的工具管理难度。如此一来，只需重点保证数据中心管理，降低应用管理难度，便于技术管理资源的优化。避免目前采用的以单个系统为管理单元模式带来的技术管理成本增长过快问题。

第二，平台服务层（PaaS），建立供上层所有业务系统调用的公共服务体系。服务分为媒体服务和通用服务。媒体服务为广电行业相关应用的支撑服务，例如建设分布式公共媒体处理服务，提升整体合成、迁移、转码服务

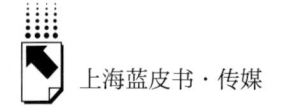

效率；优化文件分发服务，支持根据频道、用户分发到各频道制作系统。通用服务为数据库服务、中间件服务。

第三，软件服务层（SaaS），提供面向全媒体的各种应用平台，包括新闻制播、汇聚、融合生产、全媒体发布等各类型和各终端的应用工具，以及对平台的统一运营管理、基础公共服务等。

融媒体中心的建设需要以业务驱动，而先进技术是支撑业务持续、更好发展的原动力。回顾广电行业的发展，计算机技术的发展让我们从线编时代过渡到非编时代，网络技术的发展让我们从单机编辑过渡到网络编辑，每一次的技术革新都助力业务发展，大大提高了我们的生产力。如今，云计算、大数据、AI等各种互联网技术的发展同样给我们带来了契机：我们需要采用云计算技术架构来打造融合媒体核心业务平台，解决传统IT架构中业务系统离散繁杂、协同工作效率低下、硬件资源利用率低、系统维护成本高、业务系统整合升级困难等问题；我们需要利用大数据技术打造大数据分析系统，增强新闻宣传的科学性、精准性、时效性，为及时引导、应对舆情提供科学依据；我们需要利用AI智能技术辅助媒体业务生产、管理等，进一步提升新闻生产效率和新闻宣传效果。先进的技术支撑可以助力县级融合媒体中心的建设和运营，更好地推动区域传统媒体和新兴媒体实现内容、平台、渠道、数据、人才、机制、管理各个方面的深度融合。

众所周知，视频相较于图片、文字，更具有生动性、真实性、感染力等，往往能取得更好的传播效果。随着AR、VR、4K等各种视频技术的发展，视频日益成为主要的娱乐形式和传播形式。相较于文字、图片、音频等其他媒体形式，视频技术门槛最高，视频的采集、制作、传输、播出等各方面都需要专业的设备和专业的人才，而广电尤其是电视台在视频技术方面有天然的优势。

因此，需要抓住视频技术核心，采用4K编辑、3D制作、短视频编辑、H5编辑等各种视频生产工具统一协同生产，打造更丰富、创意、有趣的节目内容，提高融媒体中心的宣传力、影响力、引导力。

三 融媒体技术系统典型案例

1. 路透社全球新闻内容协同制作系统

路透社全球新闻内容协同制作系统依托了索贝 SaaS 云技术,并完全适配公有云,解决了路透社全球内容共享和协同编辑等方面的业务痛点。该系统采用云原生的设计,通过适配公有云(RDS/S3/ELB),提供支撑全球 80 个分站点、200 个用户同时生产的能力。

在内容共享层面,原来路透社采用点对点的方式,而本次项目通过索贝提供 CM 素材库服务,让遍布全球的上载、编辑、分发等业务,均基于统一的素材库进行,实现了全球内容共享,多个区域低码和元数据实时同步,高码率按需同步。

在生产层面,针对简单剪切场景,采用 B/S 简编工具 JOVE 进行应对,支持边采边编。针对复杂编辑场景,由于海外客户的使用习惯,采用 Premiere 这种本地化编辑软件。由于 Premiere 本身不支持 AWS 的 S3 访问,无法在公有云上实现协同生产,索贝开发了基于 Premiere 的素材库插件,无需下载文件,就可以直接访问 S3 上的内容,并拖拽到时间线上进行编辑。

编辑完成后需要进行合成。路透社原有的 media encoder 基于单机设计,需要从云上把高码率文件下载到本机再进行合成。索贝实现了让合成服务接收到时间线信息后,直接在云上访问高质量文件并进行合成,省去了下载高质量文件到编辑机本地这个过程。

2. 浙江中国蓝云

中国蓝云运用了索贝各种 SaaS 云技术,构建了具备采、编、发、管、存、用等功能的融媒体业务体系,是具有代表性的电视台上云案例(见图5)。

中国蓝云实现了"一省一云"的落地,不仅满足台内业务需求,更是辐射到周边,满足了诸如丽水、青田等台的融合媒体业务需求(见图6)。

中国蓝云的特点在于采用"多租户"架构方式,整个中国蓝云共享同一个技术底层平台,蓝云上的不同电视台用户都是一个单独的租户,每个租

图 5 浙江中国蓝云

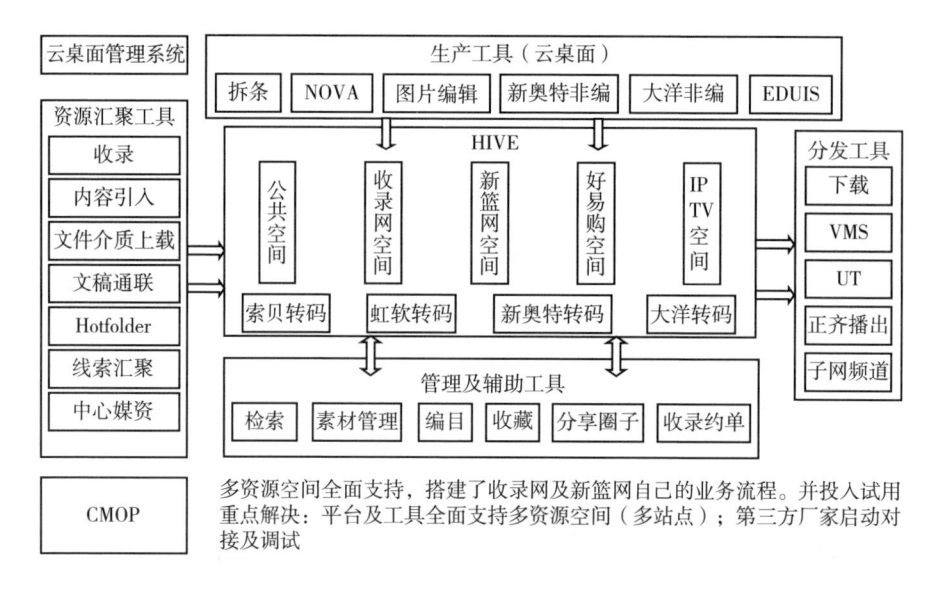

图 6 中国蓝云桌面

户的用户数据、配置数据、登录界面都可以单独定制，租户之间的数据相互隔离，确保每个租户的信息安全隐私可以得到保护。每个租户均可以根据自己的工作类型针对性地选择平台工具，比如一个针对传统电视生产的用户，需要使用收录、选题策划、文稿、编辑、审片等电视生产业务工具，其登录界面如图 7 所示。

融媒体中心建设的业务模式与技术架构研究报告

图7 中国蓝云租户登录界面（传统电视生产）

而一个针对新媒体业务生产的租户，需要针对多媒体、图片、大数据等业务进行编辑工作，那么其选择的工具就跟传统电视生产是完全不同的，登录界面如图8所示。

图8 中国蓝云租户登录界面（新媒体业务生产）

中国蓝云不仅是一个生产平台，还是一个综合发布平台。节目内容在云上生产完毕后，除了向微信、微博、网站、APP等渠道推送发布以外，还可以实现在电视信号、IPTV集成播控平台等重要发布渠道上的节目传送。在

041

该平台生产的内容，可以直接分发到 OTT 机顶盒，面向终端用户。

以向 IPTV 集成播控平台推送节目为例，具体步骤如下：①在蓝云素材库内选择需要推送至 IPTV 的节目内容，除了电视文件本身，还有相关海报；②填写相关信息；③系统自动将对应文件推送至 IPTV 集成播控平台；④最终呈现在终端用户电视屏幕上。

3. 浙江长兴传媒集团融媒体平台

同央视、省级媒体机构相比，县级媒体机构由于资源有限、辐射范围有限、受众有限，在技术、宣传、节目生产等方面虽有一定基础，但无法跟上广播电视日趋"分众化"、"专业化"和"微内容化"的发展趋势，以及人们日益丰富的生活娱乐需求。而新兴媒体由于其"无限空间"的特点，很容易使县级媒体机构突破覆盖范围的限制，从而获得更多的社会效益和经济效益。

浙江长兴传媒集团是首家县域电视台和报业、广播融合发展的典范。2011 年，长兴县委、县政府对原长兴广播电视台、长兴县宣传信息中心、长兴县委报道组、长兴政府网等媒体资源进行全面整合，组建了长兴传媒集团。目前，长兴传媒集团拥有三个电视频道、两个广播频率、一份日报、两个网站，微信公众号拥有粉丝 12.5 万人，另拥有有线电视用户 18 万户。集团现有员工 500 余人，2017 年总收入 2.09 亿元。

长兴传媒集团自组建以来，荣获省级及以上奖项 70 余个，其中省级新闻一等奖 20 多个，广播、电视外宣排名每年位列浙江省县级台前茅，长兴模式被列为中宣部推广的全国县级融媒体中心建设模式。

长兴传媒集团生产业务组织架构如图 9 所示。

长兴传媒集团融媒体生产平台系统如图 10 所示。

长兴传媒集团融媒体生产平台于 2017 年投入使用，通过融合内容库实现对高清电视生产、新媒体发布、报纸编排、广播播出的支持，具有清晰、完整、顺畅的生产业务流程，整体业务流程如图 11 所示。

图 11 中，长兴传媒集团的媒体生产，是典型的融合媒体"一次采集、多种生成、多元传播"的业务流程，是县级融媒体建设和业务生产的典型范例。

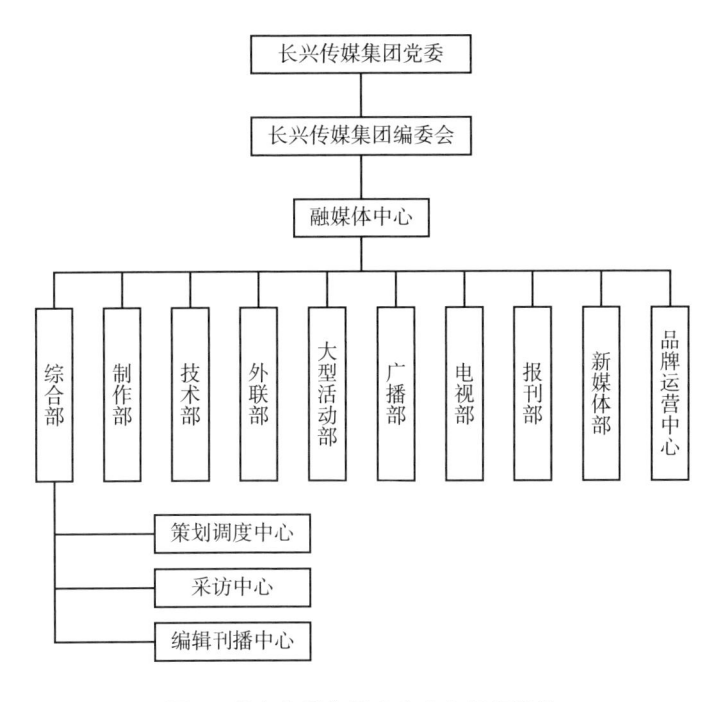

图 9　长兴传媒集团生产业务组织架构

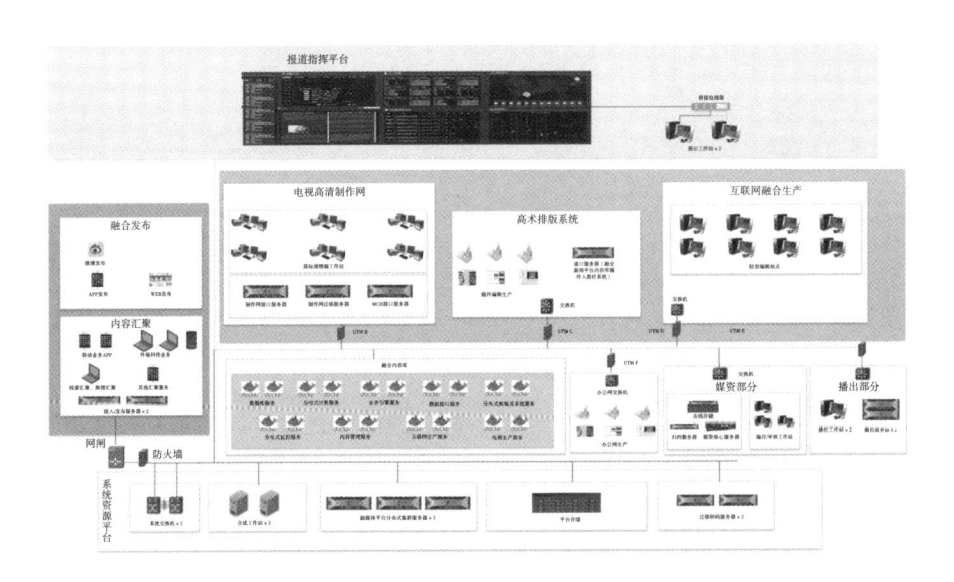

图 10　长兴传媒集团融媒体生产平台系统

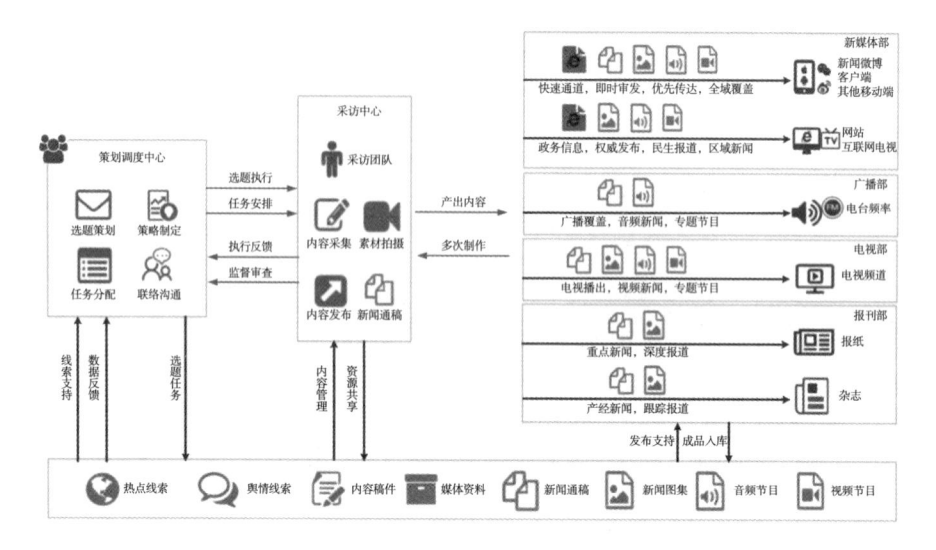

图 11　长兴传媒集团生产业务流程

转 型 篇

Traditional Media Transformation

B.5
区块链技术能为新闻业带来什么？
——以去中心化新闻网（DNN）为例

戴丽娜　张钰莹[*]

摘　要： 当下的新闻业正处于生存发展困境之中，假新闻泛滥、新闻娱乐化等问题导致的媒体公信力降低，是促使新闻行业陷入危机的重要原因。新闻业亟须找到一种能为自身赢得更多读者，从而进一步实现可持续发展的自我突破方式。目前，区块链技术作为受到多个行业追捧的新兴技术，为新闻业的发展提供了可以探寻的方向。本报告以基于区块链技术建立的去中心化新闻网（DNN）为研究对象，探寻该平台的诞生背景、运行现状，并分析讨论其新闻生产传播模式中的经验与

---

[*] 戴丽娜，上海社会科学院新闻研究所副所长、副研究员、博士，研究方向为网络空间治理；张钰莹，上海社会科学院新闻研究所硕士研究生，研究方向为网络空间治理。

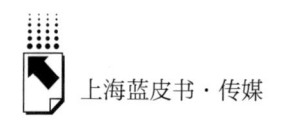

潜在问题，试图就区块链技术在新闻业的应用提供相关建议。

关键词： 区块链　去中心化　DNN　新闻业

2018年8月，美联社宣布与区块链新闻创业公司Civil在内容层面达成合作关系，消息一出即引起众多网民热议。美联社称，与Civil的合作旨在探索保护知识产权的方法，并利用区块链技术追踪新闻内容的使用情况。[①]作为全美最大的通讯社，美联社与区块链平台的合作意味着新闻业在区块链技术上的进一步尝试，区块链技术似乎为新闻业提供了一种发展方向。那么这种以去中心化为主要特征的高技术究竟能为新闻业带来什么？目前以区块链技术为跳板搭建的新闻平台建设得如何？其运行模式又能为我们带来什么经验，有哪些潜在问题？本文试图以去中心化新闻网（DNN）为研究对象解释以上问题，探寻区块链技术在新闻传播中运用的可能性。

一　区块链和区块链新闻

关于区块链是什么，目前学界尚无定论，但大多学者围绕区块链的分布式账本技术进行定义，认为区块链具有去中心化、自动化等特征。区块链科学研究所（Institute for Blockchain Studies）创始人梅兰妮·斯万（Melanie Swan）认为，区块链的本质是一种公开账簿，它拥有使所有资产的登记、编册和转让具备全球性、去中心化属性的潜力，这些资产不仅仅包括资金，也包括诸如股票、软件、健康数据和思想等各类有形财产和无形财产。[②]但目前看来，区块链技术最为成熟又最为普遍的应用场景是在金融行业，尤其

[①] Kate Clark：《区块链新闻创业公司Civil与美联社达成合作》，https://techcrunch.cn/2018/08/29/civil-the-blockchain-journalism-startup-has-partnered-with-one-of-the-oldest-names-in-media/，2018年8月29日。

[②] 〔美〕梅兰妮·斯万：《区块链：新经济蓝图及导读》，韩锋、龚鸣译，新星出版社，2016。

广泛应用于比特币，因此，有学者将区块链直接定义为"以比特币为代表的数字加密货币体系的核心支撑技术"。这种定义尚不妥当，区块链的应用场景显然不止比特币一种。

1. 现下较为成熟的区块链应用场景：比特币、知识产权、物流链

区块链技术的应用首先建立在它的特征上，其核心优势是人们常说的"去中心化"，通过数据加密、时间戳、分布式共识和经济激励等方式，这种技术能在分散节点中实现点对点交易和协作[①]，一定程度上解决了中心化机构运作系统中存在的成本高和数据集中存储带来的安全风险问题。在现实场景的运用中，区块链技术尚处于一个观察试错的阶段，然而这项技术目前已经诞生了一些较为成熟的应用场景。

一是比特币。这是区块链技术目前最为成功的应用，虽然比特币尚未成为能够替代法币的电子货币，以电子黄金形式存在的比特币还是具有一定优势的，它打破了结算货币的垄断，由于不具备物理属性，某种程度上比特币也优于黄金。二是知识产权。加密上传的内容和内容作者等信息属于唯一区块链ID，这相当于一张电子身份证，时间戳也能证明类似信息上传的先后顺序，再加上区块链技术私匙签名、不可篡改的属性，都能够满足后期对内容所属权的追溯。相关案例包括广州仲裁委于2018年2月基于"仲裁链"出具的首个裁决书，该仲裁链基于区块链技术搭建，9月中国最高人民法院更是对区块链存证做出了进一步的司法解释。[②] 三是物流链。区块链得以成功应用的场景还包括物流链，形成完整区块链链条的物流链将实现有迹可循。由于区块链的特殊属性，伪造数据需要耗费极大算力，这意味着需要付巨额成本。目前，阿里、腾讯、京东等巨头均已将区块链技术运用于物流链。

2. 区块链在新闻业的应用

区块链新闻有两种解释：一是传统媒体报道的以区块链为主要内容的新

---

① 袁勇、王飞跃：《区块链技术发展现状与展望》，《自动化学报》2016年第4期。
② 余继超：《区块链固证存证技术手段获最高法院认可》，http://www.cebnet.com.cn/20180912/102520968.html，2018年9月12日。

闻报道，这种类型在国内外都非常常见，在新闻生产和传播中主要依托网络平台，发布区块链技术相关新闻，除了具有科技资讯短小、生产周期短等特征之外，和传统中心化生产的新闻没有太大区别，代表平台包括巴比特、金色财经、Coindesk 等；二是以区块链为技术支撑进行生产传播的新闻。本文探讨的即为第二种，现下区块链技术在新闻业的应用方式具体包括以下几方面。

第一，利用区块链技术的可溯源性，对相关新闻信息内容展开溯源，以求提升新闻真实性、媒体公信力。信息存储在公链每个节点之中，任一节点无条件拥有查看其他节点的权利，这就意味着每个节点从生产到分发信息的过程都处于其他节点的监督下，并且如果对信息、数据进行篡改删除，也会被其他节点察觉，而要篡改数据也需付出极大成本。此外，由于信息数据长期存储于区块链，即使在新闻信息发布许久以后，也能对新闻来源展开追踪，这将倒逼新闻生产者提升信息的可靠性和真实性。

第二，利用区块链技术为公民公开参与和审核新闻生产提供途径，同时对以往媒体编辑审稿过程中个人权力过大和主观干扰因素过强提供解决方案。区块链技术协助建立起一个公开的分布式新闻数据库，在溯源过程中，不仅能定位到新闻的生产者，并且整个新闻生产过程中的撰稿、审稿及相关读者的评论、详细内容的修改都能被记录和锁定。公开性和分散审核的机制，将弱化传统媒体中"把关人"的作用，并在一定程度上加强公民在新闻生产中的参与和互动。

第三，利用区块链技术对版权进行跟踪，保护原创作品版权。互联网中内容的可复制性是让很多媒体头疼的问题，网络时代的内容产品也一直面临着保护难、举证难、维权难三大难题，一是由于大部分作者尚缺乏维权意识，二是抄袭者在遭受指控后，更改和删除内容十分便利，三是传统投诉维权的方式仍然十分烦琐且缺乏效率。区块链技术利用数字签名和哈希算法对新闻作品生产整个环节进行跟踪记录，其在版权保护上的应用体现出几方面特征：跨地域性，全球公共区块链是任何人都有权限进行读取的，因而公链避免了传统版权保护在地域上的局限；便于追踪，加密机制使版权流转过程被详细记录，易于查询追踪；效率高、成本低，由于处在众多大众节点的实时监督下，基于区块链的版权保护机制具有高效率和低成本的特征。

第四，利用区块链技术革新内容生产盈利模式，提升内容产品变现能力。区块链能助力生产者提升内容创新型经营能力，基于区块链技术的新闻生产降低了生产者对平台的依赖程度。对新闻生产者而言，一方面，其能对自身内容产品直接定价，减少平台作为中介方从中抽取利润；另一方面，其能实时与消费者开展互动，促成打赏行为，同时增加用户黏性。付费区块链新闻产品可用数字货币形式进行结算，增加用户结算方式与便利程度。此外，依托智能合约，区块链新闻项目能结合大数据对消费者注意力进行量化分析，增强生产经营者和广告投放者生产与投资的精准性，刻画出更为清晰的用户画像，高效地实现用户注意力变现。

第五，优化新闻生产质量，促成更多受到用户欢迎的内容。区块链新闻生产目前有着众筹、公开性、游戏化特点。在基于区块链技术的新闻生产平台上，常见通过公开募捐的形式来为某一报道筹集资金，消费者可用此种方式来资助个人或组织进行相关内容报道，这种机制让更多人参与到新闻生产和消费中，而以众议形式展开的新闻报道也会符合更多人的阅读需求。此外，目前很多平台使用一种代币（Token）奖励机制，这种机制某种程度上能提升用户对于特定新闻平台的忠诚度，进一步鼓励平台诞生出更多更优质的内容。

二 基于区块链技术的去中心化新闻网（DNN）

去中心化新闻网（Decentralized News Network，DNN）2016年成立于美国，是一个基于区块链技术，将信息内容存储在以太坊（Ethereum）中的新闻平台。DNN结合去中心化网络模式与新闻生产方式，生产并传递社区内共创共享的新闻报道。基于以太坊创建的应用在整体架构和内容政治审核上都体现出去中心化特征，而DNN提供的即是这样一种在多方核实、监管下生产出的新闻，DNN中新闻的准确性比其广告效益和公众兴趣更受重视，这直接体现在对生产者和监管者的代币奖励中。

实际上，去中心化的新闻报道已经不算是新的概念，比如已因资金周转困难而解散的Reported.ly，即为一个以社区驱动新闻生产的例子。这种去中心化新闻生产是一种在没有任何中央权威机构或个人发挥作用的情况下，社区内部自下而上地生产新闻的形式。在区块链技术的支撑下，读者除了能够专注于新闻的内容和事件本身，不受到组织机构的干预，同时也逐渐显现出新闻业新的生产盈利模式。

1. DNN诞生的背景

有数据显示，在1983年，美国新闻业90%的市场份额由50家不同公司拥有和控制。而现下，无论是报纸、电视还是广播，美国的新闻报道都主要来自五家媒体集团：康卡斯特公司、新闻集团、华特迪士尼公司、维亚康姆公司以及时代华纳公司。由于媒介资源掌握在这些传媒巨头手中，大型出版物和美国互联网时常表现出明显的政治倾向。除此以外，这些集团也有各自不同的目标受众，并生产着具有极强针对性的内容产品。具有垄断性的巨头给公众营造的拟态环境，不仅影响着公众对事件的客观看法，甚至导致了一种集体性偏见。2016年9月的盖洛普民意测验（Gallup poll）显示，美国人对大众媒体新闻报道的"充分性、准确性、公正性"的信任度和信心已经降至该机构历年来调查的最低水平，仅有32%的受访者表示信任媒体的报道。以政治事件为例，大多数媒体，无论是社交媒体还是广播电视，都受到政治议程的干预，例如2016年的美国大选假新闻事件。党派媒体公司常年为美国政治事业做出大量捐款，也因此，美国媒体长期存在于政治氛围之中，美国新闻业长期以来遭受的批评可归结于其媒体系统的这种结构性缺陷，即使在互联网时代之前的传统媒体时代，就已经有不少传播学者对媒体行业过于集中的权力感到不安，认为这种趋势威胁着民主进程。[①] 但在数字新闻出现后，新闻业还是招致了新的批评。和早期互联网技术社群的预期相反，新的媒介生态系统无法完全消除通信能力的差异，相反，它再现甚

---

① Ben H. Bagdikian, Den Emeritus, *The New Media Monopoly: A Completely Revised and Updated Edition With Seven New Chapters*, Beacon Press, 2004.

至强化了旧有的权力集中模式。社交媒体平台提供的激励系统，产生了大量能够吸引眼球和产生奖励的信息内容。脸书和谷歌通过销售有针对性的广告获得利润，它们生产信息内容的目的最直接地体现在刺激用户尽可能长时间地参与互动。算法在这里派上了很大用场，它能方便用户去选择性地接触他们可能喜欢的内容。同时，新闻的制作缺乏透明度，并且监管困难，或许这对于新闻或其他内容生产者、分发者来说，能够产生和占据更多权力，并获取更多利润，但其并不致力于提升新闻质量和消费者满意度。

此种情况下，也有有抱负的新闻改革者提出了一些解决方案，但相应办法基本不超出：慈善机构支持的非营利经营方式、特定事件的捐助型报道以及各种形式的公民合作新闻。虽然在某些情况下能够提升新闻报道的公共性与报道质量，但迄今为止，此类解决方案尚缺乏灵活性和发展性。此外，这些方式主要就是依赖一种社会大众的善意，没有明确的目的性且缺乏稳定的经济来源，难以保证内容生产的可持续性。

2. DNN的新闻生产方式和参与角色

DNN提供的模式是一个建立在以太坊上的分散式平台，在新闻生产上，DNN允许任何人提供文章，这些文章在不需要任何明确信任的情况下上交公共链条供其他人审查。审查力贡献者检查这些文章，确保它们符合网络的公共编辑标准，并开展内容核实工作。DNN的新闻生产流程中包括了作者、审稿人、读者、发布者四个角色，每个角色都有其关键贡献，他们共同构成DNN网络的基础性功能框架。

DNN作家或记者是以文章形式提交新闻内容的个人。不论是自由撰稿人、博客博主还是普通的新闻消费者都可以参与报道。虽然人人都可以提交文章，但并不是所有文章都能发表。文章的成功发表是建立在严格遵守DNN规则的基础上，遵守规则才能避免审稿人以报道违反规则为由拒绝发表该报道。而DNN内容规则有三个核心，即报道具备可验证性、清晰简明性以及对消息来源保持忠诚。

DNN审稿人是在提交文章前阅读并对文章进行投票的个人。审查工作包含一些基本的任务，例如指出语法错误、表述上不准确或可疑的地方，并保证文章符合平台的内容规则。审稿人无法修改文章，但可支持或拒绝发表文章。此外，为确保任何一个审稿人都不对文章的发表具有最终决定权，平台会随机分配 7 名审稿人验证文章，这 7 名审稿人在名为 Review Selection Bid 的过程中被随机选中，他们意识不到彼此的身份，投票行为也被完全隔离。

读者是 DNN 新闻的消费者。读者可以评论、备注、分享、提示、标记感兴趣的文章，并标注他们认为有问题的文章。和目前常见的新闻平台不同的是，DNN 的读者在帮助生产新闻上发挥着积极作用，包括提议新闻选题方面。在消费过程中，读者为阅读报道进行付费（代币）。

发布者即服务器的节点，充当贡献者和驻留在以太坊区块链上 DNN 网络之间的代理。每个发布者都安装有完整的贡献者接口和以太坊网络接口组成的专业开源软件。发布者负责复制已经发布的文章，且确保 DNN 网络在遭遇攻击时仍然可用。各发布者节点通过对等协议相互通信，发布者能通过协议将其状态的详细信息转发到节点主机上。其工作的主要目的是为 DNN 提供抗攻击的数据传输，而不像互联网公司那样，在集中式服务器上进行托管。于是，这种由社区进行运行管理的分散性储存方式就避免了外部服务商和中介的介入。

三　DNN 模式体现出的优势与问题

运行第二年的 DNN 平台目前尚处测试阶段，还未公开数据支持分析其所创模型是否能长久按照设计者意图运作。从目前平台公开的信息可以分析得出 DNN 具备的优势和尚未解决的问题。其优势包括以下几个方面。

第一，基于代币运作的新闻生态系统，形成了新闻生产传播社区，促进用户利益与社区的一致性。DNN 的一大特征是它的运作整体上贯穿了代币的使用。和传统通用法币不同的是，这种加密货币的交易可以用某种方式加以设计，将其适用范围限定在系统内的某些角色和功能之中。DNN 所发行的代币反映了这个平台的目的和价值，承认该代币意味着对系统的认可。作为使系统良性运转、充分执行职能的奖励机制，代币其实不是一种中立性的工具，它需要订阅和使用它的人具有共同的目的和价值观。

第二，一定程度上规避了权力对新闻生产的渗透。DNN 在其白皮书中称，使用区块链技术的使命是为政治新闻提供基础设施，这种技术将无法产生操纵、渗透或中断新闻生产的操作，平台的目标是成为主流媒体的民主替代品。在 DNN 的新闻生产过程中，每个参与角色都是分散、隔离的，也无法找寻到对方地址，这一定程度避免了权力的集结和金钱的交易。使用区块链技术的新闻网站的盈利模式与社交媒体发生了巨大变化，它不再需要推送大量广告和各类虚假新闻，以此来获取点击量赚取利益。此外，区块链技术也使得数据不再仅仅集中于新闻平台自身，在一定程度上减弱了信息的不对等程度，减弱了信息平台对用户的控制能力。[1]

第三，区块链技术保障新闻生产的透明性，促使产生更为客观、真实的新闻，并为公众提供更多的参与渠道。无论是生产、审阅还是代币获取，在 DNN 平台都被公平记录，这种透明性使得每个操作都得到清晰和不可抹去的痕迹。此种特性，一是能够使新闻生产置于公众监督之下，增强其客观性、真实性；二是在面对假新闻时，实现对新闻来源的追溯，这也成为维护知识产权的一种办法。

仍处于初级探索阶段的区块链技术，在新闻行业的应用尚待更多的考察和观望。目前看来，其进一步发展存在以下几方面问题亟待解决。

第一，众筹模式势必影响新闻的时效性，也将生产的新闻限定在几个类型中。这是区块链新闻目前普遍采用的众筹模式特征导致的典型问题。基于社群来进行新闻选题的第一步是达成一种社群的共识，而这种共识是需要过程的，在确定好选题后再由记者展开采写并进行审阅，就拉长了新闻生产的

---

[1] 赵云泽、杨启鹏：《区块链技术推动新闻业变革》，《中国社会科学报》2018 年 7 月 16 日。

周期。也因此,区块链新闻目前的主要题材还是深度报道、调查新闻及一些分析类文章,难以满足人们对突发性新闻的需求。

第二,去中心化的模式是否真正有利于读者,区块链新闻的去中心化特质使新闻生产丧失了舆论引导功能。传统媒体所承载的舆论引导功能,在去中心化的模式中直接消失殆尽。目前,CNN平台上的新闻内容较多的是政治新闻,但是一旦平台进行扩张,参与其中的生产者和消费者数量激增,那么广泛大众对于娱乐性信息的需求就将在区块链新闻报道中有所体现,这种由消费者直接参与商讨生产出的新闻,能够满足消费者的需求,但是长远看来,是否将对其产生良性引导力尚待观察。

第三,区块链新闻平台涉及大数据,安全性尚待提升。虽然DNN有发布者角色,维护平台正常运转、保障新闻生产传播过程的安全性,但DNN平台的开放性也为其他黑客提供了可以抵达区块链节点的通道。近来,以太坊也频繁发生黑客利用网络漏洞展开攻击的事件,目前较为常见的黑客攻击目的还是窃取数字货币,但是黑客侵略智能合约的情况也有发生。因此,DNN保证的安全性在原则上并不能完全实现,要维持平台的安全性需要在整个以太坊系统中拟订并执行一套严格的实施规范。此外,网络中保存着海量的用户个人数据,区块链技术虽然方便对篡改数据行为展开追踪,但数据被窃取的行为本身尚不能通过该技术得到杜绝。

第四,消费者群体尚小,接受区块链新闻的只有一小部分掌握技术和肯定区块链的人。目前区块链技术尚处于探索之中,甚至有许多国家在监管上对区块链项目限制颇多。在增强人们对区块链的接受意愿时,我们不得不面对两个问题,首先是建立起读者对区块链新闻的信任,其次是在硬件设施方面跟上技术发展速度和人们的需求。其中,第一条尤为关键,让人们认识到区块链新闻不仅是一种高大上的技术手段,更是能够帮助他们以更方便快捷的方式获得优质信息的途径。

虽说区块链技术在新闻业有着广阔的应用场景,但新闻业采用区块链技术并不容易。就像早期商业网络发展过程中的公民技术(Civic Technology)

一样，区块链技术还没有得到足够支持和采纳。[1] 而它潜在的问题也使区块链新闻在还未完全成形之际就遭到质疑。总体来说，区块链技术并不是解救新闻业的万能药，但了解和运用好区块链技术势必为解决新闻生产中的一些问题提供部分思路。

---

[1] Nicky Woolf, "What Could Blockchain do for Journalism?" https：//medium.com/s/welcome-to-blockchain/what-could-blockchain-do-for-journalism-dfd054beb197, 2018.

B.6
媒介融合时代下的财经媒体发展变革

——以上海报业集团界面·财联社为例

戴 榆*

摘 要： 媒介融合是一个不断深化的动态过程，如今已发展成为不同媒介形态融合、跨行业资本整合、多种传播方式竞合等交织在一起的融合态势。尤其是在这一轮融合加速进程中走在行业前沿的财经媒体，在产业、技术、资本、监管等多领域、多角度呈现的融合发展，对于深刻理解并展望未来传媒产业发展具有深远的启迪作用。本报告选取新兴主流财经媒体集团——界面·财联社作为考察对象，全方位深刻剖析其所发生的诸多变革，借此考察中国财经媒体应对媒介融合趋势所发生的改变，以期对中国整个传媒产业的未来发展动向予以展望。

关键词： 媒介融合 财经媒体 界面·财联社

在移动互联网、大数据、云计算、人工智能等为代表的新一代媒介技术变革引领之下，伴随着经济贸易的飞跃发展、资本市场的日益繁荣、政策支持力度的不断加大等助推因素，整个传媒行业与产业的生态系统已经发生并仍在持续不断地发生翻天覆地的变化。就目前来看，最值得关注的传统媒体

---

* 戴榆，上海大学新闻传播学院传播学博士生，研究方向为传媒法律与政策、传媒产业经济。

与新兴媒体的融合发展已成为广泛共识和发展主流。① 值得注意的是，当下的媒介融合已展现出传媒技术融合、产业资本融合、内容生产融合以及受众身份融合态势等多方位多角度的融合。

就中国传媒发展与变革现状来看，财经媒体是媒介融合时代下，产业、技术、资本、监管等多领域、多角度融合较为成功也较为典型的媒体类型。首先，与其他媒体类型相比，财经媒体走在市场改革与发展前沿，其市场化道路发展较为完善，社会资本助力媒体发展成为常态，媒介种类与形态日益多元多样；其次，财经媒体领域内跨媒体形式、跨行业、多重业务运营形态较为普遍，很好地折射出如今媒介融合时代新的发展趋势；再次，财经媒体也是中国目前媒体行业中发展较快，可以与国际同步并具有一定竞争力的媒体形态之一，中国财经媒体也已逐步与国际接轨并走向跨媒体、跨行业、多重业务交织的集团化运营道路；最后，财经媒体一直是全球媒体行业中增长最快的分支之一，尤其是在2008年金融危机爆发和与之伴随在各个国家和地区产生的多种经济问题背景下，市场自由法则在全球推行，人们对于财经新闻的需求与日俱增。②

概而言之，当今的媒介融合时代，财经媒体呈现了新的发展态势，它们不再局限于以往仅仅提供财经新闻内容，而是逐步发展为集新闻资讯、业务咨询、数据服务、金融交易等多重业务于一体的综合信息服务平台。作为上海报业集团面对媒介融合时代背景，联合多方社会资本的力量，倾力打造并不断融合发展的新兴主流财经媒体集团——界面·财联社，其在媒介融合时代所发生的变革，对于考察中国财经媒体的最新发展，甚至对中国整个传媒产业的未来发展动向皆具有深刻的示范意义。

一 财经新闻及财经媒体发展历程

自西方工业革命兴起以来，经济贸易的发展、科学技术的进步、国际商

---

① 中华全国新闻工作者协会：《中国新闻事业发展报告（2015）》，中国记协网，http://news.xinhuanet.com/zgjx/2016-04/29/c_135320084.htm。
② Keith Hayes, *Business Journalism: How to Report on Business and Economics*, Apress, 2014, p.4.

业与金融中心的形成一直是欧美国家和地区的专属。庆幸的是，20世纪后半叶中国也清醒地意识到以经济建设为中心对国家发展与社会进步的重要性，随着改革开放与社会主义市场经济体制的探索，中国开启了现代意义上的市场经济发展之路，也逐步得到世界的关注与认可。《2017年国民经济和社会发展统计公报》数据显示，2017年中国GDP规模达到82.7万亿元，相当于12.2万亿美元，从经济总量与规模来看，中国成为全球第二大经济体，与世界第一大经济体美国（2017年GDP约为19.3万亿美元）的距离快速缩小。而早在2014年，国际货币基金组织（IMF）的数据显示，中国当年的经济规模已达17.6万亿美元，超越17.4万亿美元的美国，一些学者曾就此认为中国已跻身成为世界最大经济体。然而，IMF的数据由购买力平价（Purchasing Power Parity，PPP）计算得来，该计算方法一般有利于增加发展中国家的经济规模，若将市场汇率因素计算在内，仅就经济总量与规模来看，中国离美国依然还有相当大的距离。[①] 但毋庸置疑的是，随着经济全球化与经济一体化的不断加强，中国与西方发达国家的经济发展总体差距在不断缩小。

经济贸易的不断发展以及资本市场的日益成熟，社会及民众财富的不断积累与增加，财富投资与管理意识的空前增强，使人们对于财经信息与资讯的需求也与日俱增。与其他新闻类型相比，财经新闻越来越承担着为民众传递经济形势与政策，提供专业财经信息及揭示复杂经济现象背后的本质，监测经济环境与影响社会舆论等重要功能。由于财经新闻存在着特殊的专业性，尤其是涉及晦涩难懂的经济学原理和复杂的数据与图表，如何将这些晦涩难懂及复杂的现象和数据准确表达并转变为普通民众易于理解并且乐意接受的信息，对于财经媒体提出了极高的要求。

关于现代意义上的财经新闻，其诞生于18世纪末与19世纪初的伦敦与纽约，人们在受欢迎的咖啡馆就市场价格表、账单、航运船次等商业信息进行互相交流，并逐步发展成为印刷的小册子进而变成报纸。随着贸易的激

---

① 参见人民网财经，http://finance.people.com.cn/GB/8215/373565/387209/389662/。

增,英格兰银行、伦敦股交中心、纽约股交中心,以及伦敦谷物交易中心等相继成立,起初的咖啡馆交流这样的非正式化形式显然无法再满足市场需求,专业的财经新闻媒体也应运而生,逐渐形成了记录财经信息的报纸。最早从事真正意义上财经新闻的财经记者是出生于德国的 Paul Julius Reuter,即世界著名的路透社创始人。他早年来到英国做生意受挫,但随后发现了市场交易信息的重要性并看到其中存在的巨大商机,于 1851 年开始致力于成为商业新闻信息提供者,赚得盆满钵满。随后,1888 年,第一家国际财经新闻报纸英国《金融时报》成立,时隔一年之后的 1889 年,美国最大的财经报纸《华尔街日报》也宣布问世。[1] 而 20 世纪 70 年代开始,以美国为代表的西方国家,随着金融行业管制的放松与经济全球化的刺激,财经新闻媒体的发展空前繁荣。[2]

迄今,财经媒体已经发展成为报纸、期刊、广播电视、通讯社、互联网等多种媒体形式,不同财经媒体的报道模式、内容的侧重点以及呈现方式皆有所差别。据此,有学者根据内容报道与组织结构的特点将财经媒体分为"综合性媒体的财经报道部门、专业财经媒体、财经信息服务集团和细分行业的财经新闻机构"四种类型。[3] 除了《金融时报》《华尔街日报》《经济学人》等专业财经类报刊之外,美国全国广播公司财经频道(CNBC)、英国广播公司(BBC)、福克斯商业新闻网、彭博新闻社[4](Bloomberg News)等不同类型的财经媒体不断发展,为整个财经媒体的发展带来了更加繁荣的市场。

中国的财经类媒体也随着本国经济的发展与国民对于财经信息需求的不断增加而逐渐发展壮大起来,经过改革开放以来 40 年的努力,尤其是 21 世纪之后逐步发展成为具有市场化、资本化、专业化、多元化特征的新财经媒体形式,

---

[1] Keith Hayes, *Business Journalism: How to Report on Business and Economics*, Apress, 2014, pp. xvii – xviii.
[2] Stephen L. Vaughn, *Encyclopedia of American Journalism*, Routledge, 2008, pp. 72.
[3] 杭敏、李成章:《国际财经媒体评述与未来发展走势》,《传媒》2016 年第 12 期。
[4] 彭博社系目前美国三大新闻通讯社之一,由迈克尔·布隆伯格于 1981 年创立,是业务遍及全球的财经类媒体集团,与汤森路透同为全球最为重要的两家金融信息服务提供商。

并紧跟国际发展潮流,致力于发展成为具有国际市场竞争力的财经传媒集团。

就中国的财经新闻发展历程与主要分类而言,有学者概括为脱离政治的经济新闻、视野狭窄的证券新闻、市场化运作的财经新闻。[1] 而就财经媒体的发展阶段而言,第一财经传媒有限公司原总编辑秦朔认为,从财经、经济、金融、证券、商业等这类广义财经媒体来看,截至2011年,中国的财经媒体发展之路大致经历了四个阶段:第一个阶段为20世纪80年代,以体制内的报刊和电视台为主要载体,报道中心从党的中心向指导经济建设转移,其中《中国财贸报》更名为《经济日报》为该阶段代表;第二阶段为20世纪90年代,该阶段财经类媒体呈现多样化发展形势,伴随着1991年中国第一家证交所——上海证券交易所的成立,出现了《中国证券报》《上海证券报》《证券时报》三大证券类报纸,还有就是如《中华工商时报》这样具有市场化雏形的财经商业报纸开始出现,再者就是《财经》《中国企业家》等财经杂志出现,一些如胡舒立、水皮、刘坚等知名财经媒体经营者与管理者大多来源于此;第三阶段则是21世纪伊始以中国加入世贸组织为重大助推力,中国具有真正市场化意义的商业报纸开始出现,日报代表有《第一财经日报》与《每日经济新闻》等,周报代表有《21世纪经济报道》(后改版为日报)和《经济观察报》等,其中以第一财经为代表的财经媒体开始整合报纸、电视、广播等形式,初步形成财经全媒体的趋势;第四阶段则是在2006年与2007年两轮资本市场牛市的影响下,财经媒体出现井喷式发展,一方面国际财经媒体开始关注中国市场并在华开办分支机构,另一方面随着互联网以及资本的进入,一些以往从事信息服务的服务商也开始从事新闻内容业务,竞争日趋激烈。[2]

二 媒介融合时代下财经媒体发展新态势

随着互联网与移动技术突飞猛进的发展,在大数据和云计算的引领下,

---

[1] 石研:《中国财经媒体传播失灵现象研究》,中国社会科学出版社,2014,第62~71页。
[2] 赵智敏:《财经媒体如何担负当下使命——访〈第一财经日报〉总编辑秦朔》,《新闻爱好者》2011年第4期。

过去以传统报刊为主要载体的西方财经媒体并没有因为新媒体技术给传统媒体带来的颓势而显得一蹶不振,反而采取多种媒介形式与多重业务方式融合,逆势上扬,形成了独特的强势发展路径。

当今西方财经媒体所呈现的新发展态势也表明,互联网与移动媒体技术的井喷式发展,国际财经传媒集团的竞争,给当下中国财经媒体也带来前所未有的繁荣与多元化发展机遇。就目前来看,最值得关注的是传统媒体与新媒体的融合发展,媒介融合已成为广泛共识和发展主流。[1] 值得注意的是,当下的媒介融合已展现出传媒技术融合、产业资本融合、内容生产融合以及受众身份融合等多方位多角度的融合。

关于媒介融合,美国著名媒介分析专家詹金斯奉美国麻省理工学院的政治学家 Ithiel de Sola Pool 为先知,盖因 Pool 最早将融合的概念引入媒体行业并将其作为传媒产业变革的推动力量。[2] 詹金斯认为,媒介融合应当包含跨多种媒体平台的内容自由流动、多种媒体产业的相互协作,以及受众根据兴趣爱好可以在不同种类的媒介渠道自由选择,在媒介融合之下,无论是商业媒体还是官方新闻出版集团,无论是内容生产还是商业模式,很大程度上都是在受众的高度参与下发生的。[3] 此外,詹金斯还引用 Pool 的观点认为,"媒介融合并非意味着最终的稳定和统一,虽然它对统一持续不断地起作用,但它推动媒体变革总是以一个动态的形式。换而言之,日益加剧的媒介融合并没有一个一成不变的法则,变革的进程要更加错综复杂。"[4]

因此,当今的媒介融合已不再局限于上文提到的传统媒体与新媒体

---

[1] 中华全国新闻工作者协会:《中国新闻事业发展报告(2015)》,中国记协网,http://news.xinhuanet.com/zgjx/2016-04/29/c_135320084.htm。

[2] 戴榆:《媒介融合下新闻作品的版权保护与公共利益平衡》,《泮溪传播学论坛》(2016年第1卷),上海交通大学出版社,2017,第190~191页。

[3] Henry Jenkins, *Convergence Culture: Where Old and New Media Collide*, New York University Press, 2006, pp. 2-12.

[4] Pool, *Technologies of Freedom*, pp. 53-54. 转引自 Henry Jenkins, *Convergence Culture: Where Old and New Media Collide*, New York University Press, 2006, pp. 11-12.

之间的媒介融合，或者通常所说的融合性媒介（Convergence Media），而已逐渐发展为新闻媒介与其他行业之间跨媒介、跨行业的整合与融合（Media Convergence），是产权、技术、资本、行业、监管等多领域多角度的融合。这样的媒介融合是新技术伴随下的现存所有媒介与传播相关产业与文化的融合过程。① 郑涵等在此基础之上提出了传媒融合产业的概念，从媒介形态、传播内容及生产方式、传媒市场结构、国际文化经贸以及传媒体制等多方面来透视传媒产业在当今时代呈现的融合形态。② 在此传媒融合产业背景之下，尤其是财经媒体领域，媒介融合已发展成为不同媒介形态融合、跨行业资本整合、多种传播方式竞合等交织在一起的融合形态。

针对财经媒体在媒介融合时代呈现的巨大变化，秦朔在2015年离开第一财经传媒之后，撰文对其早先提出的中国财经媒体发展历程总结进行了更新，他将2011年前后作为分水岭，认为新时期财经媒体呈现了移动互联网化的新发展趋势，移动化、资本化、高度技术化、社交化、服务化、产品化以及个性化定制等成为财经媒体在这一场移动互联网革命中呈现的主要特征。③

三 界面·财联社——新型主流财经媒体集团的诞生

而作为上海报业集团面对媒介融合时代背景，联合多方社会资本的力量，倾力打造并不断融合发展的新兴主流财经媒体集团——界面新闻，尤其是2018年并购之后的界面·财联社，主推"媒体、资讯、数据、服务、交易"五大核心业务（见图1），致力于发展成为"中国的彭博社"。对其融

---

① Tim Dwyer, *Media Convergence* (*Issues in Cultural and Media Studies*), Open University Press, 2010, pp. 2.
② 郑涵、戴榆：《数字传媒时代传媒经济历史延续嬗变格局——传媒融合产业概念思考》，《中国传媒报告》（中国香港）2017年第2期。
③ 秦朔：《新时期中国财经媒体回顾与启示》，《第一财经日报》2015年8月27日。

合发展之路所呈现的多方问题的讨论对于当下中国传媒业改革和发展具有重要的借鉴意义。

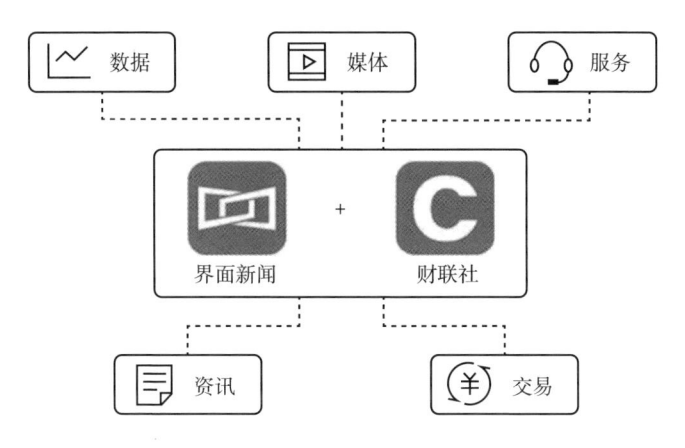

图1 "媒体+资讯+数据+服务+交易"五大核心业务

早在2013年10月，上海原文新传媒集团与解放日报报业集团正式合并为上海报业集团之际，就对外宣布除了根据市场需求对一些报刊进行关停并转，优化资源配置之外，每年会定期提供大量资金并安排宣传文化专项资金用于支持新媒体发展等项目，成立之后的上海报业集团力图在全媒体、文化创意产业领域进行多元拓展，朝着专业化、市场化、国际化目标迈进。①

随后，上海报业集团旗下的《东方早报》最先转型，于2014年将其人才队伍与资源等平移至新媒体品牌"澎湃"，主攻时政与思想等方面的报道，成长为中国媒体融合发展的领跑者之一。而上海报业集团旗下三大独立建制之一的《解放日报》也推出了基于移动互联网的新平台"上海观察"，同样赢得了较高的人气与不错的口碑。然而，自2008年作为联合创始人之一的解放日报报业集团退出财经日报《每日经济新

---

① 戴榆：《上海报业集团昨正式挂牌 恢复三大报独立建制》，《每日经济新闻》2013年10月29日。

闻》①之后，上海报业集团正式组建之前的"文新"与"解放"两大报业集团系统内一直没有能够持有一个具有行业领先优势的专业财经媒体，难以匹配上海的国际金融中心地位与财经媒体发展的国内外现实需求。为此，在新报业集团的合并组建以及大力推动新兴主流媒体发展的契机之下，上海报业集团在国有控股的条件下，引入联想弘毅、小米科技、海通开元等社会资本，于2014年9月适时推出了以财经、商业新闻为核心的界面新闻。从2014年底，界面新闻的PC端与APP正式上线之后，其组建团队由创立之初的50人左右迅速扩展至400多人，其中采编人员达250余人，不仅在各大高校招募新生力量，也从各财经媒体高薪挖掘了大量优秀人才，目前已成为国内团队规模领先的原创财经新媒体之一。②

2018年2月28日，上海报业集团宣布界面（上海）网络科技有限公司（界面新闻的主体）通过换股的方式，已于2017年底和蓝鲸·财联社正式完成整体合并，合并之后的机构名称为界面·财联社。新机构定位为由上海报业集团主管主办、持有A级新闻牌照的主流财经新闻集团和财经通讯社，集"媒体+资讯+数据+服务+交易"五位于一体，成为中国卓越的新型财经资讯供应商。与此同时，界面·财联社被科技部、IT桔子、新浪财经等多家第三方机构评为中国独角兽企业，市场估值超过100亿元。③分析来看，界面·财联社融合发展之路的特色集中体现在以下几个方面。

（一）与社会资本联姻，推动产权融合与技术融合

早在界面新闻成立之初，上海报业集团在其主办主导的前提下，就引入

---

① 三大财经日报之一的《每日经济新闻》，最早于2004年底由上海报业集团的前身之一解放日报报业集团和成都日报报业集团联合创办。在2008年上半年，解放日报报业集团宣布退出，《每日经济新闻》由成都日报报业集团一家主办，并于当年5月全新改版，此后致力于探索传统媒体与新媒体融合发展，在众多财经媒体之中较早发力微博、微信等新媒体业务。2018年4月，为与其媒介融合时代的发展相匹配，该媒体的工商登记主体由原来的"成都每日经济新闻报社有限公司"正式更名为"成都每经传媒有限公司"，简称"每经传媒"。
② 张衍阁：《原创新媒体商业模式的探索与思考——以界面新闻为例》，《新闻战线》2018年第4期。
③ 参见界面官方网站，https：//www.jiemian.com/about/index.html。

联想弘毅、小米科技、海通开元、奇虎360、国泰君安、卓尔传媒等社会资本作为A轮融资方,此后2015年、2016年、2017年三年不断有新的资本入股,如蓝色光标、昆仑信托、人民网、广汽资本、晟道投资、君和资本等。2018年2月,上海报业集团宣布已通过换股等方式与蓝鲸·财联社战略合并成立新的界面·财联社,社会资本的力量更起到了巨大的推动作用。

2018年2月的工商登记数据显示,界面·财联社整合之后,上海报业集团100%持股的上海报业集团文化新媒体投资管理有限公司持有界面(上海)网络科技有限公司20.24%的股权,而原蓝鲸·财联社的创始人徐安安个人作为最终受益人持股比例为9.07%,成为最大自然人股东。[①]

这一系列社会资本进入、体制内外产权融合的过程中,不仅仅是雄厚的资金支持助推了界面这一新兴财经媒体的飞跃发展,财经专业人才的引进也提供了巨大的帮助,尤其是与蓝鲸·财联社的合并,大批优秀的财经采编人员,特别是适应新媒体时代发展要求的优秀团队的整体加盟,让合并之后的界面·财联社迅速成为财经媒体界的后起之秀,影响力极大提升,推动其走向财经信息服务集团化道路。

而在这些众多投资者之中不乏奇虎360、小米科技这些当下已是领军者的互联网技术服务公司与智能创新科技企业,它们给界面·财联社带来了资本的力量,在技术融合发展上也可以创造更加畅通的合作渠道。

如今的新兴主流财经媒体,除了要求在文字处理能力上具备优势之外,音频、视频技术已是必备条件,而VR技术、机械人写作等新的技术手段同样也引发强烈的关注。在技术融合的推动下,界面·财联社集合了APP、网站、微博及微信公众号等新媒体产品矩阵,直播、视频、音频、数据、图片等多媒体形态以及投票、问答、爆料、召集令等互动板块皆以不同的方式存在于界面·财联社的各平台之中。[②] 其中,该媒体旗下的短视频集群拥有"面谈""一面""界面Vnews""蒸汽鸡"等覆盖创投、娱乐、新闻、生活

---

① 数据来源参见"国家企业信用信息公示系统(上海)",http://sh.gsxt.gov.cn/。
② 张衍阁:《原创新媒体商业模式的探索与思考——以界面新闻为例》,《新闻战线》2018年第4期。

方式的原创短视频栏目,用户每日还能在此浏览全网热门短视频;而其"观见直播"以一流技术确保清晰、稳定、多角度直播流,用户可以第一时间实时直播新闻热点、重大政经会议、重要商业发布会,高清观看珍稀野生动物,等等。当然,多档原创直播栏目也展现了界面的新闻策划实力。[①]

(二)以用户为导向,推动生产方式变革与内容平台融合

媒介融合时代,用户(粉丝)深度参与内容生产,社交媒体与自媒体发展迅猛,信息分发的渠道与界面日趋多元多样,传统严肃新闻开始呈现个性化、娱乐化、服务性等趋势。从另一个角度来看,"互联网使公众从公司垄断中解放出来,减少了公众在获取新闻、享受娱乐时对大公司的依赖。"[②]因此,作为读者的用户(粉丝)身份地位愈加凸显,媒体越来越将吸引用户的注意力作为首要考虑因素。在此背景下,作为新兴财经媒体既要注重其内容的严肃性与权威性,也要符合媒介融合时代的传播环境,将"内容为王"转变为新形势下的"内容为王""平台为王""交流方式为王""跨界为王"等交错集成方式。

为此,与传统媒体组织机构相比,界面·财联社在内容的生产方式上,尤其是在移动媒体平台,根据不同的内容提供终端与平台,在生产模式、传递模式、互动模式等方面有着诸多不同之处,全方位为用户提供更加个性化的信息服务与产品,以实现以用户数据为核心的多元内容、多终端融合,从而完善用户的体验。

合并之后的界面·财联社集合了APP、网站、微博及微信公众号等新媒体产品矩阵,布局近40个内容频道,旗下同时拥有数个知名新媒体品牌。除此之外,用户还可以在腾讯、今日头条、UC、百度、一点资讯、新浪、搜狐、凤凰网等合作渠道看到其原创优质内容。其商业频道在科技、地产、汽车、消费等领域持续关注商业前沿信息,报道国内外知名公司及品牌;财

---

① 参见界面官方网站,https://www.jiemian.com/about/index.html。
② 〔加〕罗伯特·洛根:《理解新媒介——延伸麦克卢汉》,何道宽译,复旦大学出版社,2012,第22页。

经频道深入资本市场领域，从宏观、二级市场、公司等各个层面，准确、快速、高质量报道中国资本市场动态；而其"正午"栏目，则作为中国原创、长篇、非虚构写作平台，每日推出一篇值得流传的故事；作为新锐纪录片短视频品牌的"箭厂"与专注于青年文化和互联网趣味的"歪楼"皆引起了广泛的关注。①

（三）探索新的商业模式，推进五大核心业务融合

媒介融合是当下诸多媒体的转型发展之路，尤其是传统媒体希望以此来扭转颓废的经营困局。然而，很多传统媒体投入了大量财力、人力之后没有赚钱反而加重了负担。究其根源，依然在于这些媒体仍旧难以摆脱以往的盈利模式，尚未找到适合自身的利益增长点。

媒体行业竞争日益激烈，加之社交媒体与自媒体的盛行对受众注意力的收割，传统媒体影响力日渐式微，作为以往主要盈利点的广告收入严重下滑。诚然，传统媒体在"两微一端"等新媒体平台投入巨大，可以在此平台上获得展示广告的收入，但其内容本身能否吸引并凝聚足够的用户（粉丝）是首先要解决的问题。界面新闻通过优质的内容已逐渐形成相对权威的品牌影响力和良好口碑，可以获得优质广告客户的青睐，在广告收入上具有一定的保障。

而随着媒介融合的不断加深，内容版权收入越来越被视为原创财经媒体的重要收入来源。在界面成立之初，客观上是因为希望获取更多的流量和关注而主要采取内容免费授权的方式，其初期的版权保护体系建设多少存在着一些滞后性问题，其中既有自身原创新闻作品遭其他媒体或互联网等机构非法转载的情形，也有自身违规抄袭其他媒体新闻作品的事件。② 但到了2017年，随着品牌影响力的不断扩大与媒体生产成本节节攀升的压力，界面新闻通过谈判的方式开始向新浪、凤凰网、今日头条等新闻平台收取

---

① 参见界面官方网站，https://www.jiemian.com/about/index.html。
② 由于界面新闻涉嫌抄袭，时任界面总裁的华威不得不两度公开发表致歉声明，参见界面官方网站，http://www.jiemian.com/article/222526.html。

版权使用费，以实现版权收入的规模化，该年度其版权收入占总收入的约7%。①

然而，在版权保护与收入问题上，中国的新闻媒体一直面临十分尴尬曲折的道路，媒介新闻作品被非法转载与盗用早已成为顽疾。媒介融合带来新闻作品高速传播的便利，但与之伴随的是，出于商业目的未经版权人同意的大量非法转载行为泛滥，造成版权人利益严重受损，尤其是作为主要原创新闻作品生产方的专业媒体利益受到侵蚀。现有的中国版权法律体系仍跟不上时代的步伐，对于几近无序的网络侵权行为显得力不从心，而媒介融合所引发的利益分配机制的新问题直接指向了目前版权法面对授权机制与交易规则时的不畅。② 就目前来看，原创的专业媒体通过内容版权收入来扭转经营败局仍然困难重重，其他的盈利模式探索迫在眉睫。

因此，除了依托传统新闻内容带来的广告与版权收益之外，界面·财联社主推"媒体、资讯、数据、服务、交易"五大核心业务，在资讯、数据、服务及交易等方面探索寻求可能的盈利增长点，探索知识付费，提供各种信息服务，在内容的直接变现方面不断寻求新的形式。如其"摩尔金融"是线上投资者教育与服务的一站式平台，该平台倡导价值投资理念，原创研投文章累计超过10万篇，累计付费用户超过13万人；旗下的"财联社"定位于快速、准确、权威、专业的财经通讯社，专注于中国证券市场的动态分析和报道，为投资者提供全方位的金融信息服务；而"蓝鲸财经"则继续坚持其初衷，为泛财经领域记者提供采访通讯录、专家推荐、企业征信查询、财报查询、录音整理等实用工具服务，是行业记者交流、分享的服务平台。③

此外，界面·财联社还依托自己的品牌影响力与业务功能优势拓展会

---

① 张衍阁：《原创新媒体商业模式的探索与思考——以界面新闻为例》，《新闻战线》2018年第4期。
② 戴榆：《媒介融合下新闻作品的版权保护与公共利益平衡》，《泮溪传播学论坛》（2016年第1卷），上海交通大学出版社，2017，第204页。
③ 参见界面官方网站，https://www.jiemian.com/about/index.html。

务、试水电商,在为用户提供优质内容服务的同时也提供投资、购物、招聘、社交等互联网服务,并希望提供流量入口,引进战略合作伙伴,提供用户所需要的旅游、活动、高端培训、家具生活等各种入口服务。

(四)整合自媒体,组建庞大的融合社群

媒介融合时代,受众身份及结构发生变化,他们不再单单是传统接受新闻内容的受众,而是用户、粉丝、公民等多重身份,他们获取新闻内容的同时也基于自己的爱好进行评论与分享,甚至以自己的专业爱好从事内容生产,成为自媒体。新的传播格局之下,新闻的生产和分发由组织化转为社会分工越来越精细化,自媒体在新闻生产中扮演着越来越重要的角色,尤其是随着社群文化的兴起,人们越来越借助于社交网络来获取并传递信息,"无社交,不新闻"成为新闻生产行业的新定律。[1]

作为专业的媒体机构,也应当充分认识社交媒体时代自媒体的内容生产能力与传播影响力,除了逐渐接受其带来新挑战之外,也需要利用创新的技术重组其媒介组织形式,有选择地吸纳整合优质的自媒体团队[2],如BBC就成立了UGC俱乐部[3]。界面·财联社作为媒介融合时代新兴财经主流媒体,在其前身之一的蓝鲸传媒时代就注重整合大量专业和业余的财经记者资源,形成稳定的业务交流平台。如今,由界面发起建立的自媒体联盟"Media(界面联盟)"已拥有3000家自媒体成员,辐射2亿名用户,不断吸收联盟内优秀的原创作者,致力于汇聚和传播互联网上优质的新闻内容,更好地配置内容分发渠道,让界面成为优质内容的汇聚平台。[4] 其对于自媒体平台的整合与融合,通过其倡导与制定的规则,也在潜移默化地带动整个新媒体行业的良性发展。

---

[1] 李彪:《未来媒体视阈下媒体融合空间转向与产业重构》,《新闻与传播》2018年第7期。
[2] C. W. Anderson, *Rebuilding the News: Metropolitan Journalism in the Digital Age*, Temple University Press, 2013, pp. 164.
[3] UGC (User Generated Content),用户生产内容。
[4] 参见界面官方网站,https://www.jiemian.com/about/index.html。

四 结语

媒介融合在当下已不再是各种媒介介质或者内容终端的融合，也不仅是内容生产方式与分发渠道的变化，而且是产权、技术、资本、行业、监管等多领域多角度的融合，尤其值得关注的是其逐渐呈现媒体行业与其他相关行业与产业的融合态势。与其他媒体类型相比，财经媒体走在了融合发展道路的前端，具有引领的意味，财经媒体纷纷拓展新闻、资讯、数据、交易、服务等业务，实现全方位整合，逐渐形成了完整的信息服务产业链，对当下中国传媒产业发展具有启示意义。

当然，中国的财经媒体融合发展值得考察的对象也绝不是界面·财联社一家，第一财经传媒、财新传媒、南方财经传媒等皆有各自独特的发展路径。但与前述媒体机构经过长期积累与逐步转型不同，界面·财联社作为仅仅成立不到四年的新兴主流财经媒体集团无疑更值得关注，尤其是资本力量在其中发挥的巨大作用。当然，整合之后的界面·财联社，旗下界面新闻、蓝鲸传媒、财联社三个核心子品牌下的各业务资源整合与采编团队的优化配置等仍然是需要继续考察的问题。

B.7
传统媒体新闻客户端平台化策略探析

高存玲　张丽华*

摘　要： 在移动传播的环境下，中国传统媒体纷纷转向新闻客户端，以吸引受众。然而，传统媒体新闻客户端存在下载量、注册量小，内容缺乏个性，影响力较差，用户黏度相对较低等众多不足。本文在对传统媒体新闻客户端进行分析的基础上认为，通过平台化的实践和探索，将传统媒体新闻客户端打造成用户之间的信息交互平台，可以作为传统媒体新闻客户端发展的新路。

关键词： 传统媒体　新闻客户端　平台化

2007年，苹果公司推出首款苹果智能手机。此后，智能手机逐渐成为继个人电脑之后最重要的上网终端。近年来，智能手机在中国呈普及态势。截至2018年6月，手机网民规模达7.88亿人[1]，网民使用手机上网的比例达98.3%，较2017年末提升了0.8个百分点[2]。其中，手机网络新闻用户

---

* 高存玲，博士，青岛大学新闻与传播学院讲师，研究方向为城市传播；张丽华，复旦大学新闻学院博士研究生，研究方向为受众研究。
[1] 中国互联网络信息中心：第42次《中国互联网络发展状况统计报告》，2018年7月，第20页。
[2] 中国互联网络信息中心：第42次《中国互联网络发展状况统计报告》，2018年7月，第16页。

规模超过6.31亿人，网民使用率超70%。[①] 微博、微信、浏览器、新闻客户端是中国手机网民获取新闻资讯最主要的四个渠道。这其中，客户端尤其引人注目。《2017~2018中国手机新闻客户端市场研究报告》指出，截至2017年第四季度，中国手机新闻客户端用户规模达6.36亿人。[②]

一 传统媒体新闻客户端现状分析

近年来，新闻客户端不断发展。2010年前后，腾讯、新浪、网易等门户网站陆续推出新闻客户端。2014年，《人民日报》、新华社、上海报业集团等传统媒体开始涉足。2015年，新闻客户端呈爆发态势，传统媒体新闻客户端密集上线，如无界、九派、南方+、封面、交汇点、半岛客户端等。据清华大学沈阳教授团队与《大河报》联合发布的《中国传统媒体新闻客户端发展报告》统计，截至2015年底传统媒体新闻客户端已达231个。在各省级单位中，北京、广东、江苏、四川、山东、河南、浙江等地的传统媒体新闻客户端数量均已超过10个，市场竞争激烈。[③] 而2018年2月9日，《媒体融合蓝皮书：中国媒体融合发展报告（2017~2018）》指出，从2017年媒体融合发展进程来看，"移动优先"成为共识，部分媒体关闭纸质版，以客户端为主打的移动传播渠道不断上线升级。[④]

然而，从相关数据来看，传统媒体新闻客户端的表现并不尽如人意。360手机助手、应用宝、百度手机助手、华为应用商店等安卓系统主要应用市场显示，作为传统媒体新闻客户端"四大巨头"的新华社、《人民日报》、

[①] 中国互联网络信息中心：第42次《中国互联网络发展状况统计报告》，2018年7月，第29页。
[②] 艾媒咨询：《艾媒报告｜2017~2018中国手机新闻客户端市场研究报告》，http://www.iimedia.cn/60894.html，2018年3月22日。
[③] 清博大数据新媒体指数团队：《中国传统媒体新闻客户端发展报告》，《青年记者》2016年第4期。
[④] 《报告精读｜媒体融合蓝皮书：中国媒体融合发展报告（2017~2018）》，中国社会科学网，http://www.cssn.cn/zk/zk_zkbg/201802/t20180211_3848376.shtml，2018年2月。

央视新闻、澎湃新闻的下载量与今日头条、腾讯新闻、网易新闻等差别巨大。沈阳教授团队统计的231个传统媒体新闻客户端中，167个下载量在千级以下，占比约72%。①

除此以外，传统媒体新闻客户端在界面设计、内容呈现、用户黏度、盈利模式等方面都存在困境。

1. 设计雷同、"千端一面"

从界面设计来看，传统媒体新闻客户端一般采取两类形态。一是"左右式"，即新闻标题与配图并置在屏幕左右两侧；二是"上下式"，即配图放大位于上侧、文字版标题置于图片下方。"左右式"如九派新闻、交汇点新闻、半岛+等，"上下式"如澎湃新闻、界面新闻等。此外，板块设置上，头条、要闻、本地似乎成了各家客户端的标配。其他板块如时评、财经、文娱、国内、国际、体育则可通过"栏目编辑"进行设置，将个人偏好的板块设置到首页上。

尽管不少客户端进行了个性化设置，如增加读图、活动、服务等板块，但这无法改变传统媒体新闻客户端"千端一面"的现象。设计上的同一化与手机屏幕空间狭小有密切联系，但是"千端一面"让客户端缺乏辨识度，进而影响用户黏度。

2. 内容更新缓慢、缺乏个性

从内容来看，传统媒体新闻客户端此前被人诟病的同质化现象有所缓解。除了有重大影响力和传播力的热点事件，各客户端之间内容"撞车"已不是主要问题。内容方面的问题主要体现在以下两方面。

一是内容更新缓慢。目前，传统媒体新闻客户端的内容来源主要是记者供稿以及编辑从网上搜集。由于采编力量等因素的限制，传统媒体新闻客户端内容更新的速度相对较慢，在很大程度上满足不了用户阅读需求。用户早晨上班路上打开客户端浏览新闻，中午再打开客户端时却发现并没有多少新

---

① 清博大数据新媒体指数团队：《中国传统媒体新闻客户端发展报告》，《青年记者》2016年第4期。

鲜内容呈现。这种状况难以让用户在客户端上停留更长时间，不利于提升用户黏度。

二是缺乏特色内容。传播学奠基人之一卢因提出的"把关人"理论引起了广泛关注，成为传播学经典理论之一。在大众媒体占主导地位的时代，"把关人"的地位尤其明显。报纸、电视、广播的记者、编辑、编导等都是让信息由大众媒介流向读者或观众、听众的"把关人"。肯定"把关"积极作用的同时，我们也不得不反思"把关"对新闻传播的负面效应。任何媒体在确定其采编方针、任何一名编辑在决定刊发哪篇报道以及如何刊发时，都不可避免地带有主观因素。这些因素中包括既有知识构成、价值倾向、思想认识等，甚至个人的情感、情绪、心态都会影响到新闻的呈现，这是传统媒体的固有倾向。然而，在互联网时代，大众传播越来越让位于"分众传播"，个性化的内容往往更能引起部分读者的兴趣。在这种情况下，传统意义上的"把关"对客户端内容的呈现产生了负面影响。如果能将传统媒体新闻客户端的用户转化成内容生产者，让UGC这种内容生产方式在传统媒体新闻客户端落地生根，将有效满足用户的差异化需求。

3. 用户黏度低

有统计显示，2015年第三季度，68.5%的移动新闻客户端用户平均启动时长低于5分钟。对于用户来说，启动客户端后，如果有让他感兴趣的内容，他会长时间使用。启动时长短恰恰说明客户端内容贫乏，难以让用户长时间关注。调查显示，2016年第一季度，"人们从移动端获取新闻的方式中，新闻客户端占比为64.1%，社交平台占比23.1%，浏览器占比12.1%。新闻客户端有超过三分之一的江山失守。"

以上数据是新闻客户端整体情况，但在这样的大背景下，传统媒体新闻客户端的情况也不会太乐观。

4. 传统媒体新闻客户端的其他困境

除了以上三点外，传统媒体新闻客户端在盈利模式、自然下载量、线上线下互动等方面也存在不同程度的困境。

第一，盈利模式问题。新闻客户端可能的盈利模式主要有广告收入、付费使用、互动营销等。从付费使用来看，中国网民长期习惯"免费"使用网络资源，让用户付费来使用新闻客户端获取资讯恐难以实现。目前，在客户端竞争如此激烈的情形下，任何一个客户端也不敢贸然采用付费模式。否则，只能将用户赶到竞争对手一边。而互动营销又离不开庞大的用户基数，针对目前传统媒体新闻客户端较低的装机量，互动营销恐难奏效。因此，现在传统媒体新闻客户端主要采取的依然是卖广告赚钱的模式。但是，受手机屏幕狭小所限，除了开屏广告、内容页尾部广告外，客户端广告可资利用的空间较小。传统媒体新闻客户端亟待解决的重要问题之一就是盈利模式的问题。

第二，自然下载量少。据笔者对部分新闻客户端的观察，某个客户端刚刚上线时，往往不惜重金通过各种方式进行推广，如注册抽手机、送电影票等，这为客户端迎来了可观的下载量。但是，活动结束以后，网友热情消减，下载量较之前出现"断崖"式下跌。用户没有受到任何奖励刺激而主动下载客户端的自然下载量较少，客户端无法持续扩大影响力。同时，通过抽奖的形式"诱导"用户安装客户端，用户下载客户端不是基于获取新闻资讯等目的，活动结束后客户端被卸载或者启动率低的情况在所难免。如何让客户端下载量持续增长，如何在不搞活动的情况下也让用户自愿安装客户端，这是传统媒体新闻客户端应该面对并解决的一个难题。

第三，线上线下缺乏互动。线上线下互动可以让用户之间由网络关系转化为现实中的朋友关系，许多网友愿意参加线下互动活动。对于互联网产品来说，线上线下互动有助于提高用户活跃度。目前许多互联网从业者都意识到线上线下互动的重要性，并通过互动来积聚人气，如微信公众号举办的线下读书会、类似豆瓣同城的活动等。在这一点上，传统媒体新闻客户端也存在明显短板。

二 平台化：传统媒体新闻客户端可能的突破路径

客户端的平台化，是指将新闻客户端打造成用户进行信息发布的平台，

客户端用户可以在客户端上发布自己的内容。

在平台化方面，今日头条所进行的探索具有一定的代表性。相对于今日头条过去"只做新闻的搬运工，不做新闻的生产者"这一口号，头条号以"你创作的，就是头条"为口号，旗帜鲜明地鼓励原创。在强势推动下头条号发展迅速。以头条号"超级爸爸"为例，其第一篇文章《谁是女儿一生中最重要的人，全天下的男人都要看》，发布4天便获得了130多万次的点击量。此外，据头条号"清博指数"统计，2016年5月9日至5月16日，头条号自媒体TOP100共收获4.2亿次阅读量，账号平均周阅读421.5万次。头条号对于丰富今日头条客户端的内容、提升今日头条的用户黏度发挥了不可或缺的作用。

三 传统媒体新闻客户端平台化运营的思考

目前，进行平台化探索的传统媒体新闻客户端相对较少，从实践情况来看，取得的效果也不太乐观。以九派客户端为例，在已经开始的"九派号"中，大多数订阅量在1000次以下，有的"九派号"订阅量为个位数。这说明，平台化探索在中国传统媒体客户端中还处于起步阶段，存在众多亟须解决的问题。优化传统媒体新闻客户端平台化实践，可以从以下几个角度思考。

1. 通过"客户端号"来生产内容

传统媒体新闻客户端可以针对具有内容生产能力的用户，开设"客户端号"，让用户在客户端上发表相关内容。以今日头条2018年6月4日至6月11日的"头条号自媒体百强周榜"为例，榜单中居前十位的头条号分属于军事、军事、政治、养生、创业、地方、医疗、娱乐、农业、医疗等类别。可见，不同类别的话题有其各自的爱好者，如果允许用户在客户端上发布种类多样的内容，必将吸引更多用户关注。

这一做法在增加客户端内容来源的同时，也将提高其用户黏度。定位不同、内容各异的"客户端号"吸引同趣粉丝，让粉丝对这些内容持续关注。

上述做法让传统媒体新闻客户端实现百科知识与新闻资讯的共同呈现，符合现代社会网民的信息需求。在现代社会，新闻以外的很多精品内容都能引起人们的兴趣。同时，社会上每天发生的能引起用户兴趣的新闻是有限的，而能引起用户兴趣的百科信息却是无限的。"客户端号"可以让客户端将内部采编力量主要放在提供新闻资讯上，让"客户端号"提供大量百科信息。如此，传统媒体新闻客户端提供给用户的内容就能够得到极大丰富。

2. 打造信息发布平台

在移动媒介和互联网主导的当代社会中，人们对于信息产生了空前的需求。不仅如此，与物质、能量等不同，信息流传得越广价值就越大。客户端在积累一定量的用户以后，要将用户优势转化为信息优势。

将客户端打造成信息发布平台，允许用户在客户端这一平台上发布内容，这一做法让传统媒体新闻客户端由资讯提供者变成了信息发布平台，其功能得到延伸和扩展。对于那些有较大信息发布需求的用户，如房产中介、家政服务等，客户端可以收取一定的费用，也可以鼓励这些用户以推广客户端的方式换取发布权限。如用户发布信息的数量达到上限后，需要用户以自己的邀请码让网友下载安装客户端，每下载一次就授予其一定的发布权限。这样，这些发布信息的用户就成了潜在的"推广员"。此外，还可以收费的方式为信息发布者提供个性化服务，如付费信息置顶等，这将为客户端开拓新的盈利渠道。从信息获取者的角度来看，将客户端打造成信息发布平台可以让部分对实用信息需求度较高，而对新闻资讯或百科信息需求度较低的网民，通过客户端获取实用信息，从而成为传统媒体新闻客户端的潜在用户。

传统媒体新闻客户端还可以为其用户提供个人页面，以"端内信"、互相关注等方式，让用户之间开展互动，从而使传统媒体新闻客户端成为用户之间交流互动的一个平台。

在目前客户端与用户的关系中，客户端作为中心与每个用户单独发生关联。而客户端成为用户互动的平台后，用户之间也通过客户端产生了联系。用户之间的这种相互关联，可以弥补用户与客户端单线联系的脆弱性，从而提升用户黏度。以聊天软件QQ为例，QQ的广告推送、捆绑下载等在一定程度上降低了用户体验，但是谁也不会因为这些原因就将QQ卸载，因为卸载了QQ就意味着与一大帮QQ好友失去联系。在这方面"大河"客户端进行了有益的尝试，在"大河"客户端首页右上角有"消息"按钮，用户可以在这里收到其他用户的私信，看到其他用户对其在"身边"板块所发网帖进行的评论。不仅如此，在"身边"板块，《大河报》的上百位记者都开设了个人页面，用户可以在客户端上直接和记者进行互动。

3. 将客户端打造成活动发起平台

许多商家、机构及个人用户，存在发起并组织线上及线下活动的需求。因此，可以在传统媒体新闻客户端中增加"活动"这一板块，从而让符合权限的用户通过客户端发起活动。

由于传统媒体新闻客户端承载了传统媒体所积累的媒体声誉，因此用户以传统媒体新闻客户端为平台发起的活动，对潜在参与者来说具有较高的可信度，从而能够实现更好的参与。客户端还可以与传统媒体的报纸、电视台等媒介形态联合发起活动，进一步增强活动效果。这些活动有了参与度后，一方面可以成为客户端的盈利来源之一，从而弥补传统媒体新闻客户端的盈利能力不足之弊端；另一方面也可以提高客户端的影响力和关注度，吸引更多用户下载安装客户端。

四 结语

传统媒体新闻客户端平台化策略的关键在于，客户端通过平台化实践让自身成为城市或地方的重要网络"节点"。传统媒体新闻客户端要想做大做强，平台化不失为一个可行的办法。但是，这一思路能不能适应传统媒体新闻客户端的运作方式及移动互联网的发展进程，还有待进一步观察。从已有平台化实践来看，用户注册数、活跃度可能成为客户端平台化实践的主要限制因素。传统媒体必须在这些方面加强考量，以进一步将平台化落到实处，服务好自身的转型升级。

B.8
新媒体技术环境下移动出版的发展趋势与对策

孟晖*

摘 要: 近几年,随着移动互联网技术的进步,特别是4G网络、城市WiFi覆盖范围的扩大,人工智能等新技术快速发展,媒介融合进一步加深,移动出版产业蓬勃兴起。但我国移动出版产业的发展还很不成熟,在高速发展的同时也面临一些需要深入探究的问题。本文分析了移动出版的发展现状和趋势,指出其内容同质化严重、设计缺乏创新,内容低俗化现象泛滥,产业链构建及商业模式有待进一步探索,对发达国家移动出版的发展模式借鉴不足等问题。

关键词: 媒体融合 数字出版 移动出版

近几年,随着移动互联网技术的进步,特别是4G网络、城市WiFi覆盖范围的扩大,人工智能等新技术快速发展,媒介融合进一步加深,移动出版产业蓬勃兴起。推进移动出版有利于提高全民素质,满足国人多元的精神文化需求,同时也是应对国际挑战、提高自身竞争力、保障国家文化安全的重要途径。国家从政策、法律、经济等方面加强了对移动出版产业的扶持。但我国移动出版产业的发展还很不成熟,在高速发展的同时也面临一些需要

---

* 孟晖,博士,上海社会科学院新闻研究所助理研究员,主要研究方向为新闻传播史和新媒体传播。

深入探究的问题。

目前我国数字消费需求逐年攀升，产业规模持续壮大。2017年，国内数字出版产业整体收入规模突破7000亿元，达到7071.93亿元。其中，"移动出版（移动阅读、移动音乐、移动游戏等）达1796.3亿元，网络游戏达884.9亿元，在线教育达1010亿元，互联网广告达2957亿元。"[1] 近年来我国移动端受众数量快速增长，成为媒介融合发展的重要推动力量，也构成了移动出版繁荣发展的基础。

针对这一新兴行业取得的成就和存在的问题，学界业界早已有所关注，近几年从不同角度对移动出版进行了研究，并且提出了不少有创新性的观点和研究方法，推动了这一研究领域的深入展开。本文旨在对移动出版的发展现状及问题进行研究，推动这一领域的研究继续向纵深发展，并为实际工作提供借鉴。

一 移动出版及其研究的兴起与背景

（一）移动出版的社会环境驱动

移动出版的兴起，与移动互联网的出现和发展密切相关。"移动互联网是指互联网的技术、平台、商业模式和应用与移动通信技术结合并实践的活动的总称。"[2] 移动出版是将内容资源进行数字化加工，以手机、平板电脑、电子书阅读终端等移动设备为媒介，通过移动互联网进行传播的出版行为。移动出版是一个由众多行业组成的产业集群，广义上包括手机网络文学、手机网络新闻、手机网络音乐、手机网络视频、手机网络游戏、手机网上支付、手机微博等多个行业。

近几年，传统出版单位纷纷加快在移动端的战略布局，全方位地提高在

---

[1] 魏玉山：《2017~2018中国数字出版产业年度报告》，http://www.chuban.cc/toutiao/201808/t20180809_179198。
[2] 孟耀：《新媒体与数字出版》，东北财经大学出版社，2015，第83页。

移动互联网浪潮中的竞争实力。出版单位通过这些策略进行宣传，塑造全新的品牌形象，努力实现战略转型。而掌阅、简书、咪咕传媒等内容集成商和运营商，也加大了对移动端应用和市场的开发，意图在移动领域大显身手。移动出版通过手机、平板电脑、电子书阅读器等将电子书籍传送到人们手中，成为实现全民阅读的主要方式。受众的增加，为各行业 APP 及微信公众号的快速发展提供了市场基础。截至 2018 年 6 月，我国网民规模达 8.02 亿人；我国手机网民规模达 7.88 亿人，网民通过手机接入互联网的比例高达 98.3%。[1]

作为移动出版最主要载体的手机，其用户数量也在不断增加，并且支付方式越来越完善，为移动出版的发展提供了重要的技术支撑。未来随着数字内容市场的不断规范与更加成熟，依靠大数据分析、VR、人工智能等技术，移动出版可将更符合用户需求的优质内容传输到读者手中，使倡导全民阅读、提高国民素质的目标更有操作性。

（二）移动出版的特点

1. 受众的广泛性

CNNIC 发布的第 42 次《中国互联网络发展状况统计报告》显示，我国手机网民规模达 7.88 亿人，网民通过手机接入互联网的比例高达 98.3%。[2] 手机网民数量快速增长，主要是因为智能手机拥有越来越丰富而实用的功能，移动应用的创新热潮此起彼伏。而且与从前相比，如今的手机价格也更为亲民，千元左右的智能手机的普及，使得移动智能终端的使用门槛大大降低，促使普通手机的使用者纷纷转变为手机上网用户。手机如今已成为我国第一大上网终端，手机媒体受众的广泛性毋庸置疑。

2. 传递的即时性

便携及永久在线的特点，使得手机传播特别便利。用户接收内容或发布

---

[1] 《CNNIC 发布第 42 次〈中国互联网络发展状况统计报告〉》，http://www.cac.gov.cn/2018-08/20/c_1123296859.htm。

[2] 《CNNIC 发布第 42 次〈中国互联网络发展状况统计报告〉》，http://www.cac.gov.cn/2018-08/20/c_1123296859.htm。

内容都是即时的，如用户可利用微信、微博等即时生成内容，而新闻资讯等也能随时传递到用户手中。便携性和移动性是手机作为载体的重要特性，这使得人们的媒介消费空间变得立体且呈现"无缝链接"的态势。对于用户而言，这一情形使得他们接收信息更加便捷。不少用户由于工作繁忙、生活中的琐事多，很难有较长时段的阅读时间，阅读通常集中在上下班路途中以及排队等候中。而手机、平板电脑等可随身携带，用户可以方便地利用其阅读信息，将碎片化时间有效地利用起来，这种阅读方式更加适合如今快节奏的生活及去中心化、快餐化的阅读习惯。

3. 移动传播的互动性和个性化

手机媒体等智能终端具有新媒体双向传播的特点，颠覆了传统媒体的单向传播形式，用户在消费内容产品时可随时进行评价、转发等。而且手机媒体运营商容易根据浏览记录形成对用户习惯的数据分析，可更有针对性地提供内容产品；同时，手机是一种比较私人化的终端，方便用户定制产品，这些都有利于产品开发。手机阅读使得用户对于碎片化阅读的需求得到了满足，用户能够获得的体验也是非常个性化的。用户可以利用各种新型的阅读终端，以及高速便捷的4G网络，自由自在地选择和下载自己感兴趣的阅读材料。

4. 移动出版的多样性

手机集各项常用功能于一体，借助手机、平板电脑等的多样化功能，移动出版物也形式多样，主要有手机报、手机杂志、手机图书、手机电视、手机讯息、手机音乐、手机微博、手机搜索及手机社会网络等。移动出版的产品内容非常丰富，形式包括文字、图像、音频、视频等，给受众带来全方位的视听体验。用户在阅读的同时，还可以通过即时通信、论坛、电子邮件等方式与作者和其他用户进行实时互动，使得阅读与评论实现同步。

5. 手机支付的便捷性

移动出版的优势是手机可以作为个人信用系统，如今手机支付快捷、方便，而且有保障，可用微信支付、支付宝支付等，"无现金"消费已经成为许多人的消费习惯。手机在低小风险的小额支付应用上，已经成为方便的认证模式和支付手段，对用户手机支付习惯的培养，有望推动对其他数字出版形态支付习惯的形成。

二　当前移动出版业存在的主要问题

（一）内容同质化严重、设计缺乏创新

自2013年罗振宇的"罗辑思维"大获成功以来，各界名人、意见领袖纷纷推出了自媒体平台，越来越多的互联网巨头表现出对自媒体的重视。微信公众号在自媒体平台中占有重要的地位，相关制度以及法规较为完备，而且微信公众号和政府部门、主流媒体、知名企业等进行合作，有着丰富的内容以及不可小觑的社会影响力。搜狐邀请自媒体入驻其新闻客户端；网易邀请自媒体入驻易信、网易云阅读等多个平台，并将网易新闻与易信整合；阿里邀请自媒体入驻来往的公众平台。自媒体结合微博、微信、轻博客、新闻客户端、视频网站等形式，以文字、音频、视频等方式向受众发布信息。

据《2017年微信经济数据报告》和《2017微信用户研究和商机洞察》数据，截至2017年底微信公众号已超过1000万个，其中活跃账号350万个，较2016年增长14%；月活跃粉丝数为7.97亿人，同比增长19%。[①] 新浪微博上市后公布的下一步产品和战略发展重点，就包括了微博自媒体计划。艾媒调查结果显示，52.3%的网民使用微信公众号获取最新资讯。

在自媒体蓬勃发展的同时，其同质化严重、缺乏优势内容等问题也显现出来。不少微信公众号上难觅有价值的原创内容，多数文章抄来抄去，只是改头换面，或者跟风编造一些大同小异的故事，细节的程式化非常严重。而一些公众号为了吸引公众的眼球，以赚取利润，甚至推送一些低俗色情的内容。数十家微信公众号都在转发同一篇文章，用户对此已司空见惯。不仅自

---

① 2018年中国微信登陆人数、微信公众号数量及微信小程序数量统计，http://www.chyxx.com/industry/201805/645403.html。

媒体如此，许多媒体开设的公众号也存在此现象。毕竟这些有着较高点击率的热门文章能够快速"吸粉"，在尊重版权的前提下合法转载，已成为微信平台的惯例。但仔细思量是不合适的，尤其是一些以内容生产为核心的媒体机构，不致力于优质内容的打造，不由让人对其生产能力和影响力大为质疑，感觉只会把内容抄来抄去。同质化是众多微信公众号面临的问题之一。公众号内容究竟是跟风推送"爆款"文章，还是静下心来坚持原创？媒体公众号在融合发展转型升级中能否起到积极作用是值得深思的。

媒体公众号还是比较注重原创版权的，大部分是在原作者同意或标注来源的前提下转发第三方媒体的内容，因此很难从法律法规与职业道德上进行指责，但这对媒体公众号的长远发展显然是不利的。不但文章同质化，甚至其中的一些"软文"也面目相近。作为媒体和自媒体在微信平台的营利来源之一，营销广告现下经常出现在微信公众号中。不过，与不少自媒体或"段子手"将广告巧妙地隐没在颇具可读性的故事内容中不同，大多数媒体公号的"软文"仍停留在传统媒体广告的直接呈现模式上，既缺乏差异性，也容易引起读者的反感。①

公众号大量转载文章的原因在于原创内容的缺乏。如今众多传统媒体陷入发展困境，不少传统媒体都难觅有深度的原创性报道，如何还能抽出精锐力量进行微信公众号的运营呢？因此，转载其他公众号的文章看起来很省力，背后却是深深的无奈。

情感类公众号是较受用户关注的一类公众号。情感类公众号的内容创作门槛较低，导致其文章质量参差不齐。内容同质化现象也很严重，大部分情感号的内容薄弱，思想观点单一，缺乏深度。随着受众能获得的信息越来越趋于多样化，单纯的文字已经不再能满足受众的阅读需求了。为了更好地吸引用户，不少情感类公众号选择了"内容+音频"的形式，这些公众号会在推送的文章中插入音乐渲染气氛，引导用户进入文章设置的情境中。但由

---

① 刘峣：《媒体公号如何破解同质化难题？》，新华网，http：//news.xinhuanet.com/newmedia/2016-05/05/c_135335477.htm。

于情感类公众号的竞争愈演愈烈,情感号不仅仅满足于插入纯粹的音乐,还在文章中插入朗读与配乐结合的音频,营造了一种电台一般的效果。这种形式最早出现在情感类大号"十点读书"中,并获得了广大受众的认可,2017年3月,其粉丝已突破1500万人。近期从众多情感类公众号中突出重围、半年吸粉1100万+的公众号——"夜听"(见图1),也是采用这个方式,甚至有赶超情感大号"咪蒙"之势。

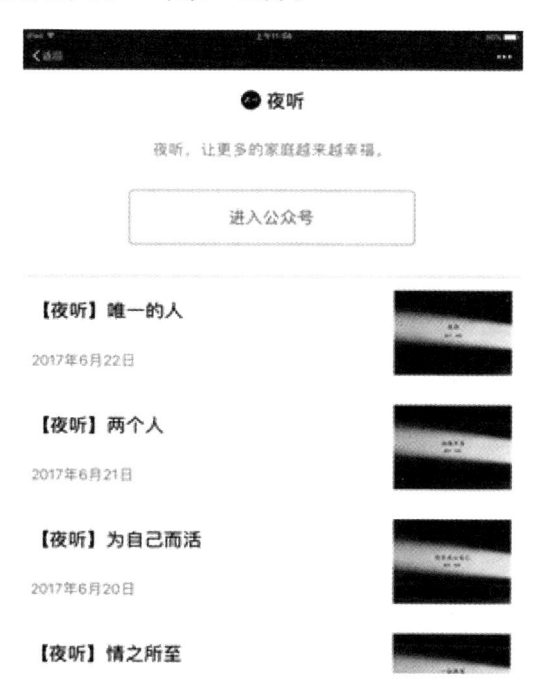

图1 "夜听"公众号

移动阅读APP是移动出版的一个重要组成部分,而考察移动阅读APP发现,大部分APP在内容资源聚集、排版设计、产品营销策略上趋于雷同,尚未形成差异化发展格局。尤其在网络原创文学方面,打开一些知名的阅读APP如QQ阅读、微信阅读、掌阅iReader、网易云阅读等,可以看出文学作品内容的同质化比较严重,穿越小说、灵异修仙、总裁文等品种大行其道,大部分作品的文学艺术价值不高(见图2、图3)。其内容、结构也是程式化的,写作粗制滥造,有些还宣传了不正确的人生观、价值观。在激烈

的市场竞争中，明确市场定位，扬长补短尤为重要。应该制定营销策略，提升市场辨识度，实现个性化、差异化发展。

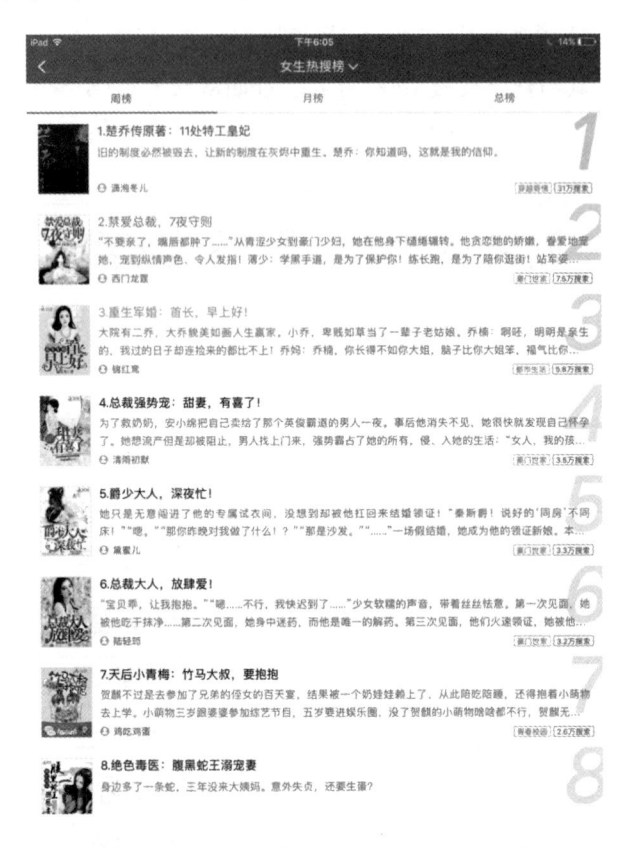

图 2　"QQ 阅读"APP 的"女生热搜榜"

（二）内容低俗化现象泛滥

更为恶劣的是，一些移动 APP 和微信公众号中，充斥着大量低俗色情的内容。比如一个名为"低俗小诗妹"的公众号，从标题到内容都十分恶俗，图片中的人物穿着暴露、逗挑意味十足，简直不堪入目，推送的视频也非常低俗，例如《小伙砸，你这样钻到美女的衣服里真的好么?》《男人喜欢睡年轻姑娘，竟是因为……》《妹子高难度动作，这叫声也吓人》等；而类似的还有"男人真相""男人女人""美女妹子图"等一大批推送低俗、

新媒体技术环境下移动出版的发展趋势与对策

图 3 "咪咕阅读" APP 的 "女生爱看"

挑逗性内容的公众号；还有些公众号中推送"成人保健品""约会交友"等低俗广告。

咪蒙创办的公众号"咪蒙"，是一个号称有千万用户的大号，2017年6月因推送低俗内容而被禁言。咪蒙的文章被称作"毒鸡汤"，她本人在网上被称为"媚俗女皇"。咪蒙在公众号上宣扬她的助理月薪5万元、实习生哭就滚回去哭之类的论调，还推送了《咪蒙：我为什么支持实习生休学？》《致贱人》《致low逼》等观点偏激的文章，大有"语不惊人死不休"之势，甚至有挑起社会矛盾的隐忧。咪蒙被禁言前发布的头条推送为《嫖娼简史》，其中写了大学生嫖娼的故事：全宿舍8个人"众筹"400块钱叫了一

087

个小姐。还讲了其他一些大学生嫖娼的故事,观点之低劣非常罕见。这些低俗的文章,流露出不正确的世界观、人生观和价值观。而且用语粗鄙,对青少年会起到怎样的误导作用是可想而知的(见表1、图4)。

表1 咪蒙公众号的部分文章题目

日期	标题
2017年6月6日	嫖娼简史
2017年6月5日	我有个春梦,你跟我做吗?
2017年6月2日	傻逼!我的性取向是你!
2017年5月31日	你的胸(…),我的胸[…]
2017年5月26日	我和梦想之间,只差钱钱钱钱钱钱钱钱钱钱
2017年5月24日	"我要对小三好点,她为我牺牲了很多"
2017年5月24日	你们的童年阴影,是我做梦都想要的
2017年5月23日	老娘化不化妆,关你屁事啊

图4 咪蒙公众号"历史文章"

作为一位山东大学毕业的文学硕士，咪蒙却"目光敏锐"地认定粗鄙、格调不高、反"鸡汤"的文章可以引起大众共鸣，更能获得商业价值。和"性"相关是咪蒙取标题的套路之一：不管什么类型的文章，标题都要努力地向"性"上靠，而且多用设问、反问等语气，引起受众的好奇心，如《"裙子那么短，你穿出去给谁看？"》《我有个春梦，你跟我做吗?》等。标题具有刺激性，即使文章本身和"性"没有什么关系，也要努力使读者产生联想。当看到《有一样东西，比男人的尺寸更重要》这个标题的时候，读者可能被"男人的尺寸"吸引了，于是点击查看内容，发现这其实是一篇讲一个男人的人品有多重要的文章，而看到最后此文竟然是"优信二手车"的广告。

咪蒙2018年6月29日推送的《毕业那天，我老板对我做了这种事……》，其实是讲她如何为公司的几个实习生筹划毕业惊喜的。2018年10月4日推送的《结婚那天，我突然多了30个"爸爸"！》，内容也比较庸俗。另外还有《〈影〉：去你的变态，老娘只要纯爱!》《当一盒避孕套从我包里掉出来》《每晚，男友都会说：啊，疼！疼！》等标题党式的题目。作为吸金的大号，据说咪蒙头条广告能卖几十万元，而另外有些八卦账号能轻松拿到上千万融资，实际上它们却没有产生任何社会价值。自媒体提供内容应该是积极向上的，运营一个拥有1000万订阅户的大神级自媒体咪蒙，应该好好反思自身的道德水准和社会责任。

对此，国家加大监管力度，已经几次关闭了不少低俗公众号。如国家新闻出版广电总局针对腾讯公司违反国家规定，传播自采自制的时政社会类视听节目、直播新闻节目，大量播放低俗节目，及腾讯微信公众号、移动客户端播放视听节目管理中存在的其他各种问题做了处理。国家新闻出版广电总局相关业务司局2016年至2017年4月底，先后四次约谈了腾讯公司相关负责人，指出其行为已严重违反《互联网视听节目服务管理规定》，扰乱了互联网视听节目服务秩序。在约谈的同时，根据属地管理责任制的原则，国家新闻出版广电总局要求腾讯所在地的省级广电行政部门组织腾讯网进行全面整改，并依法对其违规行为进行处罚。

2017年4月，央视曝光了"今日头条"等客户端向用户推送"艳俗"

直播平台的行为，从其推送的直播链接可进入"火山直播"板块，里面有大量女主播穿着性感暴露，不乏一些低俗不堪的画面内容。独立IT分析师付亮认为，"对今日头条而言，主动严格监管广告内容势必会影响其商业利益，但放松监管又会对平台信誉产生影响，这背后不乏博弈。"① 笔者2017年6月18日打开"今日头条"客户端观察到，别说社会、娱乐等频道了，即使在所谓"文化""历史"等频道，也充斥着大量低级趣味的内容，和色情打着"擦边球"，《什么是通房丫头》《为什么古代女人宁愿自杀也不愿意坐牢?》这类"文化""历史"知识不由令人汗颜（见图5、图6）。经过国家的一再整顿，特别是2017年底的严厉整顿后，"今日头条"的状况有所好转。而治理移动出版的低俗现象任重道远，还需要全社会的共同努力。

图5　2017年"今日头条"文化频道

---

① 《揭秘：头条推送低俗内容的背后真相是什么?》，搜狐网，http://www.sohu.com/a/135996324_544821。

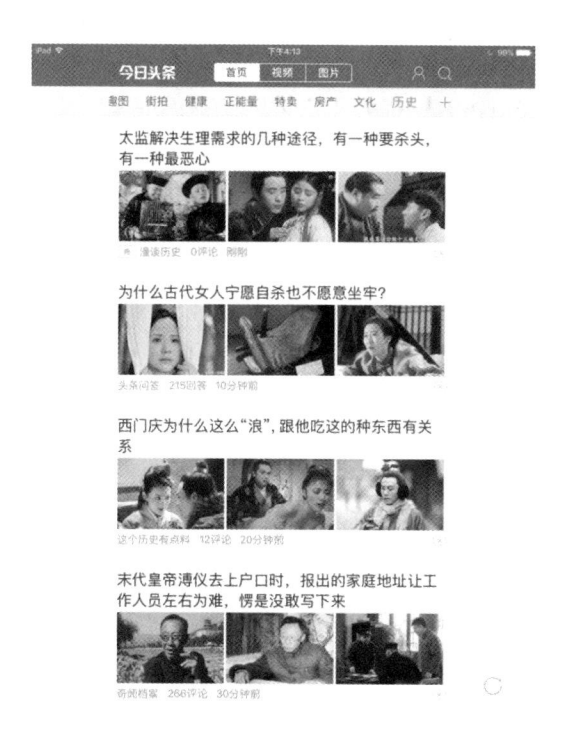

图6 2017年"今日头条"历史频道

（三）移动出版产业链构建及商业模式有待进一步探索

移动出版依然处在培育用户和产品的发展阶段，由于市场环境尚不成熟，不管是付费阅读、广告植入，还是通过提供增值服务来收费都还在探索之中，并没有形成清晰的盈利模式。对于一些互联网企业来说，鉴于其在移动互联网领域的整体布局和规划，凭借着雄厚的实力强势介入移动出版行业，短期之内并无盈利压力；而传统出版企业往往有着较大的盈利压力，如果轻易涉足移动出版领域，可能带来的负面后果不堪设想，因此，探索成熟的移动出版盈利模式是非常紧要的事情，但也十分不易。

学界业界已有不少研究者对移动出版产业链与商业模式的问题和对策进行了研究。如有研究者抽取12个具有代表性的手机阅读平台，考察发现我国手机阅读平台的主要问题有：用户体验有待提升，缺少互动；手机阅读收费模式缺乏创新；优质资源稀缺；行业标准不统一；版权机制需进一步完善等。其提出的相关对策有：提升用户体验，提倡健康阅读；构建与手机传播和受众特征相适合的内容生产模式；开创互利共赢的高效版权机制；完善手机阅读产业链，建立合理分配机制，并且其认为合作的基础是建立合理的分成机制。①

网易云阅读报告显示，用户付费情况表现出明显的长尾效应，存在一群高付费用户，他们占总付费用户数量的8.9%，却贡献了近70%的付费收入。这说明网民阅读付费习惯还在培养阶段，在高付费群体中，男性占85.74%，26~30岁上班族比例较高，本科生以上学历占52.9%，地域主要分布在浙江、广东、北京、上海。②

2017年3月，公众号"阿司匹林博物馆"开办了线下的咖啡馆，开业当天来了70多名各年龄段的粉丝。情感类公众号开始探索尝试"内容+线下"的新模式，标志着其找到了新的发展路径，从线上拓展到线下。情感类公众号，往往有着比较个性化的特征，便于识别，粉丝在公众号中也找到了某种情感寄托，因此一些公众号开展线下的经营项目后，可能会带来粉丝效应，得到粉丝们的大力支持。其实"阿司匹林博物馆"并不是最早的，2016年9月星座运势自媒体大V"同道大叔"的"同道大叔星座咖啡店"就在上海开张了，众多粉丝特意赶来消费，也显示其对盈利模式的新探索。

广告和软文是不少公众号的主要盈利手段，根据粉丝数量，公众号推送一篇软文的收入从数千元到数万元甚至数十万元不等。中国互联网络信息中心相关数据显示，2015年有75.3%的企业选择微信平台做移动端品牌营销推广。对知名度高、粉丝众多的微信公众号来说，年入千万元也不是难事。"而对于一些中小型公众号而言，只要运营得当，粉丝基础好，一年也能够获得数十万乃至上百万的收入。"③但是更多的小型公众号想盈利还是比较困难的。

---

① 谭纯：《我国手机阅读平台内容调查分析与对策研究》，《出版发行研究》2011年第11期。
② 《2014~2015中国数字出版产业年度报告》，中国书籍出版社，2015，第196页。
③ 许一凡：《软文暴利付费刷单关注虚高 挤挤微信公号营销水分》，http：//media.people.com.cn/n1/2016/1027/c40606-28811137。

（四）对发达国家移动出版的发展模式借鉴不足

发达国家数字出版、移动出版比我国起步早、发展快，也远比我们成熟，法律体系较为完善，其发展模式对我国有很强的借鉴意义。但国内业界和学界对此的研究还比较欠缺，现有的论著还是比较少的，应该进一步加强。

国外研究者对数字和移动出版的软件、APP、电子书、系统浏览器等技术，以及如何制作数字出版物已有不少研究，其成果有许多值得我国借鉴之处。如《哥伦比亚数字出版导论》(*The Columbia Guide to Digital Publishing*)、《移动出版及移动信息服务》(*Mobile Information Services Enabled by Mobile Publishing*)、《数字出版手册》(*The Handbook of Digital Publishing*)等著作及文章就是围绕这些主题展开的。Clark等研究了用户对kindle的认知和使用情况，发现kindle阅读器的分辨率和黑白颜色限制了对学术文章中图表的阅读，自然科学类文章的读者尤其感到局限。[1] Darroch等认为，文本的可读性和易读性是影响用户的阅读绩效及其对移动媒体满意度的两大指标。[2] Jung J. 等研究发现，电子阅读器的使用与年龄、教育、收入、对印刷文献的需求、电子阅读器的拥有情况、个人创造力和电子阅读器的特性有关。[3]

Kenichi Ishii是日本最早对"手机媒体"和"移动网络"进行研究的学者之一，他收集了大量数据并对其进行了分析，重点探讨和研究了日本I-mode模式在出版、通信行业以及人们日常生活等方面的作用和影响。

---

[1] Clark D. T., Goodwin S. P., Samuelson T., et., "A Qualitative Assessment of the Kindle E-book Reader: Results from Initial Focus Groups," *Performance Measurement and Metrics*, Vol. 9, No. 2, 2008. 转引自茆意宏《移动互联网用户阅读行为研究》，中国社会科学出版社，2016，第2页。

[2] Darroch I., Gooodman J., Brewster S., "The Effect of Age and Font Size on Reading Text on Handheld Computers," *Lecture Notes in Computer Science*, 2005.

[3] Jung J., Chan-Olmsted S., Park B., et., "Factors Affecting E-book Reader Awareness, Interest, and Intention to Use," *New Media & Society*, Vol 14, No. 2, 2012. 转引自茆意宏《移动互联网用户阅读行为研究》，中国社会科学出版社，2016，第3页。

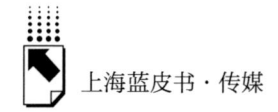

刘银娣的《数字出版启示录：西方数字出版经典案例分析》一书，选取国外传统大众出版、教育出版、科技出版行业成功进行数字化转型的企业，以及新兴出版企业包括苹果、亚马逊、谷歌等在数字出版方面的成功经验进行分析，为数字出版教学和出版企业数字化发展提供经验借鉴。[①] 陈磊的《日韩手机出版发展趋势解读》提出，韩国和日本手机出版产业发展具有一些相同点，但其在流行趋势和推动力方面存在不同，他通过比较分析提出加快国内出版企业移动数字化转型的建议。目前对发达国家移动出版的研究，与其能提供的先进经验比还是有差距的。国外这些成果都值得借鉴，可以推动我国移动出版产业沿着正确的轨道发展壮大。

[①] 刘银娣：《数字出版启示录：西方数字出版经典案例分析》，世界图书出版广东有限公司，2014。

案 例 篇
Cases

B.9
新时代重大主场外交活动的公众认知与态度研究

——以第一届中国国际进口博览会为例

郑博斐　张雪魁*

摘　要： 首届中国国际进口博览会是世界上第一个以进口为主题的大型国家级博览会，作为2018年中国四大主场外交活动的压轴之作，其不但有利于中国深化改革开放，而且有助于推动开放型世界经济发展。进口博览会的举办地在上海，分析和把握上海市民在进口博览会筹备宣传阶段的认知与态度，有利于为未来举办第二届中国国际进口博览会及其

---

* 郑博斐，新闻学博士，上海社会科学院新闻研究所助理研究员，复旦大学传媒与舆情调查中心研究员，研究方向为舆论学、新媒体传播、反恐怖主义传播；张雪魁，经济学博士，哲学博士后，上海社会科学院新闻研究所研究员，舆情智库创新团队首席专家，研究方向为哲学、经济学、舆论学。

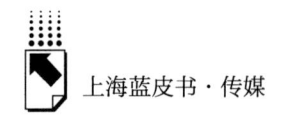

他相关活动提供参考。在首届进口博览会倒计时50天之际，通过对1000名上海市民的问卷调查可以发现，上海市民高度关注进口博览会，高度认同进口博览会的积极意义，但是对进口博览会主场外交意义的关注度有待提升；上海市民对进口博览会的顺利召开充满信心，现场参与进口博览会的意愿高涨，但是参与感和参与热情存在一定落差；上海市民获取进口博览会信息最主要的三大渠道是新闻聚合平台、新闻类移动客户端和电视，在未来宣传筹备第二届进口博览会的过程中需加大在微博、微信等社交媒体和公共场所的宣传力度。

关键词： 主场外交　中国国际进口博览会　公众认知　公众态度

一　研究背景

2018年是党的十九大后的开局之年，也是改革开放40周年，在此背景下，博鳌亚洲论坛、上海合作组织峰会、中非合作论坛以及第一届中国国际进口博览会这四大主场外交活动格外引人注目，象征着中国与世界各国的合作共赢迈入新阶段。四大主场外交活动展现出中国张开双臂、不断扩大改革开放的姿态，以及推动构建新型国际关系、构建人类命运共同体的愿景。其中贯穿着相同的理念，即"中国将始终是全球共同开放的重要推动者，中国将始终是世界经济增长的稳定动力源，中国将始终是各国拓展商机的活力大市场，中国将始终是全球治理改革的积极贡献者"。

作为四大主场外交的压轴之作，第一届中国国际进口博览会（以下简称"进口博览会"）具有重要意义。在国家层面，其具有"主场外交的国家战略意义、高质量经济发展的经济战略意义、合作互利共赢的国际合作发展战略意义"[1]。对上海而言，举办进口博览会同样意义非凡，其有助于"推动上海建设全球卓越城市、推动上海成为未来的全球贸易要素集散中心、确立上海的中国大市场中心地位、全面提升上海城市竞争力、赋予上海更多的全球性内涵"[2]。

在国际上，进口博览会赢得了高度评价，国际社会认为"进口博览会对全球贸易具有开创性意义。不但是中国继续扩大对外开放的重要标志，也是纪念中国改革开放40周年的珍贵礼物"[3]。作为进口博览会的主办地，上海市民是如何看待进口博览会的，这一问题同样值得我们进行调查研究。中国已经确定将在2019年举办第二届中国国际进口博览会，分析和把握上海市民在筹备宣传阶段对第一届进口博览会的关注度、认知度、态度与倾向、信息获取渠道、实际需求、意见建议，有利于为未来举办第二届中国国际进口博览会及其他相关重大活动提供参考，以营造更好的舆论环境，让市民更加积极地支持、参与相关活动。

基于此，在第一届中国国际进口博览会倒计时50天之际，"上海社会科学院舆情调查与研究中心"与"解放日报·上观新闻"合作，对1000位18周岁以上的上海市民进行了问卷调查，现将相关研究发现分析如下。

二 研究发现

1. 受访市民对进口博览会的关注度

调查结果显示，受访市民对在"家门口"举办的首届进口博览会关注度很高。在知晓进口博览会的受访市民中，表示"非常关注"的超过三成，

---

[1] 何树全：《中国国际进口博览会的战略意义》，光明网，http://guancha.gmw.cn/2018-11/08/content_31930150.htm，2018年11月8日。

[2] 张海冰：《首届中国国际进口博览会对上海发展有哪些溢出效应？》，上观新闻，https://www.shobserver.com/news/detail?id=88173，2018年5月4日。

[3] 付志刚、王传军、赵中：《国际社会高度评价进口博览会：开放的中国 共赢的世界》，光明网，http://news.gmw.cn/2018-11/13/content_31956305.htm，2018年11月13日。

达到31.9%；表示"比较关注"的受访市民超过五成，达到50.9%；表示"一般"的受访市民占15.7%；而表示"不大关注"的受访市民仅占1.6%；没有受访市民表示"不关注"（见图1）。

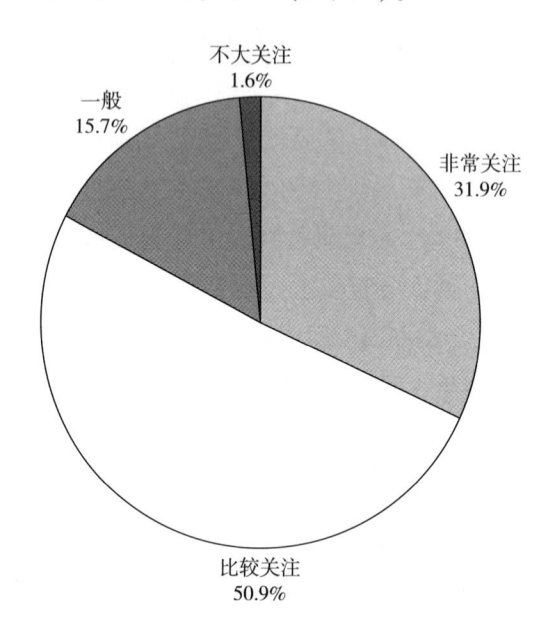

图1 您对中国国际进口博览会的关注度如何？

当问及最关注进口博览会的哪些方面时，超过四成（41.9%）的受访市民表示最关注"博览会有哪些进口展品"，排在第二位的是进口博览会"对未来个人生活的影响"（24.1%），排在第三位的是"怎么参与到博览会中"（23.5%），排在第四位的是"国家领导人主场外交活动"（10.5%），如图2所示。

2. 受访市民对进口博览会的认知度

调查结果显示，受访市民高度认同进口博览会的积极意义。对表述进口博览会积极意义的相关说法的赞同度全部高于4分，介于"非常赞同"（5分）和"比较赞同"（4分）之间。

第一，受访市民认为上海举办进口博览会对城市自身具有显著的积极意义，受访市民对"进口博览会有助于促进上海的城市发展"这一说法的赞

```
博览会有哪些进口展品         41.9
对未来个人生活的影响   24.1
怎么参与到博览会中    23.5
国家领导人主场外交活动  10.5
```

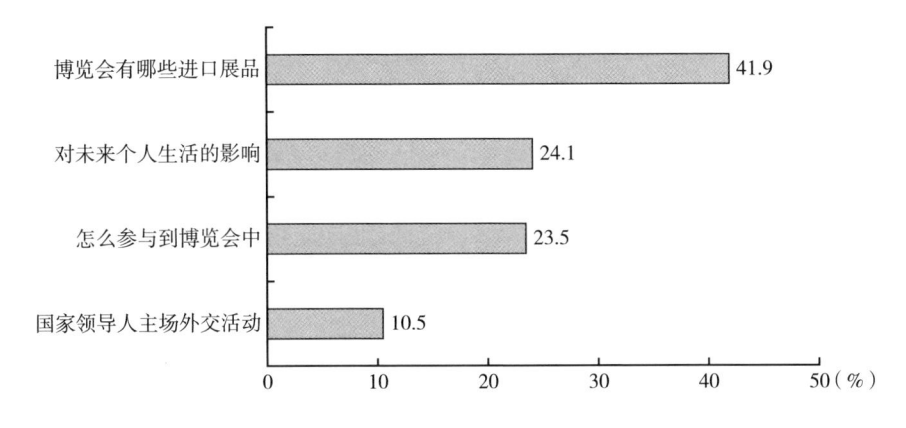

图 2　对进口博览会您最关注的是？

同度达到4.50分，对"进口博览会有助于提升上海的城市形象"这一说法的赞同度达到4.46分。总体来看，受访市民对进口博览会将给上海带来积极效应的认同度最高。

第二，受访市民认为进口博览会有助于中国的对外开放，"买全球、卖全球"有助于推进"一带一路"建设，进而提升中国的国际形象。调查结果显示，受访市民对"进口博览会有助于推进'一带一路'建设"这一说法的赞同度达到4.43分，对"进口博览会有助于提升中国的国际形象""进口博览会有助于推动中国的对外开放"这两个说法的赞同度皆为4.42分。

第三，受访市民认为进口博览会将给自己的生活带来便利。调查结果显示，受访市民对"进口博览会有助于消费者更好地买到高品质进口产品"这一说法的赞同度为4.37分。

与此同时，受访市民认为"进口博览会有助于应对中美贸易摩擦"，其赞同度为4.22分（见图3）。

调查结果显示，受访市民对进口博览会的顺利召开充满信心，总体信心指数达到4.58分，介于"非常有信心"（5分）和"比较有信心"（4分）之间。其中，表示"非常有信心"的受访市民超过六成，达到61.2%；表示"比较有信心"的受访市民超过三成，达到35.7%；表示"一般"的受访市民占3.1%；此外，没有受访市民表示"不大有信心"或"没有信心"（见图4）。

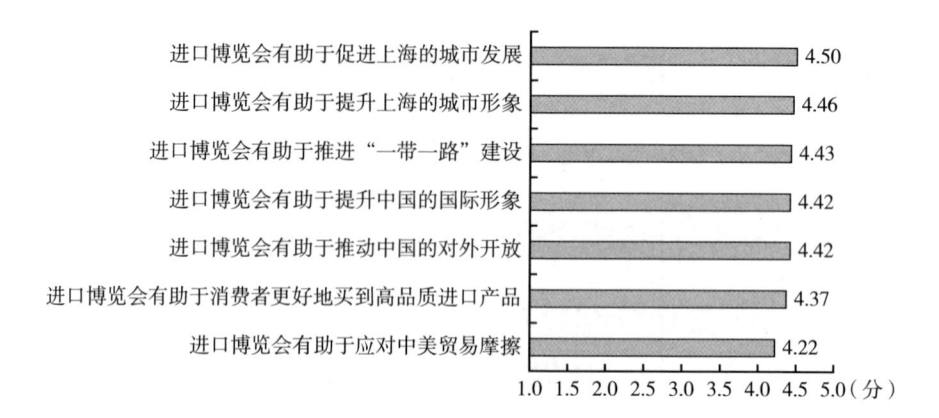

图3 对以下说法，您的赞同程度是？

说法	分数
进口博览会有助于促进上海的城市发展	4.50
进口博览会有助于提升上海的城市形象	4.46
进口博览会有助于推进"一带一路"建设	4.43
进口博览会有助于提升中国的国际形象	4.42
进口博览会有助于推动中国的对外开放	4.42
进口博览会有助于消费者更好地买到高品质进口产品	4.37
进口博览会有助于应对中美贸易摩擦	4.22

注：5分代表非常赞同，4分代表比较赞同，3分代表一般，2分代表不大赞同，1分代表非常不赞同。

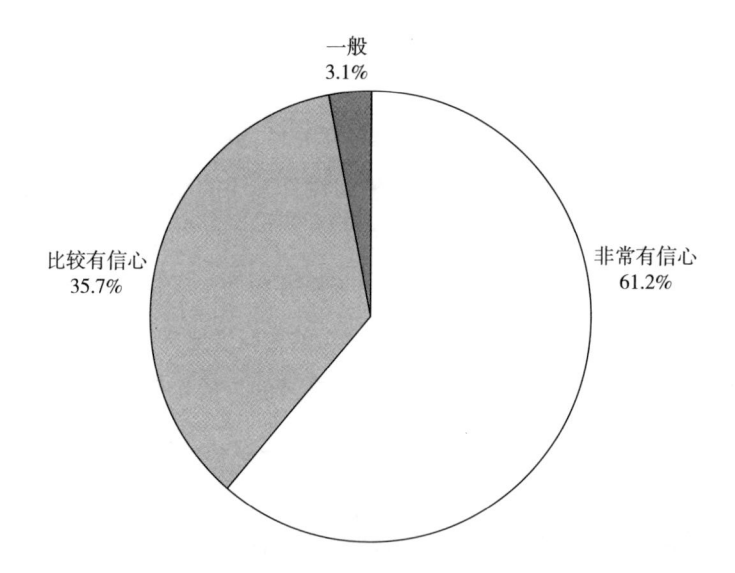

图4 您对进口博览会顺利召开是否有信心？

- 非常有信心 61.2%
- 比较有信心 35.7%
- 一般 3.1%

除了对进口博览会顺利召开的总体信心指数达到4.58分，受访市民对进口博览会各项工作的信心指数都比较高，介于"非常有信心"（5分）和"比较有信心"（4分）之间。具体而言，受访市民对进口博览会的"安全保障"工作最有信心，信心指数达到4.47分；排在第二位的是"市容景观",信心指数为4.39分;"展会服务"和"接待保障"的信心指数排在第三位,皆为4.38分;此外,受访市民对"志愿者工作"的信心指数为4.36分,对"交通保障"的信心指数为4.13分(见图5)。

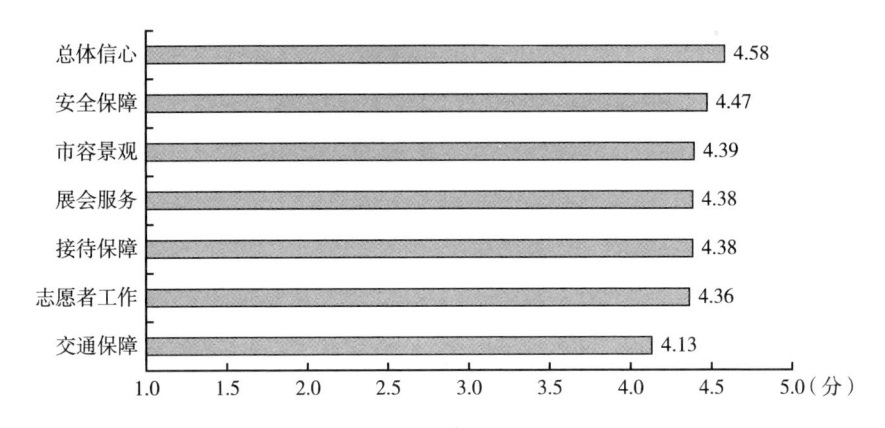

项目	信心指数
总体信心	4.58
安全保障	4.47
市容景观	4.39
展会服务	4.38
接待保障	4.38
志愿者工作	4.36
交通保障	4.13

图5 受访市民对进口博览会顺利召开的信心指数

注:5分代表非常有信心,4分代表比较有信心,3分代表一般,2分代表不大有信心,1分代表没有信心。

3. 受访市民对进口博览会的态度与倾向

调查结果显示,近六成(59.5%)的受访市民认为进口博览会与自己的生活关系密切。其中认为"关系非常密切"的受访市民占8.4%,认为"关系比较密切"的受访市民占14.7%,认为"关系一般密切"的受访市民占36.4%,三者相加近六成(59.5%)。另有21.4%的受访市民认为进口博览会与自己的生活"关系不大密切",19.1%的受访市民认为"没有关系"(见图6)。

调查结果显示,受访市民不但高度关注进口博览会,而且非常希望能够到现场参加进口博览会。在知晓进口博览会的受访市民中,有98.3%愿意到现场参加进口博览会(见图7)。

虽然受访市民参加进口博览会的意愿高涨,但是"知道"如何参与进口博览会的受访市民只有不到四成(38.4%),超过六成(61.6%)的受访市民"不知道"如何参与进口博览会(见图8)。

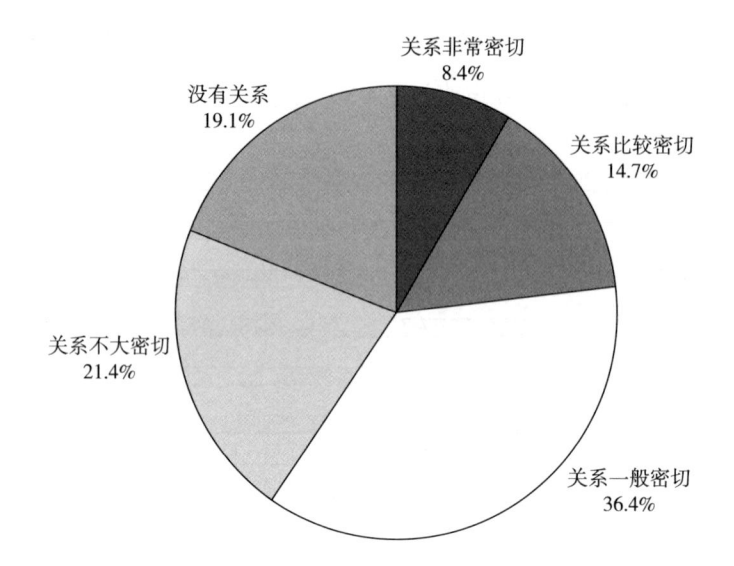

图6 您认为进口博览会和自己的生活关系密切吗？

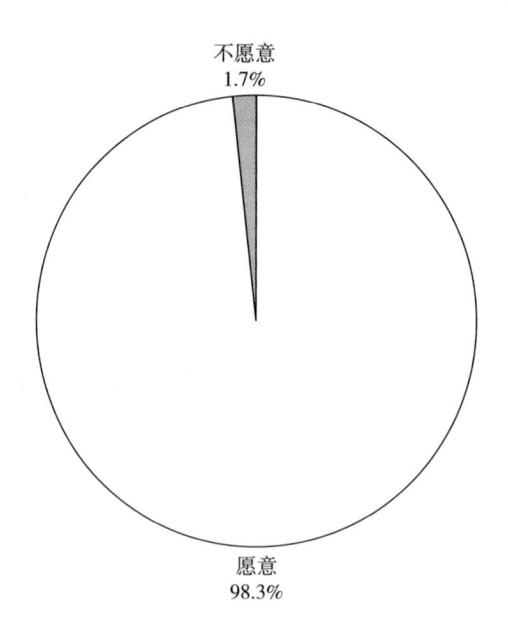

图7 您愿意到现场参加进口博览会吗？

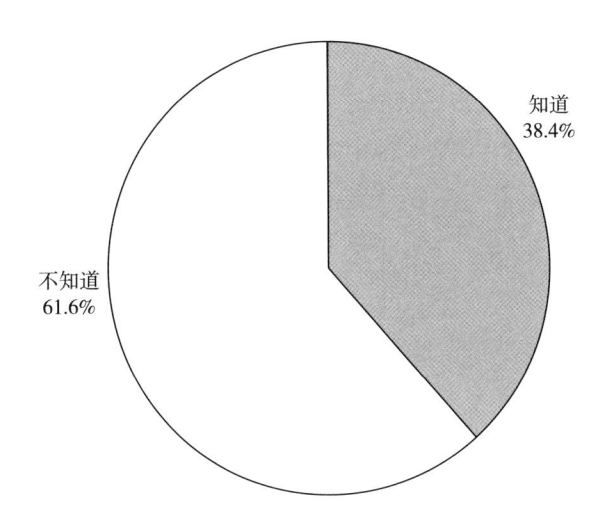

图8 您知道如何参与进口博览会吗?

调查结果显示,在中美贸易摩擦的大背景下,超过九成(95.1%)的受访市民认为近期一系列进口商品开放、金融开放等举措并非"迫于美国贸易摩擦的压力",而是"中国自主的对外开放举措"(见图9)。

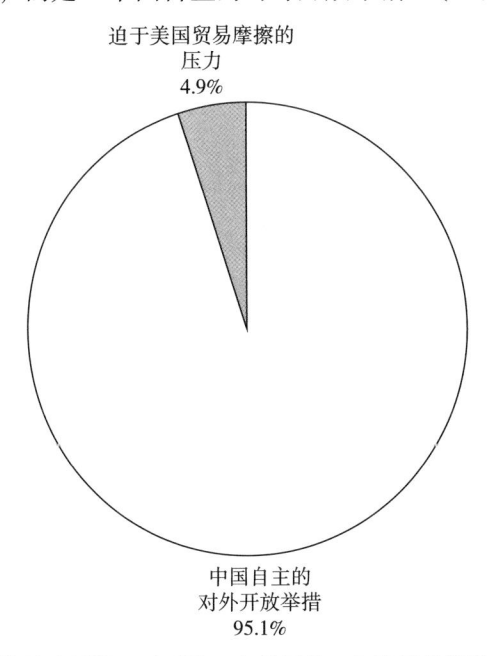

图9 您认为近期一系列进口商品开放、金融开放等举措是?

4. 受访市民获取进口博览会信息的渠道

调查结果显示，受访市民获取进口博览会信息的最主要渠道是新闻聚合平台、新闻类移动客户端和电视，排在第四、第五位的是微博和微信（见图10）。

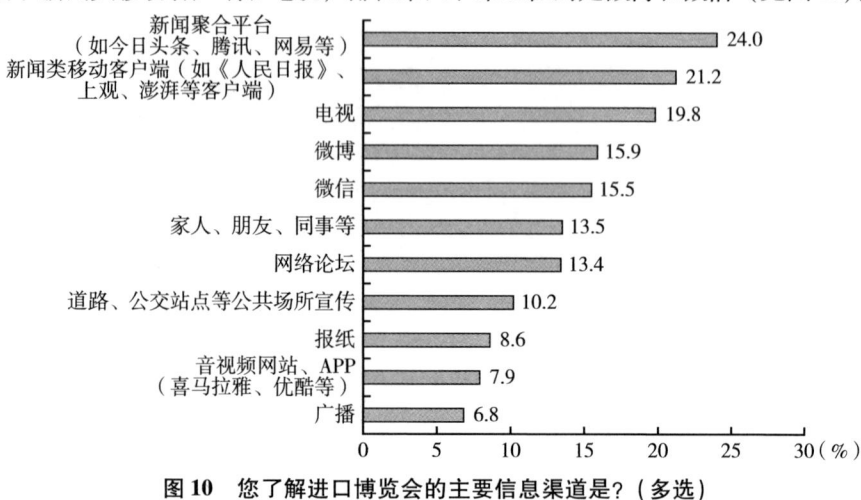

渠道	百分比(%)
新闻聚合平台（如今日头条、腾讯、网易等）	24.0
新闻类移动客户端（如《人民日报》、上观、澎湃等客户端）	21.2
电视	19.8
微博	15.9
微信	15.5
家人、朋友、同事等	13.5
网络论坛	13.4
道路、公交站点等公共场所宣传	10.2
报纸	8.6
音视频网站、APP（喜马拉雅、优酷等）	7.9
广播	6.8

图10　您了解进口博览会的主要信息渠道是？（多选）

5. 受访市民对进口商品的需求

调查结果显示，受访市民最需要的高品质进口商品是"智能及高端装备"和"医疗器械及医药保健"。一直以来，消费者对国外"智能及高端装备"的需求较为旺盛。而在调查开展前的一段时间里，发生了"疫苗风波"和"药神事件"，受此影响，受访市民对"医疗器械及医药保健"进口商品的需求位居第二，超过了"消费电子及家电"等类别的进口商品（见图11）。

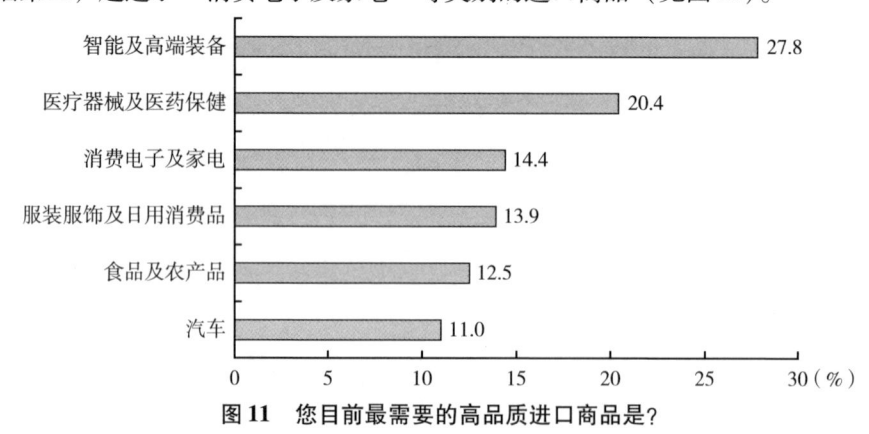

类别	百分比(%)
智能及高端装备	27.8
医疗器械及医药保健	20.4
消费电子及家电	14.4
服装服饰及日用消费品	13.9
食品及农产品	12.5
汽车	11.0

图11　您目前最需要的高品质进口商品是？

6. 受访市民对进口博览会的意见与建议

调查询问了受访市民对进口博览会的意见与建议，排在前五位的依次是"引进更多优质进口商品""做好安全保障工作""保障交通顺畅""继续加大宣传力度""提升公众的参与度"。

三 总结与讨论

第一，通过调查可以发现，上海市民高度关注进口博览会，同时高度认可进口博览会的积极意义，但是对进口博览会主场外交意义的关注度有待提升。

上海不但是中国改革开放的排头兵、"一带一路"的桥头堡，而且具有海纳百川的城市文化，上海市民不但具有广阔的国际视野、勇于接受新事物的精神，而且有较强的消费能力。经历过2010年的上海世博会后，上海市民深刻感受到重大国际活动给上海乃至中国发展带来的"红利"。通过调查结果可以发现，受访市民对进口博览会的关注度极高，表示"非常关注"的市民占到31.9%；表示"比较关注"的占到50.9%；表示"一般"的占15.7%，三者相加达到98.5%，上海市民对进口博览会充满期待并给予高度关注。

与此同时，上海市民高度认同进口博览会的积极意义。一方面，上海市民认为进口博览会将给上海和自己的生活带来一系列正面效应。进口博览会不但能够促进上海城市建设和城市管理水平的提升，而且创造了一个向全世界展示上海新形象的机会。在个人层面，"近水楼台先得月"，通过进口博览会这一平台，上海市民有机会购买到更多高质量的进口商品，提升自己的生活品质。另一方面，上海市民也充分认识到进口博览会作为重大主场外交活动，对中国进一步扩大对外交往、应对国际贸易新形势的重要意义。近年来，逆全球化思潮逐渐抬头，贸易保护主义横行，包括中美在内的多个国家和地区出现贸易摩擦。在此背景下，中国举办进口博览会"将为各方进入中国市场搭建新的平台"，这展现出中国"坚定支持贸易自由化、主动向世界开放市场"的姿态。上海市民认识到，通过进口博览会主动开放中国市场，有助于包括"一带一路"沿线国家在内的世界各国共享中国发展红利，实现合作共赢，进而维护世界开放经济体系，推进经济全球化和贸易自由化进程。

虽然上海市民对进口博览会作为重大主场外交活动的重要意义充满认同，但是在日常生活中，市民们更关注的还是"博览会有哪些进口展品"、进口博览会"对未来个人生活的影响"等与个人日常生活关系更加密切的问题，应当说这符合普通市民的日常状态与生活心态。未来在宣传筹备第二届进口博览会的过程中，需要进一步加大对进口博览会主场外交意义的宣传力度，将举办进口博览会的宏观意义与对市民日常生活的具体影响联系起来，让市民对进口博览会的重大战略意义有更加深入的理解，更加支持、配合进口博览会的各项筹备工作，积极参与到进口博览会的各项活动中。

第二，在进口博览会的宣传筹备期，虽然市民参与进口博览会的热情高涨，但是参与感和参与热情存在落差。针对此情况，可通过拓展进口博览会的参与方式、加大对进口博览会参与渠道的宣传力度、聚焦进口博览会给消费者带来的实惠等举措，提升市民的参与感。

调查显示，有98.3%的受访市民愿意到现场参加进口博览会，但是有超过六成（61.6%）的受访市民"不知道"如何参与进口博览会。同时，有23.5%的受访市民对进口博览会最关注的方面是"怎么参与到博览会中"。在参与感方面，虽然有近六成（59.5%）的受访市民认为进口博览会与自己的生活关系密切，但同时仍有超四成（40.5%）的受访市民认为进口博览会与自己的生活"关系不大密切"和"没有关系"。

在举办第二届进口博览会时，或可从以下三方面入手，提升上海市民的参与感。

（1）拓展进口博览会的参与方式。进口博览会与世博会不同，绝大部分市民没有机会到现场参与会展。在此情况下，除了增加市民参与会展的名额，还可利用各类新传播技术拓展会展参与方式。如加大对网上展厅的建设力度，通过虚拟现实等新传播技术更好地呈现各类展品，让无法到现场的市民可以在线参与会展，了解各类展品。

（2）加大对进口博览会参与方式的宣传力度。调查结果显示，上海市民对进口博览会的关注度和参与意愿高涨，但是不知道如何参与进口博览会会降低市民的参与感。针对此情况，一方面要对观众预约通道进行更多宣传；另一方面要加大对进口博览会网上展厅的宣传力度，在"上海发布"等更多平台提供入口，引导市民在线参与会展。

（3）在宣传中聚焦进口博览会给消费者带来的实惠。调查结果显示，受访市民最关注的是"博览会有哪些进口展品"以及进口博览会"对未来个人生活的影响"。建议在宣传中更多聚焦进口博览会给消费者带来的实惠，介绍进口博览会如何满足中国消费者多样化的消费需求。如本次调查显示，市民在首届进口博览会宣传筹备期最需要的高品质进口商品是"智能及高端装备"和"医疗器械及医药保健"，可多围绕这两类进口商品策划专题报道。

第三，调查结果显示，新闻聚合类平台、新闻类移动客户端和电视是上海市民获取进口博览会信息的最主要渠道，在未来宣传筹备第二届进口博览会的过程中需加大在微博、微信等社交媒体和公共场所的宣传力度。

调查显示，上海市民目前了解进口博览会的三大信息渠道依次是新闻聚合类平台、新闻类移动客户端以及电视。微博、微信的宣传潜力有待进一步释放；在道路、公交站点等公共场所不但要提升宣传投放量，还要加大"抓眼球"的力度。

在宣传此类重大主场外交活动时，"上海发布"和各区县、委办局的政务公众号需形成宣传合力，多层次、多角度策划宣传专题，更多利用短视频、图解等市民喜闻乐见的形式宣传进口博览会；同时，可在抖音等短视频平台传播一些介绍优质进口商品等内容的短视频。

在公共场所，除了播放宣传片，宣传吉祥物、主题口号、标识，还可在地铁等年轻人较集中的场所增加一些新奇有趣、充满创意的主题宣传，如通过短视频介绍年轻人最感兴趣、需求度较高的进口"智能装备"；为吉祥物"进宝"设计更多动漫化、故事化的宣传广告，使年轻人更加喜爱、关注"进宝"，进而提升对进口博览会的兴趣。

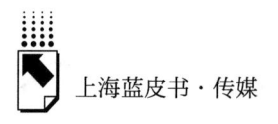

参考文献

何树全：《中国国际进口博览会的战略意义》，光明网，http：//guancha.gmw.cn/2018－11/08/content_ 31930150.htm，2018年11月8日。

张海冰：《首届中国国际进口博览会对上海发展有哪些溢出效应？》，上观新闻，https：//www.shobserver.com/news/detail？id＝88173，2018年5月4日。

付志刚、王传军、赵中：《国际社会高度评价进口博览会：开放的中国 共赢的世界》，光明网，http：//news.gmw.cn/2018－11/13/content_ 31956305.htm，2018年11月13日。

B.10
从"大写意"到"工笔画"：西方主流媒体关于"一带一路"倡议报道的倾向研究

郭雅静*

摘　要：　"一带一路"倡议发展五年，国外媒体相关报道中呈现多元化的倾向。从报道的话语特征到逻辑框架，西方主流媒体正在建构西方民众对于"一带一路"倡议以及中国形象的新认知。本文聚焦三次相关搜索的内容分析，交叉验证国外主流媒体报道"一带一路"相关议题时对中国形象的认知与形塑。

关键词：　"一带一路"倡议　媒体报道倾向　全球治理体系　新经济模式

2018年9月7日，"一带一路"倡议提出满5周年。5年来"一带一路"倡议在新的世界局势与特殊的中国国情之下取得了显著成就。

习近平主席在"一带一路"建设工作5周年座谈会讲话和在哈萨克斯坦举行的"一带一路"5周年商务论坛的祝贺视频中指出，5年来，参与共建"一带一路"的众多国家政策协调不断加强，重大经贸项目加快实施，

---

* 郭雅静，复旦大学传播与国家治理研究中心研究员、复旦大学新闻学院2016级博士生，研究方向为对外文化传播、大众传播社会学。

基础设施联通网络正在形成,产业和金融合作稳步推进,各国民间往来更加密切;共建"一带一路"提升了我国贸易投资自由化便利化水平,推动我国开放空间从沿海、沿江向内陆、沿边延伸,形成陆海内外联动、东西双向互济的开放新格局;共建"一带一路"是经济合作倡议,不是搞地缘政治联盟或军事同盟,不是要关起门来搞小圈子或者"中国俱乐部",是不以意识形态划界,不搞零和游戏。

这些重大判断对应的是"一带一路"倡议发展5年来的三大趋势。

第一,"一带一路"倡议已经显现出在完善全球治理体系中的重要地位与特殊意义。

第二,"一带一路"倡议已经成为"中国以赢得和平稳定的国际与周边环境,为发展赢得更多机遇"的新经济发展模式的重要引擎。

第三,"一带一路"倡议的影响更加具体,也更加深入。"一带一路"相关议题从事件性质的报道转向常态化报道,"一带一路"倡议与越来越多的国家利益相关,各国对"一带一路"的解读越来越多元。

围绕这三大趋势,国外媒体对"一带一路"倡议的报道主要集中在四个方面:"一带一路"的国际影响如何?本国与"一带一路"倡议以及中国的关系怎样?"一带一路"倡议中,中国展现出怎样的新国际形象?"一带一路"倡议的报道中隐藏了哪些风险性话语?

5年来,随着"一带一路"倡议的推进,我们持续跟进国际舆论的关注点与舆情风险点,分析国外媒体对于"一带一路"倡议具体项目开展情况的相关报道,以及"一带一路"对外宣传工作中相关表述的国际舆情反应。习近平主席强调,今后要强化风险防范,注重宣传舆论,努力画好共建"一带一路""工笔画"。本研究先后在FACTIVA数据库进行了三次搜索,对外媒报道"一带一路"倡议的总体情况、报道倾向、报道框架等指标进行研判,分析出"一带一路"议题的传播规律、态度指向、报道中常见的推理逻辑,综合描绘国外主流媒体眼中的"一带一路"倡议,以及在以"一带一路"倡议为议题的外媒报道中所呈现的中国形象。

从"大写意"到"工笔画"：西方主流媒体关于"一带一路"倡议报道的倾向研究

一 总体情况

1. 本研究的样本情况

本研究的样本由三部分组成，分别选取三个时间周期分析并交叉验证国外主流媒体报道"一带一路"相关议题时对中国形象的认知与形塑。

事件1：主要考察相关各国对"一带一路"倡议的态度评价、对未来合作的最新诉求、目前存在的主要风险点等。以"一带一路"为关键词，根据"一带一路"倡议沿线国家地理分布以及合作开展情况，在蒙俄地区、中东欧地区、西亚中东地区、中亚地区、东南亚地区、南亚地区选取10个参与度较高的国家，对共23家主流媒体进行2018年1~3月的舆情搜集，经过人工筛选后共获得报道样本549篇。

事件2：主要考察2018年上半年（1月1日至6月30日）与中国有关的政治、经济、军事外交、社会文化、科技、环境等报道中，外国主流媒体如何理解"一带一路"。本报告以G20集团中除欧盟和中国之外18个国家的36家主流媒体为研究对象，以关键词"中国"至少出现3次为搜索条件，经过人工筛选去除非焦点报道，共获得有效样本427篇。

事件3：选择一个重要的时间节点（9月7日至9月8日），试图验证一个研究假设，即国外主流媒体对于"一带一路"倡议本身作为一项工程或事件的注意力相对较弱。选取"一带一路"倡议提出5周年纪念日作为时间点，以事件1中确定的多语言条件下的"一带一路"为关键词，在FACTIVA数据库中，以主要经济体国家（18国）为资讯来源搜索相关报道，经过人工筛选之后获得123篇分析样本。

2. 本研究的主要发现

第一，"一带一路"倡议的核心内涵越来越被国际社会所接受。一些国外媒体在报道"一带一路"倡议的相关议题时，多与该国的经济发展和未来国际地位相关联，报道态度积极。说明我们强化"一带一路"建设是经济合作而非政治输出的立场是被国际社会所接纳的。

第二，"一带一路"倡议的基础模式越来越被国际认同。多数国外媒体会在"世界各国相互关联，利益攸关"的立场上定义新全球治理体系变革过程中与中国的关系。说明我们所强调的"各国是利益普遍关联的命运共同体""'一带一路'倡议源于中国，但机会和成果属于世界""'一带一路'的基本原则是'互利共赢'"等立场与解释得到了国际舆论的认可。

第三，国外媒体大多认为"一带一路"倡议是中国经济外交布局的主体，"一带一路"倡议的相关举措代表了中国模式，彰显了中国形象。这些报道大多持客观中性立场，只有个别国家存在夸张性解读。

第四，"一带一路"建设虽然满了5周年，但是这对于传统的全球治理秩序而言仍然是全新的变动，在合作中难免有些不同意见。本次研究发现，国际舆论的质疑与否定显现出相对温和的倾向，极少有对"一带一路"倡议持完全否定的态度。

第五，继横向上"一带一路"倡议的重大工程在更多国家落地，"一带一路"倡议的全球影响趋于平稳之后，纵向上倡议在不同国家内部开展的深层次问题逐渐呈现出来，"一带一路"倡议未来的发展可能面对更加复杂的国际舆情。

二 国外主流媒体如何报道"一带一路"倡议的国际影响

（1）多数国外媒体认为，中国充满力量，"一带一路"倡议的全球化发展模式是正确的。国外媒体报道强调中国会在这种模式中获益，但也承认在这个新的发展模式中，很多其他国家也会从中获益。同时，也有一些媒体认为中国的力量是一种强大的力量，"一带一路"倡议可能使一些国家不得不被卷入。

澳大利亚《时代报》2月20日报道指出，"中国是世界上唯一一个拥有真正全球性、地缘战略性的想法的国家，中国发展全球化新模式的想法是正确的。"

土耳其《星报》4月12日报道总结了中非关系的五大愿景,认为"一带一路"倡议,是一个庞大的基础设施项目,为非洲的发展提供了重要的机会,但同时也指出基础设施并不是免费的。

美国《纽约时报》1月7日在题为《中国的力量,硬实力的复苏》(China's Power, Rejuvenated By Force)的报道中认为,"中国推动了整个欧亚大陆的'一带一路'基础设施举措,这将有利于其他国家,但也将迫使这些国家同中国的国有企业做生意,正如近年来中国在亚洲和非洲所做的一样。"报道认为,如果中国的权力既基于思想、价值观和文化,又基于军事和经济实力,那么中国公民和世界公民都将因此受益。

(2)国外媒体普遍认为"一带一路"倡议正在创造一种新的全球化模式,但不是所有国家都有成熟的条件来支持这种模式。一些国家通过相互联合、建立双边贸易协定的方式来寻找可"替代"模式,用来抵制由"一带一路"倡议导致的一些国家过于依赖中国的局面。

印度尼西亚《雅加达环球报》6月17日报道,泰国将牵头柬埔寨、老挝、缅甸和越南建立一个新的东南亚基础设施和发展项目基金,以减少对中国等亚洲大国各方面的依赖,预计该基金将于2019年开始运营。该国《雅加达邮报》1月15日报道了东盟希望推进RECP会谈,这是由东盟10国及其6个贸易伙伴(印度、中国、韩国、日本、澳大利亚和新西兰)组成的贸易谈判集团,报道称目前东盟与这6个国家中的每一个都有双边自由贸易协定。

日本《产经新闻》4月12日报道援引德国专家的观点认为"欧盟内的合作很重要,欧盟国家之间应该共享资源"。该国《朝日新闻》1月15日报道称,日本首相访问波罗的海东欧6国,加强与6个国家的关系,针对的就是中国在东亚到欧洲地区推行的"一带一路"倡议。

德国《法兰克福汇报》2月20日对澳、日、韩、美四国制定的联合基础设施开发协议给予了报道,文章分析这项倡议旨在与中国的"一带一路"倡议竞争,联合压制中国在亚洲一路上升的地位,但实际上这项倡议并没有达到对抗中国不断向前发展的规模,也无法与中国的"一带一路"的规模与影响相比,只是替代中国"一带一路"的一种方案。沙特《中东日报》

也对此进行了报道，认为这项耗资数十亿美元的项目是对"一带一路"倡议的"替代"，而不是"竞争"。

（3）国外媒体认为"一带一路"倡议可能给全球制定新的"游戏规则"。以欧盟为代表的传统全球治理秩序的倡导者，对于"一带一路"倡议的国际影响普遍持对抗性态度。关于全球治理体系的变革，国际上出现不同声音。

沙特《中东日报》6月16日报道指出，目前的国际形势显示出，中国"一带一路"项目不仅是经济一体化的重要一步，而且是某种经济和政治军事的联盟。报道援引专家观点称，"它（'一带一路'倡议）提供了商业、经济、军事和政治信心，以建立统一的游戏规则。"

澳大利亚媒体关注西方国家对于中国"一带一路"倡议的担忧，但是不否定中国"全球化的新模式"，认为欧盟才应该是全球化新秩序的制定者。澳大利亚《时代报》2月20日报道中提到，德国外交部部长加布里埃尔在演讲中谈道，中国正在使用5万亿美元的"一带一路"基金推动建立与西方不同的价值体系，"一带一路"倡议是在以符合中国利益的方式塑造世界。他指出这不是在责备中国，而是认为欧洲也应该有自己的倡议。

三 国外主流媒体如何看待本国与"一带一路"的关系

（1）"一带一路"倡议被一些国外主流媒体解释为"利益可以向所有国家开放"的模式，但就目前媒体报道来看，在"一带一路"沿线国家眼中，他们所理解的与中国的关系还处在单向"获利"的模式下，大多只是强调本国可以从中获得哪些利益，几乎不会提到"互利共赢"的内涵。

印度尼西亚《雅加达邮报》2月20日报道了哈萨克斯坦大使Askhat Orazbay来访印尼，大使认为哈萨克斯坦与中国合作修建了通往中国东海岸连云港的铁路网。从连云港这个港口，哈萨克斯坦可以向包括印度尼西亚在内的其他国家出口，这将比直接从哈萨克斯坦出口要便宜。"一带一路"倡议开始在非中国在场的条件下成为国际贸易、外交合作的新纽带，但是两国的关注点是"便宜"。

墨西哥《至上报》4月12日刊登了中国驻墨西哥大使署名文章《中国—拉丁美洲合作的新纪元开启》。文章指出中拉关系已经驶入"快车道",振兴的海上丝绸之路在太平洋两岸建立了一个联通网络,为两国人民建立了友谊的桥梁,并且将帮助他们实现合作与发展的共同梦想。从国外媒体转载的中国媒体报道或者中国官方消息源的内容上看,"一带一路"外宣工作中强调对方的"受益点"多于我国的"受益点"的状况是存在的。

(2) 与弱化和模糊中国"受益点"同时存在的,是一些国外媒体从国家主义视角来解读中国"一带一路"倡议的目的,在这样的逻辑下,一些国家对本国与"一带一路"的关系持谨慎态度。

沙特《中东日报》5月25日报道认为,中国"一带一路"项目资助从太平洋到非洲之角地区,实际上是为北京提供了更多的战略支持。

加拿大《多伦多星报》5月25日报道认为中国倡导的"一带一路"计划只不过是伪装成互利的经济发展计划的中国帝国主义行为,报道指出"一带一路"的招标是不透明的,中国将"一带一路"基础设施项目的89%分配给了中国企业。目前对于国际上对中国"受益点"的质疑,中国媒体很少能够在国际社会发出声音,在舆论力量上出现"外强我弱"的局面。对于一些国家"有理有据"的阴谋论,我们很少能做出具体有力的回应。

(3) 目前国外媒体对于本国与"一带一路"倡议的关系的报道更加具体,很多媒体重视报道中的事实推理与解释逻辑。这些报道主要聚焦在参与"一带一路"倡议是本国经济发展的重要机会,而且是可以实现并能够关联性启动的新经济模式。多数国外媒体相信中国发起的"一带一路"倡议模式是成熟、稳定、值得信任的,近期的报道显示出一些国家的主流媒体会以国家经济发展的要义来质疑本国基于政治考量而采取的消极做法,还会从中国的人际交往特征上来解释如何与中国建立更好的贸易关系,并因此争取获得"一带一路"倡议的贸易机会。

《澳大利亚人报》4月12日报道质疑特恩布尔政府没有派出部长出席博鳌亚洲论坛,认为这种做法表明了两国关系的紧张。报道称"澳大利亚和中国的关系正处于近代史上的最低点"。报道援引澳大利亚区域和农业部部长、中国在澳大利亚资深商人的观点指出，特恩布尔政府这种对待中澳关系的做法正在使关系继续恶化。报道同时引用 AMP 首席执行官克雷格·米勒（Craig Meller）的观点表示："我们希望与中国做生意，重要的是应该让中国当局意识到我们的热情。在中国文化中，人际关系是非常重要的，所以像博鳌这样的盛会的最大机遇就是加强澳大利亚与中国伙伴的关系。"报道强调澳大利亚把自己定位为美国盟友中对中国最有敌意的一方是非常不明智的，澳大利亚不应该"脱离中国的经济叙事"。认为中国的"一带一路"倡议是经济投资和基础设施建设，对澳大利亚是积极的："我们一直想转移资金来源，并彻底脱离美国资本市场，因为中国是一个大客户，我们可以在中国市场看到多面向的关联，而不只是销售铁矿石。"

四 国外主流媒体在"一带一路"报道中塑造的中国形象

1. 国外媒体普遍认为"一带一路"倡议显示出中国模式的优越性，当前中国是一个不可失去的贸易伙伴，这样的认知体现在越来越多元的报道议题中

《澳大利亚人报》3 月 28 日高等教育版关注了美国将要遏制中国孔子学院的行动计划。报道介绍美国撤孔子学院有两个理由：第一，认为孔子学院违反了大学自治的原则；第二，是在俄罗斯干涉美国总统大选之后对外国影响的防备。澳大利亚媒体从国家教育产业创收的角度来分析这个问题，提出："目前在澳大利亚学习的外国自费学生中，约有三分之一来自中国，这种考虑在教育领域具有相当大的影响，一些人认为，招致中国政府的愤怒，可能是财政自杀。"同时其指出澳大利亚的孔子学院比美国成熟，不存在和美国一样的问题和担忧。澳大利亚媒体把中国看成重要的贸易伙伴，即使有澳大利亚专家所指出的"孔子学院研究直接受命于中国的宣传路线"，而且引用中国国家汉办的官方文件证明这一点。因为中国汉办的官方文件中将孔子学院的开办意义解释为："推动中国政府的战略和外交政策，特别是习近

平主席提出的'一带一路'倡议。"但是澳大利亚的主流媒体依然强调，澳大利亚应该客观认识到中国作为贸易伙伴国的重要意义。

2. 少数国外媒体认为中国的国际形象不够明朗，猜测存在一些不为人知的"暧昧交换"

《澳大利亚人报》2月20日报道指出，菲律宾总统罗德里戈·杜特尔特（Rodrigo Duterte）对中国采取宽松政策，是为了改变传统上严重依赖美国的外交策略，并从中国积极争取基础设施投资，报道认为这是"一带一路"倡议中的一种暧昧（flirtation）关系。

3. 一些国外媒体认为，中国的对外战略国际形象偏于求速，应该循序推进

日本《朝日新闻》1月15日关于中国对印度洋国家的潜艇出口问题刊发了两篇文章，文中称"本世纪，中国海军正逐步向从南中国海的'近海防御'战略转向太平洋和印度洋等地的'远海护卫'战略"，"印度洋到中国，在欧洲和中东连接主动脉的大海是'一带一路'最重要的区域之一。除了确保这条海上航道之外，潜艇的部署旨在限制印度争夺亚洲经济和安全方面的主动权"。报道称"中国需要半个世纪的时间才能在数据水平上与盟军持平"，暗指中国可能会超越发展程度进行战略部署。

五 国外主流媒体在"一带一路"报道中涉及的风险性话语

1. 一些国家媒体关注到"一带一路"沿线国家的新债务问题，认为双边债务问题可能导致相关国家的内部紧张

日本媒体《产经新闻》1月15日报道称中国以贷款形式在斯里兰卡建设港口，"最高达6.3%的高利息，对于财政困难的斯里兰卡而言是'噩梦'"。

澳大利亚媒体关注到，参与中国"一带一路"建设的国家中，有1/3以上的国家"极易陷入债务危机"。《澳大利亚人报》3月28日世界版关注一份关于全球基础设施项目的报告发现，有8个国家因为经济下滑、利率飙升和资本外逃等，有可能无法偿还中国的贷款。报告援引巴基斯坦和斯里兰

卡为例，这两个国家对中国贷款机构不可持续的债务感到担忧，认为中国在处理双边债务问题方面的作用已经导致了两个国家的内部紧张。斯里兰卡被迫将汉班托塔港（Hambantota Port）移交给一家中国国有企业。而在巴基斯坦，中国政府获得了瓜达尔港（Gwadar Port）的40年租约，并迫使国际货币基金组织再次救助巴基斯坦。

2. 一些国外媒体认为"一带一路"倡议推进过程中面临中西方价值观的碰撞

这些报道指出，中国和西方特别是美国拥有两套不同的价值观，中国的文化价值观很少谈到自由、民主和人权，而这些价值观是西方价值观的核心诉求。随着"一带一路"倡议的推进，中国价值观在国际上更多地与西方价值观交锋和碰撞，有可能引发由文化价值观冲突而导致的国际对决。

美国《纽约时报》1月7日报道认为美国的"软实力"像其武装力量一样强大。在中国，这种价值观体现为"对生活的仲裁"，而且这种信念植根于抽象的希望，而不是经验证据。

韩国《朝鲜日报》2月20日报道称，德国慕尼黑安全会议中，各国集中提出了"中国警戒论"，认为"'一带一路'加剧了西方价值观和中国价值观的碰撞"。

六　结论与讨论

习近平总书记强调，"一带一路"倡议今后要聚焦重点、精雕细琢，共同绘制好精谨细腻的"工笔画"。要在项目建设上下功夫，建立工作机制，完善配套支持，全力推动项目取得积极进展，注意实施雪中送炭、急对方之所急、能够让当地老百姓受益的民生工程。要在开拓市场上下功夫，搭建更多贸易促进平台，引导有实力的企业到沿线国家开展投资合作，发展跨境电子商务等贸易新业态、新模式，注重贸易平衡。要在金融保障上下功夫，加快形成金融支持共建"一带一路"的政策体系，有序推动人民币国际化，引导社会资金共同投入沿线国家基础设施、资源开发等项目，为"走出去"企业提供外汇资金支持。要推动教育、科技、文化、体育、旅游、卫生、考古等领域的交流蓬勃开展，围绕共建"一带一路"开展卓有成效的民生援助。要规范企业投资经营行为，合法合规经营，注意保护环境，履行社会责任，成为共建"一带一路"的形象大使。要高度重视境外风险防范，完善安全风险防范体系，全面提高境外安全保障和应对风险能力。

本研究通过大量的文本分析证实当前国外主流媒体对于"一带一路"的报道出现具体化、话题化发展趋势。较少作为一个单独的事件来报道，而是散见于政治、经济、军事外交、社会文化、科技、环境等各领域的报道中。"一带一路"倡议被国外媒体理解为中国模式与中国形象的主要载体。本研究认为，"一带一路"倡议未来应继续深化探讨"互利共赢"的话语表达与合作模式，在平衡国内发展、国际合作与大国责任关系的基础上，要从"大写意"转向"工笔画"，重点要放在思维模式和认知观念的转轨上，树立被国际认可的"义利观"，在项目的投放上以更加准确和具体的表述将中国的获益点讲清楚。

附表 "一带一路"倡议相关报道的内容分析

范畴	原始资料语句
"一带一路"倡议构建了"全球经济新秩序"	• 1月31日巴基斯坦《国际新闻报》："一带一路"项目给巴基斯坦的经济状况带来了革命性的变化，使它的经济中心地区由于道路基础设施、瓜达尔港等网络被联通，给亚洲中部的内陆国家打开通往外部世界的大门 • 2月18日沙特阿拉伯《国家报》：在中国的帮助下，港口的开发建设，将成为印度、伊朗和阿富汗、巴基斯坦之间的新走廊，中国在区域经济、政治、外交方面的发展亦得到全新契机
中国成为新全球关系的调解者	• 1月2日德国《法兰克福汇报》：中国让阿富汗参与中国"一带一路"项目，并以此来调节阿富汗和巴基斯坦之间的冲突。这是一种具有中国特色的冲突解决方式 • 1月26日新加坡《联合早报》：世界经济重心已出现转移，尽管要面对反全球化情绪高涨等挑战，但世界经济重心的转移其实对东盟非常有利
"一带一路"是"友谊的桥梁"	• 4月12日墨西哥《至上报》：在"一带一路"倡议下，中拉关系已经驶入"快车道"。振兴的海上丝绸之路在太平洋两岸建立了一个联通网络，为两国人民建立了友谊的桥梁，并且将帮助他们实现合作与发展的共同梦想

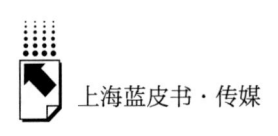

续表

范畴	原始资料语句
谋求合作，减轻受中国的影响和依赖	• 2月20日澳大利亚《时代报》：中国正在使用5万亿美元的基金推动建立与西方不同的价值体系。"一带一路"倡议是在以符合中国利益的方式塑造世界"。"中国是世界上唯一一个拥有真正全球性、地缘战略性的想法的国家，中国发展全球化新模式的想法是正确的"，但是欧洲应该有自己的倡议，不应该白白让中国拥有规则的制定权，这个权利应该属于欧盟 • 6月17日印尼《雅加达环球报》：泰国将牵头柬埔寨、老挝、缅甸和越南建立一个新的东南亚基础设施和发展项目基金，以应对对中国等亚洲大国各方面的依赖 • 1月15日印尼《雅加达邮报》：东盟希望推进RECP会谈 • 2月20日沙特《中东日报》：美国、澳大利亚、印度、日本正共同讨论开展基础设施项目，以替代"一带一路"倡议 • 2月20日德国《法兰克福汇报》：澳、日、印、美四国制定的联合基础设施开发协议，旨在与中国的"一带一路"倡议竞争
各国都可以在"一带一路"倡议中"获益"	• 2月20日印度尼西亚《雅加达邮报》：哈萨克斯坦大使Askhat Orazbay出访印尼，大使认为哈萨克斯坦与中国合作修建了通往中国东海岸连云港的铁路网。从连云港这个港口，哈萨克斯坦可以向包括印度尼西亚在内的其他国家出口，这将比直接从哈萨克斯坦出口要便宜 • 2月5日马来西亚《星洲日报》：我们需要中国的参与和扶持，不光是往来交易，而是包括建立联营共创的模式，我国非常需要中国的先进企业，协助我们的中小企业转型升级
"一带一路"话题政治化：退出"一带一路"项目来展示国家的政治立场	• 9月8日沙特阿拉伯《经济日报》：老练的马来西亚总理马哈蒂尔·穆罕默德宣布决定取消其前任与中国的一些项目，这些项目是"新丝绸之路"的一部分，通过这条路，中国将主要工业区与世界连接起来，成为中国外交政策的核心。马哈蒂尔·穆罕默德说，这些项目耗资220亿美元，是"新形式的殖民主义" • 2月13日、2月17日《星洲日报》：在马来西亚有部分政党尝试抹黑"一带一路"合作计划、试图破坏马中良好合作关系。中国企业来马来西亚投资衍生马来西亚被中国殖民论和引起一些马保守分子的争议，完全是因为有心人政治化这个课题
应谨慎对待美国和国际舆论中对于中国模式的怀疑	• 3月28日澳大利亚《澳大利亚人报》：目前在澳大利亚学习的外国自费学生中，约有三分之一来自中国，这种考虑在教育领域具有相当大的影响，一些人认为，招致中国政府的愤怒，可能是财政自杀 • 4月12日澳大利亚《澳大利亚人报》：澳大利亚不应该"脱离中国的经济叙事"。中国的"一带一路"倡议是经济投资和基础设施建设，对澳大利亚是积极的。中国是一个大客户，我们可以在中国市场看到多面向的关联，而不只是销售铁矿石 • 1月26日新加坡《联合早报》：世界经济重心已出现转移，东盟是中国"一带一路"倡议的重要支点，东盟会在艰巨的挑战中看到不少契机 • 1月18日阿联酋《宣言报》："一带一路"的基础设施建设让越来越多的商机向亚洲地区流动，沿线国家深化合作 • 1月30日马来西亚《星报》：亚洲的时代已经到来，世界经济的中心转移到东方，马来西亚必须利用中国的"一带一路"倡议，创造出世界上最大的经济合作

续表

范畴	原始资料语句
作为领导者的"硬实力"	• 5月25日印尼《雅加达环球报》：报道了中国在南海渚碧礁如今拥有近400栋独立建筑，引发外界忧虑。报道认为这些举动都意味着中国不再掩饰它的实力和区域控制力
"一带一路"以投资强迫合作	• 1月7日美国《纽约时报》：中国推动了整个欧亚大陆的"一带一路"基础设施举措，这将有利于其他国家，但也将迫使这些国家同中国国有企业做生意，正如近年来中国在亚洲和非洲所做的一样
"一带一路"不够透明，或以国际合法性说辞掩盖国家主义目的	• 5月25日加拿大《多伦多星报》：中国倡导的"一带一路"计划只不过是伪装成互利的经济发展计划的中国帝国主义行为。"一带一路"的招标是不透明的，中国将"一带一路"基础设施项目的89%分配给了中国企业。"一带一路"倡议，是一个庞大的基础设施项目，为非洲的发展提供了重要的机会，但基础设施并不是免费的 • 4月12日土耳其《星报》：中国的部分席位是通过非洲国家的选票获得的，中国会以支持非洲国家来回应非洲国家的努力。 • 2月20日澳大利亚《澳大利亚人》："一带一路"倡议中中国与菲律宾总统有暧昧(flirtation)关系 • 1月31日德国《法兰克福汇报》"一带一路"项目中，有89%是由中国公司建造的。他们使用中国钢铁和水泥，同时降低了自己国家的产能过剩。中国用中国符号的全球化愿景，它的重要性可以从它被列入中国共产党章程和中国宪法的事实看出 • 3月3日《海峡时报》：高调处理"一带一路"的做法，会让外界质疑中国有其他目的，甚至让人反感
"中国警戒论"	• 2月20日韩国《朝鲜日报》：中国以"一带一路"为借口，对欧洲各国施加影响力，加剧了以自由、民主和人权为基础的西方价值观和中国价值观的碰撞，导致民主主义和独裁体制之间的对决重新上演
中国通过"一带一路"积极拓展势力范围	• 1月15日日本《朝日新闻》：印度洋到中国，在欧洲和中东连接主动脉的大海，是中国"一带一路"最重要的区域之一。除了确保这条海上航道之外，潜艇的部署旨在限制印度争夺亚洲经济和安全方面的主动权，这种雄心勃勃的计划很难实现
"一带一路"为政治军事提供了杠杆	• 5月25日沙特《中东日报》：中国"一带一路"项目资助从太平洋到非洲之角地区的基础设施项目期间，实际上是位北京提供了更多的杠杆来获取权力和军事战略 • 6月16日沙特《中东日报》：中国"一带一路"项目不仅是经济一体化的重要一步，而且是某种经济和政治军事的联盟。"一带一路"提供了商业、经济、军事和政治信心，以建立统一的游戏规则

续表

范畴	原始资料语句
高息借贷导致新债务国家财政困难	• 1月15日日本《产经新闻》：斯里兰卡因"一带一路"债务沉重。中国以贷款形式在斯里兰卡建设港口，最高达6.3%的高利息，对于财政困难的斯里兰卡而言是"噩梦" • 3月28日《澳大利亚人报》：有8个国家因为经济下滑、利率飙升和资本外逃等，有可能无法偿还中国的贷款。中国在处理双边债务问题方面的作用已经导致了一些国家的内部紧张
"一带一路"让沿线国家在被中国影响和获得资金之间很难选择	• 4月12日日本《产经新闻》：中国在"一带一路"沿线国家开设大量孔子学院，虽说意味着中国的崛起，但同时也会带来警戒 • 德国智库报告："中国试图从各种层面上扩大影响力" • 智库专家："这会对学术上的讨论造成影响，限制了会让中国政府感到不愉快的问题的讨论" • 英国的国际交流机构："在接受独裁主义国家的指示与资金这一点上有较大的分歧" • 德国智库专家：欧盟内的合作很重要，欧盟国家之间共享情报是一种应对中国的手段

B.11
新媒体环境下的谣言传播

——以××事件为例

张昱辰*

摘　要： 本文以××事件为案例，深入分析该事件中谣言的传播过程、谣言的主要类型、谣言传播网络中不同主体的角色，在此基础上探讨"两微"环境下当代中国谣言传播的新特点。研究发现，××事件的谣言主要集中于侵害儿童的严重程度、违法犯罪的主体以及公权力和执法的公正性三大面向，这恰好是事件不确定性集中之所在。社交网络谣言的合作式生产，以"封""堵"为手段的谣言控制措施，大众传媒与政府部门"认知权威"缺失是该事件中谣言得以持续的动因。"两微"环境下的谣言成为多元主体间沟通不确定性的媒介。对谣言的既定观念和应对谣言的传统策略难以为继，亟待学界和业界进一步反思与变革。

关键词： 即兴新闻　认知权威　模糊性　谣言修正

2017年中国幼教机构虐童丑闻接连被报道，其中××幼儿园虐童事件因引发了影响巨大的谣言风暴被《2017年中国互联网舆情研究报告》列为年度舆情事件榜首。从微博到微信，各类谣言始终伴随事件的发展，权威机

---

* 张昱辰，文学博士，上海社会科学院新闻研究所助理研究员，研究方向为城市传播、媒介文化研究、移动传播等。

构的各种措施和大众媒体的发声未能有效控制谣言的扩散，即便在调查结果公布后谣言依旧不断以各种形式在微信和微博等社交网络中延续、变异，并与各种辟谣信息一起持续产生影响。

如何理解××事件中的谣言风暴？本文将跳出将"谣言"与"真相"对立的理解，以价值无涉的立场来考察该事件中被认定为"谣言"的舆论。本文以2017年11月至12月围绕××事件的社交网络谣言为切入点，以大众传媒、微博、微信上的相关文本为基础，探讨此事件中谣言风暴的演变、谣言的主要类型，以及传播网络中网民、名人、社会商业机构、政府各部门等不同主体在此事件中的互动与博弈。从这一典型个案出发探讨"两微"环境下当代中国谣言传播的新特征，并对传统的谣言观念和应对措施进行反思。

一 作为问题的谣言

在日常话语和大众媒体话语中，"谣言"一词往往带有负面意涵，常常被等同于虚假或有害信息。即便在学术界，谣言也常被视为畸形的舆论，是"健康"公共舆论的天敌。舆情研究者讨论谣言时，常常将其视为假新闻（fake news）的近义词，对其怀着"肃清""连根拔起"的态度。

不过，自20世纪中叶起，专业的谣言学者就摒弃了谣言即谎言的常识性观念，将谣言视为客观的研究对象加以考察。法因（Fine）明确指出，"谣言的界定标准并不是虚假，谣言可以是真也可以是假。谣言的根本特征是区别于精确性的不可知性。"[1] 奥尔波特（Allport）与波斯曼（Postman）强调，谣言是"没有确切的证据支持却被人们所相信的特定陈述"，且"常常以口头形式通过私人关系得以传播"。[2] 彼得森（Peterson）与盖尔斯特

---

[1] Fine, G. A., "Rumor, Trust and Civil Society: Collective Memory and Cultures of Judgment," *Diogenes*, 2006, 54 (1).
[2] Allport, G. W., Postman, L. J., "The Psychology of Rumor," *American Sociological Review*, 1948 (3).

(Gist)认为,谣言是"关于公众关切的事物、事件或者问题的、在私人之间流传且未经证实的阐述或者解释"。[1] 在纳普(Knapp)看来,谣言可被视为"未经官方证实而流传的被广泛相信的有关时事情况的陈述"。[2] 卡普费雷(Kapferer)则将谣言定义为"社会中出现并流传的未经官方公开证实或者已经被官方否认的信息"。[3] 根据不同定义,可以总结谣言的基本特征:为人们所相信因而广为流传,未经证实,通过非官方途径传播。值得一提的是,未经证实和通过非官方途径传播未必等同于虚假,谣言的制造和传播并不总是故意或者恶意的。有些谣言被怀疑是虚假的,后来被证实是真的。也有谣言一开始就是假的,是被故意制造和传播的。许多谣言既有真实的成分,也有虚假的成分,甚至真假掺和在一起,很难严格用真或假的二元法来区分。

有学者从微观层面探讨谣言的心理动因。代表观点是谣言反映人们对现实世界的假想,是处于焦虑状态的个人为了消除不确定性进行的一系列尝试。[4] 有学者从中观层面探讨谣言的社会和组织层面的动因,如将谣言视为混乱时期社会群体为解决问题、获得社会认知展开的一种集体行为。[5] 近期也有学者指出,社交网络的谣言传播可被视为人们面对不确定时减轻社会压力以及解决集体危机的一种方式。[6]

什么样的谣言更容易传播?奥尔波特与波斯曼提出了著名的公式:谣言的流传程度 = 问题的重要性(importance) × 事实的模糊性(ambiguity)。[7] 在对此公式的补充中,模糊性始终是影响谣言传播的关键因素。当社会对信

---

[1] Peterson W., Gist N., "Rumor and Public Opinion," *American Journal of Sociology*, 1951 (57).
[2] Knapp, R., "A Psychology of Rumor," *Public Opinion Quarterly*, 1944 (8).
[3] 让-诺埃尔·卡普费雷:《谣言:世界最古老的传媒》,上海人民出版社,1991,第18页。
[4] Rosnow, R. L., "Rumor as Communication: A Contextualist Approach," *Journal of Communication*, 1988, 38 (1).
[5] Bordia, P., Difonzo, N., "Problem Solving in Social Interactions on the Internet: Rumor as Social Cognition," *Social Psychology Quarterly*, 2004, 87 (1).
[6] Oh, O., Agrawal, M. & Rao, H., "Community Intelligence and Social Media Services: A Rumor Theoretic Analysis of Tweets during Social Crises," *MIS Quarterly*, 2013, 37 (2).
[7] Allport, G. W., Postman, L. J., *The Psychology of Rumor*, New York: Holt, Rinehart & Winston, 1947: 34.

息的需求超过了官方渠道所能供给的新闻资源时,谣言发酵的空间便形成了。当真相缺失或权威不能给出满意解释时,公众更容易捕捉谣言来形成强大的社会舆论,给权威施压,并迫使权威出来解释、澄清或者辟谣。因此,卡普费雷将谣言视为挑战既定权力关系的重要途径,"它揭露秘密,提出假设,迫使当局开口说话。同时,谣言还对当局作为唯一权威性消息来源的地位提出异议"。① 当然,造成模糊性的因素不仅仅只有官方声音的缺失。罗森塔尔指出,模糊性并未客观存在,相反依赖于谣言参与者的主动建构。② 因此,探索谣言传播者的参与实践是谣言传播研究的关键。

社交网络让古老的谣言呈现新面貌。一方面,社交网络的开放性让大众媒体时代对信息的把关和筛选变得不再有效,非官方渠道的谣言能够更容易地在不同社会群体中传播。另一方面,社交网络也让志同道合的人可以轻易地在网上沟通,但听不到不同的声音,持续暴露于极端的立场中,容易造成群体极化。③ 在国内对网络谣言的个案研究多在微信、微博等出现前。"两微"环境下中国的谣言传播呈现怎样的新特点?微信与微博中介的谣言传播有怎样的差异?这值得进一步探讨。

本文选取2017年11月至12月××事件中的社交网络谣言作为研究对象,提出如下问题:围绕××事件这一主题,微博和微信上出现了哪些谣言?它们互相之间有何关联?××事件的谣言风暴,不仅引发国人普遍关注,也成为国际舆论热点,可以说事关国计民生,其重要性不言而喻。但谣言传播的另一重要条件"事实的模糊性"又是如何被建构的?网民、涉事机构、大众媒体和官方在谣言的传播中分别发挥了怎样的作用?××事件的辟谣工作又为何不够成功?本文的研究资料主要涵盖:①微博、微信等社交网络上与××谣言有关的各类消息、评论以及广为传播的访谈视频。②大众媒体对此次事件的报道与评论,主要通过慧科和超星数据库利用关键词搜索

---

① 让-诺埃尔·卡普费雷:《谣言:世界最古老的传媒》,上海人民出版社,1991。
② Rosenthal, M., "When Rumor Raged," In P. H. Rossi (Ed.), *Ghetto Revolts* (2nd ed.), New Brunswick, NJ: Transaction, 1973, 209–233.
③ 凯斯·桑斯坦:《网络共和国:网络社会中的民主问题》,上海世纪出版集团,2003。

获得。③来自政府各部门和涉事机构方面的表态与声明。这些资料在网络上广为流传,并频频为大众媒体所援引。

二 ××谣言风暴:历时性的分析

在更深入分析××谣言的类型和特点前,我们先按照时间顺序对本次事件的发展轨迹进行梳理,其中涉及对爆料者、意见领袖发声、公众讨论、大众媒体的介入、相关政府部门和涉事机构对危机的反应的分析。

(一)谣言的开端

2017年11月22日晚,××幼儿园多名幼儿家长向××区××派出所报案,举报幼儿园园长和老师,××市公安局成立专案组,介入调查。在微博等社交平台上,多名爆料人用微信截图曝光涉事幼儿园存在虐童行为,称该园幼儿被老师用针扎、喂成分不明的白色药片,并提供了孩子身上多个针眼的照片。

11月23日,数十名家长与媒体记者等在园外想了解情况,要求观看监控视频,但被保安拦在门外。多位现场标榜身份为孩子家长的当事人接受采访的视频在互联网上广泛传播,爆出全裸罚站等更惊人信息。一位号称孩子父亲的男士表示,幼儿园曾有两男孩一女孩全裸罚站,原因不明。一位女士讲述了发现孩子身上针眼的经过,提到老师给孩子注射了"棕色药体"。另一位女士称该班有家长从孩子口中得知,老师不许孩子向家里说幼儿园发生的事(完整视频中该女士表示自己不是幼儿家长,但在网上广为流传的视频几乎都删除了她澄清身份的片段)。还有爆料者称孩子说被喂白色药片。这些视频连同手机短信截图、家长微信群截图等,在微博等社交网络上广泛传播,引发轩然大波,迅速激发愤怒情绪,涉事幼师、园方被网络舆论"讨伐"。更具煽动力的信息开始在社交网络传播。截至23日深夜,微博话题"××"被搜索328万次,居热搜榜第一位。在社交网络上,许多人拿着未经证实的言论和"证据"发泄愤怒,导致新浪微博开始删帖和禁止评论，引发了不少网友的不满。章子怡、伊能静等名人也在微博上发声，获得极大转发量。微信自媒体账号刊发的大量文章也呈现"一边倒"的批判态势，尤以教育、亲子相关自媒体反应最激烈。

（二）谣言的演化

23日晚间至24日，从社交网络到大众媒体，社会各界聚焦该事件，舆论达到顶峰。教育部、××区政府、××市教委等都对此事做出回应，从回应内容来看，各部门的表态不可谓不坚决，也准确向公众传递出"高度重视"的姿态。但网络出现"避重就轻"的质疑声音，多质疑表态套路化，认为回应内容回避了舆论最为关注的问题。24日××幼儿园也发表声明，称已配合警方提供监控资料和设备，将等待政府部门的调查结论，表示如有违反师德乃至违法犯罪的人员绝不姑息，对公司和幼儿园应承担的责任绝不推脱，同时称"个别人士涉嫌诬告、陷害"，对此行为已报案，引起"恶人先告状"的嘲讽和新一轮质疑。自24日起，质疑信息管制的网民观点有所增多，猜测"删帖""水军"等问题，并有观点趋向对"中产焦虑""阶层对立"等深层问题的分析。另有网民呼吁理性发言，等待事情调查进展。在群情激奋之际，××政委以采访稿的形式详细回应了舆论关切的五个核心问题，公布了初步调查结果，回应及时到位，态度真诚且不失坚决，传递出明确的情感共鸣。

（三）谣言的转移

11月25日，××区警方官方微博"平安××"公布初步调查结果，称涉事教师涉嫌虐待被看护人罪已被刑拘，并表示关于××的传闻纯属造谣且造谣女子已认罪被刑拘。然而，各种猜疑依旧此起彼伏，谣言主要发散地逐渐从微博转移到微信。在某影响力较大的微信公众号的调查中，相信孩子被打针、喂药的达到95%，相信孩子被裸体罚站的达到95%。

11月28日，"平安××"发布通报，对于网民们热议的诸多问题予以权威解释，称对"因孩子不按时午睡而用针扎孩子"的教师已进行刑事拘留，同时指出网上所传的喂药片系编造。但在社交网络上，人们称"打倒了谣言未必迎来真相"，认为通报中充满漏洞、疑点重重，甚至质疑调查结果有欲盖弥彰之嫌。在微博、微信上，有大量原本对事情持观望态度或尚未关注事件的人群开始介入讨论。社交网络上"海外敌对势力论"等以辟谣为旗号的小道消息的兴起也让该事件的谣言复杂化。

三 ××事件中的谣言类型分析

通过对××事件发展过程的分析，我们看到事件中先后出现了多种不同版本的谣言。基于形态和功能的差异，我们将它们划分为如下类型。

（一）涉及侵害严重程度的谣言

此类谣言的核心信息是××除了涉嫌虐待，更存在猥亵等。不同版本的谣言都用煽情的手法描述孩子被侵害的各种方式：有的称工作人员给孩子注射"棕褐色液体"，给孩子喂白色药片；有的描述工作人员恐吓孩子；有的干脆引用孩子口吻，用"脱光光"等影射侵害儿童是有组织化的。这类谣言在传播中常常存在置换和混杂。比如警方通报中明确的针扎孩子被置换成给孩子们注射不明液体，且不同的侵害行为作为对幼儿园和教师罪行的控诉，常常被混杂在一起流传。在侵害儿童的细节尚未确定时，"性教育""防止性侵"话题开始越来越多地在两微与大众媒体上出现，《熔炉》《素媛》等电影被频频提及，这些多未深入讨论××事件本身，却潜移默化地影响着人们对案件的判断。谣言在传播中被润色性发挥，内容不断被歪曲和夸大，越传越逼真。汹涌舆论聚焦凶犯惩治与儿童保护，原本并不熟悉的人们对孩子的遭遇犹如感同身受，血缘亲情和权利意识促使人们通过社交网络寻求相互支持，并表达惩处凶手的强烈愿望。

（二）涉及违法犯罪主体的谣言

此类谣言既包含信息又包含解释与评论，核心信息是××背后有邪恶势力撑腰。此类谣言虽有不同版本，但共性是乐于推测各种黑幕：有的认定侵害幼儿的不仅是个别老师，而且是整个组织有意为之的恶行。有的影射有外部与园内勾结的"邪恶势力"，典型版本是幼儿园与××有关。微博和微信上产生了大量漫画，描绘向幼小的儿童伸出魔爪的"魔鬼"。

这类谣言虽然内容各有不同，但都通过暗示人们"事情没有这么简单"，将责任主体不断推向"幕后"，让事件显得疑点重重。××虽然有效地通过辟谣澄清责任，但公众依旧热衷于猜测"邪恶势力"，只不过转移了目标，"幕后黑手"也出现了更多版本。在官方发布对虐童当事人与造谣者的惩处通报后，网络舆论依旧倾向于相信仅仅是直接相关的底层教师作为替罪羊被处理了，"主谋"逃脱了罪责甚至依然逍遥法外。

（三）涉及公权力与执法公正性的谣言

此类谣言核心信息是相关部门为了"维稳"阻止民众自由获取消息，甚至向公众隐瞒事实。在事件爆发阶段，为了防止谣言满天飞导致舆论失控，大量微博信息和评论被删除，相关关键词从微博热搜撤下，微信公众号相关文章被删，多个采访视频被删除。但这种行为没有得到理解，社交网络上"欲盖弥彰"说兴起，不少网民开始批评相关部门有意控制舆论，甚至质疑为公权力背书。大量原本对事情持观望态度或尚未关注事件的人群开始介入讨论。网民或用××等表达焦虑，或借大红圈、感叹号等表达戏谑。

11月28日"平安××"发布的通报更是引发民众强烈反应，引发新一轮猜疑。一些本身对先前微博爆料充满疑虑的人士转而严肃讨论通报中的疑点与漏洞。通报中使用的"未发现有人对儿童实施侵害"的语句被广泛批评，有评论指出已确认的"针扎"已属于侵害。公众的质疑主要有以下几方面：①住在监控室的库管员将监控设备强制断电，导致监控视频硬盘被损坏的可能性有多大？②涉事儿童家长为什么要抵上孩子的名声，冒着给孩子留下心理阴影的风险，编造孩子被侵害的故事去诋毁幼儿园？③如果真有人编造了造成如此恶劣影响的谣言，为何处罚这么轻？社交网络中"怒"所占比重也有所下降,"哀"的比重有所上升,网民对事件的信任度开始降低。① 如"涉事家长被相关部门搞定"等新谣言开始传播。在微博上,这些谣言非但得不到澄清,且有些又有被删除的情况。"罗生门""无间道"等说法甚嚣尘上,伴随着不信任的情绪,各种新谣言开始不断从微博转移到更私密的微信空间中继续弥漫。

四 模糊性的建构与维系:"两微"环境下谣言持续生存的动因分析

××事件中的谣言何以持续不断地发酵、变异、扩散?我们认为,模糊性的建构和维系是此次事件中谣言以各种形态持续生存的最关键动因。

首先,网民通过合作式生产煽情、夸张乃至妖魔化的内容建构了谣言的模糊性。社交网络中,少数网民爆料,意见领袖评论,普通网民转发、跟帖,不断参与着谣言的合作式生产。谣言在侵害严重性上强调乃至虚构幼儿园如何"侵害",营造悲观和恐慌的情绪,造成了耸人听闻的效果,实现了对事件的妖魔化。虽然照片仅仅证实幼儿被针扎,但在社交网络中喂白色药片、脱光检查等描述到处可见。在语言组织上,各种谣言通常极尽煽情和夸张。有的引述老师的威胁言论,激发了无数网民的愤怒。有的用孩子充满童稚的口吻描述案情,让不明真相的网民认定孩子们不会造假,幼儿园背后有"邪恶势力"。这些叙述方式充满故事性和冲突性的谣言不断挑动公众的敏感神经。值得一提的是,此次事件的谣言传播中,大量视频和图片被浏览并转发,成为极具现场感的"一手信息"。它们好像以"在场"的方式告知大众"实情"来影响大众的判断和感知。② 一些与谣言有关的漫画以直白浅显的方式呈现侵害者恶行,甚至将教师刻画成恶魔。广泛传播的视频、图片与充满煽动性的文字共同作用,迅速引燃了公众的焦虑与恐惧。不少自媒体也

---

① 程粮君、许欢欢:《从社会化媒体看虐童事件舆情演变趋势——以红黄蓝事件为例》,《试听》2018年第1期。
② 雷霞:《"信息拼图"在谣言传播中的作用研究》,《新闻与传播研究》2014年第7期。

一拥而上，将道听途说的传闻当成事实陈述，用微信对话截图制造剧情冲突，通篇"这个世界不会再好了"的言论。在谣言的合作式生产中，"每个成员接受—同化—传递的过程是一个意义分享的过程"。①谣言在传播中不断通过添加（添油加醋）和磨尖（细节被突出甚至夸大）变得更加难辨真假和追根溯源。

其次，以"封""堵"为手段的谣言控制措施反过来增加了谣言的模糊性。本次事件中，舆论发酵快速且凶猛，视频、媒体采访和微信群截图不断流出。社交网络运营监管方觉得在政府部门和权威媒体没有给出调查结论之前，不能任由无法确定事实的"证据"满天乱飞，导致舆论失控，于是在微博、微信上，删帖和限制讨论比比皆是。从监管初衷而言，给极端舆情事件降温的出发点是希望维持网上舆情的平稳可控，防止舆情升级演化带来线下危机，这无可厚非。但是从操作层面而言，在权威部门调查结果未公布之前，社交网络中充斥的大量谣言虽然真假未知且未经考证，但它们常常并非刻意造假，而是人们在模糊或危险语境下利用自己的智力资源构建合理阐释的"即兴新闻"②（improvised news），在一定程度上起到缓解焦虑、控制风险的作用。在事件发展过程中，我们一直能够看到一些针对爆料细节和自媒体煽情文字所做的严肃批评和质疑，社交网络的净化作用有所体现。可以说，网民关注的不仅是事件的真假，还有情感的共鸣和情绪的宣泄。③然而，在事件中后期，大量对删帖不满的言论在社交网络上出现，快速积聚负面情绪，甚至助长了新谣言的滋生。正如学者指出，官方持续性的管制和信息封锁会为谣言的产生提供空间。④在此次事件中，舆论管控方式过于生硬和"一刀切"，造成了"核心事实饥渴"，形成公众接收信息混乱，使原本就"情绪泛滥"的舆论场中的理性观点更为匮乏，甚

---

① 弗朗索瓦丝·勒莫：《黑寡妇：谣言的示意及传播》，商务印书馆，1999。
② Shibutani, T., *Improvised News: A Sociological Study of Rumor*, Indianapolis, IN: Bobbs-Merrill, 1966: 9.
③ 郭小安、董天策：《谣言、传播媒介与集体行动》，《现代传播》2013年第9期。
④ 胡泳：《谣言作为一种社会抗议》，《传播与社会学刊》2009年第9期。

至可能引发网民形成"真相出炉前,被删即真相"甚至"政府帮助掩盖真相"的联想。如此一来,非但没能抹除谣言,反而增加了谣言的模糊性,导致原本与丑闻并无太大瓜葛、本应扮演权威阐释者的官方也被牵涉其中。

最后,涉事机构、大众传媒与政府部门未能与网民形成有效互动,在消除谣言的模糊性方面作用有限。涉事幼儿园在事件中问题多多:一是回应时间严重滞后,二是回避舆论核心关注点,三是存在"自我开脱"现象。在回应中强调"诬告、陷害"被谴责为"恶人先告状",也被评价为"火上浇油""教科书般的作死声明"。在本次事件中,大众传媒发声较快且态度鲜明,但它们将此事描述为"虐童""扎针喂药",无法在一个层面上和关注"猥亵""性侵"的网络谣言展开有效对话。有网民对媒体的保守描述表示不满,甚至质疑媒体刻意弱化事件的严重性。多个政府部门迅速传递出"高度重视"的姿态,但通稿式的通报也无法对谣言做出有效回应。××的回应快速、准确、精当,澄清了与××相关的谣言,但无法有效消解其他谣言。××警方的官方通报只使用概括性的结论,没有细节作为支撑,内容过于简单且不够明晰,信息的有效性明显不足,难以澄清谣言,反而助长了模糊性,许多网友甚至以寻找通报的漏洞为乐。相比之下,社交网络上广为流传的两篇文章起到了更好的辟谣效果。一篇是参加案件调查的民警以个人名义发声,回顾了破案工作过程的艰辛,表达了应对质疑谩骂的难受心情,对社交网络视频中故意造谣的几位陈述者进行了质问,并对硬盘损坏的原因做了详细解释,获得了大量点击量和赞誉。另一篇名为《反对谣言,也别把追求真相的人一网打尽》的文章严密地指出了最初曝光网帖中的各种漏洞,指出给孩子打麻醉剂和药片在逻辑上很难成立,家长造谣可能性极大,但××存在严重管理失责,事件反映社会信任危机,也获得了海量的点击量和赞誉。这证明了有理有据有节、能直接回应质疑的信息有更好的辟谣效果。然而,社交网络中的少数个人式辟谣影响毕竟有限。政府或者大众媒体在此次事件中未能与公众进行有效互动,也未能有效扮演起"认知权威"的角色,即"让大众相信其具有能力和权利,能够针对现实发生了什么提供被认为是正确的不容怀疑的解释"。① 谣言在通报后势头更猛,从一个角度印证了大众媒体和政府声音的缺席或者相互矛盾进一步为模糊性提供了土壤。

五 结语

通过对××事件的谣言研究我们可以发现,微信、微博等新媒介为信息传播提供便利的同时,也为谣言制造与传播提供了便利。谣言以主题先行、重感性、轻理性为特点,在微博、微信等不同的媒介间转化,形成了循环而又稳定的生产体系。

微博是一个由陌生人构成的相对随机联系的网络,不同节点用户之间的共同作用可以使谣言以更大范围和更快速度进行传播。在事件初期,微博是谣言传播的主要平台。每个人都可以自由发布信息并被陌生人所见,不同发布者发布的与同一事件相关的信息点被不断串联起来,成为热点话题。微博内容的公开性也使得互相不认识的人们可以轻易地通过回复、转载的方式参与谣言的"信息拼图"②之中。与微博不同,微信则融合了大众传播和人际传播的特点。微信上,人们可以将微博或者微信公众号的内容转发在朋友圈、群之中,或者就事件本身展开延伸性的讨论,将公共事件转化为熟人间话题。微信圈、群由彼此相对熟悉而信任的熟人组成,更私密的人际传播场景也让谣言更难辨识真假。更重要的是,微信以潜移默化、暗流涌动的方式汇聚暗流涌动的民间观点、情绪,私密化的互动情境导致微信中介的谣言更加嵌入大众生活,难以被监测乃至控制。③ 在本次事件中后期,微信代替微博成为谣言传播的主要平台,这不仅仅表现在公众号内容上,更表现在人们在微信圈、群的讨论中,使得谣言在官方难以觉察的情况下持续性地发挥影响力。

---

① Matheson, D., "Weblogs and the Epistemology of the News: Some Trends in Online Journalism," *New Media Society*, 2004, 6 (4).
② 雷霞:《"信息拼图"在谣言传播中的作用研究》,《新闻与传播研究》2014年第7期。
③ 孙玮:《媒介融合与多元主体、多重叙事的民粹主义》,《探索与争鸣》2016年第4期。

以微博、微信为代表的社交网络塑造了谣言传播的新方式。但我们看到，××事件中，政府和大众媒体未能有效应对"两微"带来的传播格局的变化，虽然在社交网络中设立了微博号或者微信公众号，但未能在谣言传播中与其他不同的主体展开切实有效的互动。以"封""堵"为手段的传统谣言控制措施引发舆论反弹，通报式辟谣效果有限，都证明了大众媒体时代对谣言的既定观念和应对谣言的传统策略难以为继。在移动传播的浪潮下，"复眼观看"代替了大众媒介时代的"单眼观看"，政府和大众媒体不再是高高在上的"众人之眼"，成为新传播网络中的重要节点。① 因此，既有的谣言应对策略有必要进行适当的修正。根据对本次事件中谣言的解析，做出以下反思：其一，谣言发酵与扩散有深层次的原因。因此，对待谣言时，不但需要处理好引发谣言的事件本身，更要从宏观层面思考如何缓解社会矛盾，降低大众的社会不安全感，重建政府和大众传媒的公信力。其二，同一事件的谣言在传播过程中会因削平、磨尖、添加机制而不断演变出新版本，政府和大众媒体应该根据谣言的复杂多变做出及时、细致、灵活多样的辟谣工作，而不能指望通过几则通报解决全部问题。其三，谣言往往产生于社交网络的海量信息之中且源头很难考证，即便造谣源头被抓获也未必对辟谣效果产生决定性影响，及时辟谣常常比抓住造谣源头更有效，但在辟谣时不可将参与谣言传播的人们视为乌合之众，将自己转化为网民的对立面是辟谣的大忌。

在"两微"不断改变舆论格局的当代中国，谣言不仅仅是网民故意生产的假新闻，更应被视为不同主体间沟通不确定性的媒介。传播谣言的多数人并非恶意，他们不过是通过传播、争论与反驳等方式，参与着事件意义的合作性生产。传统由上至下"控制"谣言的惯性思维显得不合时宜，谣言修正（rumor corrections）常常比谣言控制来得更有效。有学者的研究已经展示，在社交网络上，谣言修正信息经常比谣言传播得更

---

① 黄旦：《"千手观音"：数字革命与中国场景》，《探索与争鸣》2016年第11期。

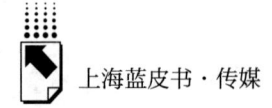

迅速。① 伴随着信息流动的复杂化和叙事主体的多元化，在对话中消解谣言是比在斗争中抹除谣言更明智的选择。在传播网络中扮演重要节点的官方应从增加信息透明度、提供最具说服力的信息着手，以更谨慎、开明和平等的态度不断与谣言进行对话和交锋，以此重塑"认知权威"地位。

---

① Zeng, L., Starbird, K. & Spiro, E., "Rumors at the Speed of Light? Modeling the Rate of Rumor Transmission during Crisis," Paper presented at the Proceedings of the 49th Hawaii International Conference on System Sciences (HICSS), Koloa, HI, USA, 2016 (1).

B.12
网络媒体与传统媒体间议题互动研究

——基于"瑞典警察粗暴对待中国游客"事件的研究

李景欣　焦雨虹*

摘　要： 随着媒介融合的深入，网络媒体议题设置的功能日益显著。本文以媒介间议题设置理论为基础，通过内容分析法，围绕《环球时报》和新浪新闻在"瑞典警察粗暴对待中国游客"事件中的相关报道，分析比较传统媒体与网络媒体在议题设置策略上的差异，探讨二者之间在议题设置上的影响与互动、互补与共赢，两者的互动为多角度、多层次地了解事件进程提供了多元的视角和解析。

关键词： 传统媒体　网络媒体　议程互动

植根于互联网的网络媒体在信息定制化、传播智能化等领域具有先天的优势，但在议程和议题设置领域，传统媒体拥有绝对话语权，网络媒体只能被动接受传统媒体的议题设置。随着互联网技术的迭代更新与公众生活节奏的变化，比起传统媒体，公众更倾向于选择在信息获取成本和便捷程度上占据优势的网络媒体，如杜嘉班纳辱华事件、空姐滴滴遇害案等热点事件都是得力于网络媒体的传播优势，引发了公众的高度关注与积极讨论，形成的强大舆论场使得传统媒体不得不将这些事件提上议程。

---

* 李景欣，东华大学硕士研究生；焦雨虹，主要研究方向为新闻理论、媒介与传播。

传播对象获取新闻信息渠道的变化导致传统媒体议题设置的主导权逐渐被分散，其对舆论的把控能力也不断弱化，与此同时，网络媒体舆论引导的影响力不断强化，议题不再如过去那样单向地从传统媒体流向网络媒体，而是开始相互为对方设置议题。

在此次"瑞典警察粗暴对待中国游客"事件的演变中，国内舆情多次反转，这一点通过观察诸如微博、知乎等社交媒体的言论和网络媒体的新闻留言区可见一斑。公众从最开始嘲讽曾先生一家人，到反对瑞典警察暴力执法；从不赞成外交部为曾先生一家人维权，再到抵制瑞典搞种族歧视，不断演变的舆论很大程度上是传统媒体和网络媒体议题互动的结果。

传统媒体与网络媒体在该事件中是如何设置议题的？传统媒体所具有的内容优势是否让它在议题设置中占取主导地位？网络媒体是否有为传统媒体预设议题的可能？二者之间的议题互动有什么特点？这是本文试图探讨的问题。

一　概念界定

（一）议题设置

1968年，麦库姆斯和肖在北卡大学所在的小镇进行"教堂山镇研究"，发现媒体设置的议题显著性程度对公众议程具有重要的影响。在此基础上，两人于1972年共同发表了论文《大众媒体的议程设置功能》，"议程设置"（agenda setting）这个概念和理论框架随之正式形成。

在将该理论引入国内之初，国内不少著作均沿用了台湾的翻译，称为"议题设置"，但是根据麦库姆斯在2004年出版的《议程设置：大众媒介与舆论》第一章"影响舆论"部分对"议题"和"议程"的解释，大陆的不少学者意识到此前的研究混淆了二者的概念。

麦库姆斯在书中说："通过日复一日的新闻筛选与编排，编辑与新闻主管影响我们对当前什么是最重要的事件的认识。这种影响各种话题在公众议程上的显要性的能力被称作新闻媒介的议程设置作用。报纸提供大量的线索，体现各种话题在公众每日议程上的相对显要性。头版头条、头版与内页、标题大小，甚至报道篇幅的长短都能传达各种话题在新闻议程上的显要性。"①

也就是说，议题设置有别于议程设置，它是"冲突性并受到大众传媒报道的社会问题"，而议程设置则是"某个时点上按重要性的等级排列加以传播的一批议题"。② 议题设置是议程设置研究中的一个部分，但也是初始的、主要的部分。

（二）媒介间议题设置

媒介间议题设置是指不同的媒介在报道议题方面双向交流与相互影响的过程，对它的研究侧重于不同媒体作为彼此消息来源以及设置彼此议题的程度。媒介间议题设置最初源于议程设置理论。③

早期的议程设置研究局限于探讨媒介议程对公众议程的影响，忽略了不同媒介的议题各自是怎么设置的。直至20世纪80年代，学界的研究焦点才从"谁设置了公众议程"转向"谁设置了媒体议程"，在探索过程中，媒介间议题设置的理论逐渐成形。

在我国，虽然不乏针对议题设置理论的丰富且深入的研究成果，但是直至2004年，媒介间议题设置才在国内逐渐得到重视，而且大多是基于美国的语境展开的研究。不过伴随着这一理论在中国的发展，国内也逐渐有不少学者对这一理论在中国语境下的有效性进行了检验。

值得注意的是，2004年也是网络媒体在我国出现并普及的时间，所以我国学者关于该理论的研究直接跳过了传统媒体之间的议题设置，而是重点

---

① 麦克斯韦尔·麦考姆斯、郭镇之、邓理峰：《议程设置理论概览：过去，现在与未来》，《新闻大学》2007年第3期。
② 迪林、罗杰斯：《传播概念·AgendaSetting》，复旦大学出版社，2009。
③ Hellsten I., Vasileiadou E., "The Creation of the Climategate Hype in Blogs and Newspapers: Mixed Methods Approach," *Internet Research*, 2015, 4 (4).

研究网络媒体与传统媒体的互动，比如BBS与主流媒体间的议题互动、论坛与传统媒体的议题互动、报纸与网络的议程互动等，多以某一社会性事件、突发事件如"华南虎事件""我爸爸是李刚""雅安地震"为例研究特定事件中媒介间是否存在议题互动、互动模式和互动中存在的问题等。

国内学界针对网络媒体与传统媒体在事件报道时的议题相互影响通常采用"议题互动"①以及"议程设置"②两种表述。

二 研究设计

（一）分析单位

《环球时报》是由人民日报社主办、面向全球发行的国际新闻报纸，其日发行量超过200万份，仅次于《参考消息》和《人民日报》。区别于国内其他传统媒体，它在报道内容上的选取以国人较为关心的国际新闻为主。在传播中国外交政策的领域中，《环球时报》的权威性不言而喻。

本文对《环球时报》的报道研究以"篇"为分析单位，样本收集依据为有独立的标题以及明确的作者署名。

新浪新闻是依托门户网站——新浪网建立的、不具有新闻采编权的专业性时事报道平台，拥有庞大的受众基础。艾瑞指数显示，新浪新闻无论是电脑端还是手机端，近两年都一直稳居新闻资讯类媒体前四名，月均活跃用户高达9800多万人次。由于被限制了新闻采编权，新浪新闻的消息来源主要依靠传统媒体及其网页版。新浪新闻每篇文章下方都设置有开放评论区，用户发表的评论只要不含有敏感词语均可以向所有人传播，这为公众提供了相互交流的平台，使得该评论区成为民间"舆论场"的聚集地之一，其议题

---

① 郑保卫、马悦舒：《网络媒体与传统媒体的"互动""互补"——以"五道杠少年"事件报道为例》，《新闻与写作》2011年第7期。
② 贾哲敏：《网络政治传播中的议题建构与互动——基于4个时政型事件的框架分析》，《北京理工大学学报》（社会科学版）2014年第6期。

设置也因此在众多网络媒体中具有典型性。基于此原因，本文将新浪新闻作为网络媒体的代表进行分析研究。

对新浪新闻的报道研究也以"篇"为分析单位，并在统计时排除重复无关的报道。

（二）时间框

从9月15日"瑞典警方粗暴对待中国游客"曝光后，该事件就一直引起国内媒体的高度关注，网民们对瑞典警察凌晨将我国游客拖打并遗弃坟场的做法深表愤慨。9月17日，随着瑞典警方执法时曾先生及家人哭闹的视频片段在网上流传，舆情开始反转，网络上出现对曾先生一家的非理性批评声音，与此同时，也有人表示"即使曾先生一家行为有不合适的地方也不能如此不尊重人权"。随着事件持续发酵，网络上恶意谣传的、关于曾先生一家的传闻被证实有邪教"法轮功"从中作祟，舆论再次反转。9月21日，瑞典电视台在报道该事件时出现的辱华片段使得舆情再次升温，相关的报道总量也逐渐增多。直至10月初，媒体的报道力度开始减弱。

基于此，本文研究的个案是从2018年9月15日到10月9日共24天的时间里，《环球时报》和新浪新闻关于"瑞典警察暴力执法"事件的报道。

（三）采样方法

笔者先查阅了新浪新闻在时间框里围绕"瑞典警察暴力执法"事件发布的报道，排除了与主题无关及重复发布的报道，共得到样本33篇。

然后，笔者查阅《环球时报》在时间框内发布的该事件相关报道，排除相关性不高的报道，筛选后所得样本共13篇。

（四）研究方法

为了使研究结果更具科学性以增强结论说服力，本研究将选择具体样本

对其进行内容分析。内容分析法，是一种对明示的传播内容进行客观、系统和定量描述的调查方法。①

三 传统媒体议题设置特点

中国人民大学新闻学院教授陈力丹认为，在运用报纸这一媒介进行舆论引导时，议题设置功能主要通过报道数量、报道篇幅和体裁等实现。

（一）报道数量的控制

2018年9月15日至10月9日，前有瑞典警方粗暴对待中国游客一事点爆舆论，后有瑞典官方消极应对中方提出的严正交涉加速舆情发酵。从事件曝出伊始，到案件调查细节进一步公布，报纸连续几日发表相关报道，满足国内外公众对事件进展的知情欲。9月21日，瑞典电视台《瑞典新闻》栏目公然在节目中宣扬种族主义、排外主义、使用缺少台湾和西藏部分地区的中国地图，再次招致中国政府和人民的强烈愤慨，其间，关于瑞典国家与社会现状的负面报道数量明显增加，仅在9月25日，《环球时报》就连发三篇报道，其中包括一整版的深度报道。10月初，报道开始减少，舆论也趋于平缓。

在9月15日至10月9日这一时期，《环球时报》的报道呈现三个阶段。

在第一阶段，传统媒体持续跟进"瑞典警察粗暴对待中国游客"事件，其相关报道以事实报道为主，由于该事件发展周期较短，所以在仅仅几天，报道数量就达到高峰。在15日到18日，报纸连续发表3篇报道（周末停刊两天），满足公众对事件进展的知情欲。随着该事件调查细节的公布，国内舆论反转，出现支持瑞典警察执法行为以及质疑国内媒体报道时偏向曾先生一家的声音，此时，报纸将"提醒游客如何在海外维护自身权益"纳入议

---

① Berelson B. B., "Content Analysis in Communication Research," *American Political Science Association*, 1952, 46 (3): 869.

题来分散公众视线（2篇）。到第二阶段，本来由于中国游客被粗暴对待引发的风波已逐渐平息，然而瑞典电视台在报道此事件时公然出现辱华言行使得矛盾再次升级，因而报道数量在该阶段丝毫没有减少趋势。其间，报道既有表明中方态度的官方声明，也有引导舆论的社评，不过更多的报道重心则是在瑞典国内现状上（4篇）。在第三阶段，随着报道数量的减少（1篇），该事件发展进入尾声（见表1）。

表1 《环球时报》瑞典警察粗暴对待中国游客报道的数量分布

单位：篇

媒体议题	处于哪一阶段			合计
	9月15日至9月22日	9月23日至9月30日	10月1日至10月9日	
瑞典警察粗暴对待中国游客事件报道	1	0	0	1
中方声明及立场	1	1	0	2
评论员分析和引导	1	1	0	2
瑞典回应及态度	1	0	1	2
瑞典国内现状	0	4	0	4
境外旅游如何自我保护	2	0	0	2
总计	6	6	1	13

如表1所示，《环球时报》在这25天内发表的所有报道中，围绕该事件的事实报道占11篇，社评占2篇，这些报道及时传达了中国政府对瑞典警方和官方问题处理方式的态度及应对策略，满足了公众的舆情需求。其中也不乏从瑞典社会现状出发的相关报道，为公众看待该事件提供了新的思考方向。

（二）报道内容的侧重

在"中国游客遭瑞典警察粗暴对待"事件中，网络舆情出现多次反转，此时，作为舆论引导的重要载体，《环球时报》肩负着国内舆论和国外舆论引导的双重任务。在此次舆论引导的过程中，"种族歧视"（16次）、"粗暴"（15次）、"犯罪"（8次）、"道歉"（12次）、"难民问题"（10次）、"安全"（9次）、"辱华"（9次）等关键词属于高频词汇。可以看出，这次事件报道内容的设置主要侧重以下几个方面：①瑞典警方冷血对待中国游客是既定事实，违背人道主义精神；②瑞典警方和电视台主持人的言行有严重的种族歧视嫌疑；③中国政府坚决维护每一位境外中国公民的安全和尊严；④中方在国家尊严问题上绝不接受瑞方虚伪、不真诚的道歉；⑤近年来"榜样国家"瑞典陷入危机，国内政治局势和社会环境剧烈变动。

一些关键词和段落在报道中反复出现，增强了舆论引导的作用。

可见，对于此事件报道中的议程设置，《环球时报》注重高频词汇的运用来表明政府立场，即坚决抗议任何伤害中国民族感情和国家尊严的言行，强烈谴责挑拨中国政府和中国人民关系的不良居心，来回应公众的爱国诉求。同时，在对瑞典社会现状的报道中，大多引用外媒报道以及欧美国家领导人的相关评价，使得报道立场不失客观，既能够让公众更容易接受，也有利于激发国内外民众对事件的深度思考，而非一味地发泄不满情绪。通过浏览这些内容，公众可以较为理智地看待整个事件，还会认真思考政府会如何处理这件事，以及这件事对两国民众的影响、对中瑞关系的影响，甚至对整个国际局势的影响。

（三）报道方式的选择

"瑞典警察粗暴对待中国游客"的相关报道以中篇消息为主，其中不乏以深度报道来设置议题，如《瑞典为何悄悄从"天堂"坠落》一文，就指出了瑞典作为"榜样国家"近年来陷入危机，爆炸、蓄意纵火、偷盗等社会问题层出不穷，引发国际社会唏嘘，但其政府解决现存社会问题的能力依然有待观察；《在海外，如何与警察相处有门道》一文，则提醒境外中国公民各国警察执法力度和风格因文化差异而有所区别，需要注意和他们打交道的方式，不要大吵大闹，体现中国公民应有的素养。此外也可以看出，评论在此次事件的报道中占据的分量不重，笔者猜测这和该事件本身的性质以及公众日益增强的自我表达意识有关。在该事件中，瑞方警察违背该国一直强调的人道主义、暴力对待中国游客，瑞典电视台公然辱华等情况属实，对此，中国官方和社会立场一致，报纸无须通过过多评论来引导大众舆论，不然可能适得其反。

四 传统媒体与网络媒体间的议题互动关系

（一）传统媒体与网络媒体报道数量的对比

如图1所示，通过对比网络媒体（新浪新闻）与传统媒体（《环球时报》）在相同时间段内（9月15日至10月9日）发表相关报道的数量差异，笔者发现，两者在事件发展的主要阶段（9月15日至9月26日）呈现彼多我少、此增彼减的互补形式，且网络媒体报道数量始终多于传统媒体。后期由于事件走向尾声，两者的报道均相应减少。

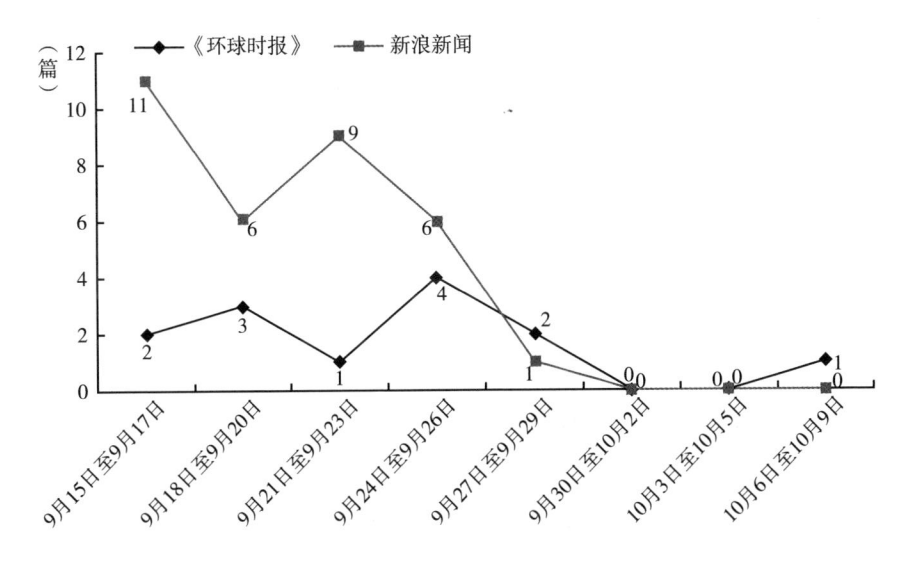

图1 《环球时》报和新浪新闻报道数量对比折线

在"瑞典警察粗暴对待中国游客"事件刚开始发酵时，网络媒体就立即充分利用其覆盖范围广、传播速度快的优势，短时间内通过多篇事实报道和社评来营造舆论声势，相比之下，传统媒体受发行频次和版面的限制，报道数量明显少于网络媒体，以报道事实为主。随着瑞典警方执法细节的公布，国内出现理解瑞典警察处理方式，嘲讽中国游客做法欠妥的声音，此时，拥有采编权的传统媒体随即增加报道数量，为公众提供更多事件细节，引导公众舆论，网络媒体则对应减少报道数量，避免公众因信息轰炸失去冷静思考的空间。

9月23日，瑞典电视台一档新闻节目在报道该事件时恶搞华人，并使用缺少台湾、西藏部分地区的错误地图的做法再次引发中国公民的强烈抗议。其间，《环球时报》因为发行时间限制（双休日停刊）报道数量减少，而网络媒体则在23日连发7篇报道，弥补了传统媒体报道数量的不足，且其中事实报道和社评的数量持平。23日后，传统媒体报道数量跟进，网络媒体再次控制其报道数量，使得两者在报道总量上稳定在一定范围内。9月末，事件逐渐进入尾声，两者报道数量一致呈减少趋势。

（二）网络媒体与传统媒体舆论场的对比

得益于其传播方式在技术上的先天优势，网络媒体每发出一篇报道后，都可以通过分析用户留言对公众舆情的现状进行实时监控和走向预测，再以最快的速度调整接下来的报道方向。此外，由于网络媒体上用户言论的自由性和透明性，只要不涉及泄露国家机密或其他敏感词汇，几乎所有人都可以在网络媒体上各抒己见，网络媒体一定程度上可以说是民间舆论场的典型代表。相对的，传统媒体在报道中的立场则代表了官方舆论场。笔者通过分析公众针对瑞典警察事件在新浪新闻上的留言，来进一步研究网络媒体与传统媒体在议题上的互动情况。

笔者筛选出新浪新闻在时间框内发表的33篇报道中，参与评论超过1000人次的报道，共计14篇，然后列出这14篇报道对应的留言区中的高频词汇（包括意思相近的不同词汇）。

整理后发现，在时间框内，新浪新闻的用户早期留言时最常用的为"无赖行为""中国人素质差""活该"等指责曾先生一家的词汇，到了后期，"歧视中国人""以牙还牙""抵制瑞典""强盗国家"等传达爱国情绪的词汇则占主流。可见，在"瑞典警察粗暴对待中国游客"事件中，民间的舆论主要侧重在以下几个方面：①中国游客不遵守国外规则，支持瑞典警察的执法方式；②在外旅游要提前做好行程安排，入乡随俗，遇事撒泼打滚不可取；③瑞典是强盗国家，"天堂之国"名不副实；④西方国家对中国充满偏见和无知，支持中国政府为境外中国游客维权；⑤以牙还牙，抵制去瑞典旅游、购买瑞典产品。

此外，虽然前期评论大多对曾先生一家持嘲讽态度，但在19日，传统媒体报道了中国驻瑞典大使在接受瑞典媒体采访时，多次强调了中国政府对保护在外中国人民权益的重视后，评论开始有反转趋势，再到后期，评论中恶意辱骂甚至诋毁曾先生一家人的越来越少，更多的开始就事论事，即曾先生一家确实行为有瑕疵，但瑞典警方执法缺乏最起码的人道精神，这完全违背瑞典国家一直倡导的人权主义，有差别对待中国人的种族歧视嫌疑。瑞典电视台辱华视频的播出进一步激化了国民抵制瑞典的情绪，"制裁瑞典""断交""抵制宜家"等关键词不绝于目。

通过对民间舆论场和官方舆论场的对比分析，笔者发现，事件一开始曝出时，民间舆论场和官方舆论场相去甚远，不少评论表示不相信报纸的一面之词，而且似乎由于"中国游客素质差"等印象根深蒂固，甚至有人认为报纸有故意丑化西方国家形象的意图，但随着更多调查细节的公布以及瑞典对中国政府严正交涉和强烈抗议的消极回应，使得民间舆论开始转向，并逐渐和官方舆论场重合，观察其趋同时间点，和报纸设置此类议题时间点基本一致。

（三）网络媒体与传统媒体信息源的对比

如表2所示，在笔者所选时间框内，新浪新闻发表的33篇报道中，信息基本源多样，既有传统媒体（16篇），如《环球时报》《新京报》《人民日报》《参考消息》，也有其他官方网络媒体（16篇），如观察者网、环球网、澎湃新闻等，自己原创的内容仅有1篇社评。

表2　新浪新闻在时间框内发表的报道来源及对应数量

单位：篇

来源	环球时报	环球网	观察者网	海外网	澎湃新闻	新京报	人民日报	新浪军事	参考消息	湖北日报网	上观	合计
篇数	8	7	4	2	1	1	5	1	2	1	1	33

不难看出，在各类新闻事件的报道中，网络媒体受其采编权限制，报道的内容只能通过转发官方权威媒体的相关报道，这难免导致内容同质化，但信息来源的多样性则又使得它在传播中占有一定优势。

譬如在瑞典警察事件报道中，《环球时报》的内容均来源于其自身拥有的采编队伍，这虽然保证了内容来源的独家性和权威性，但也会影响受众对传统媒体报道时是否客观中立的判断，《回应网上质疑，遭瑞典警方扔墓地当事人接受本报采访》一文就是报纸对公众质疑其公正客观性的回应。相比之下，网络媒体的信息来源要丰富得多，这无形中给受众传达了一种观点"我们不生产观点，我们只是观点的搬用工"，受众可以在多元意见的碰撞中形成自己的观点。在这一点上，网络媒体比传统媒体更容易获得舆论引导的效果。

五　结论与启示

对《环球时报》和新浪新闻两个不同属性媒体的议题互动情况进行分析研究后，笔者发现，在"瑞典警察粗暴对待中国游客"事件中，传统媒体和网络媒体间的议题互动主要有以下三个方面。

第一，在报道数量上，两者整体上呈现此增彼减的特点，当传统媒体因为信息生产方式和发行周期导致报道数量受到限制时，网络媒体得力于数字化技术的支持，恰好能够弥补传统媒体因报道数量过少而舆论影响力减弱的不足。

第二，传统媒体通过监测网络媒体所代表的民间舆论风向来调整报道议题，调整后的议题经过网络媒体的大范围传播得以引发公众关注和讨论，从而达到将舆论向正面引导的目的。

第三，网络媒体基于技术优势可以转载各种不同传统媒体的报道，为受众提供同一事件不同角度的报道，这比单一的消息源所发挥的舆论引导力更有效果。此外，网络媒体对传统媒体报道的迅速跟进有助于维持公众对报道事件的关注，进而推进传统媒体对该事件后续议题的设置。

总之，得益于专业团队和严格的职业要求所累积下来的权威性，即使处在信息繁多的今天，报纸上的议题还是会引起其他媒体的注意，但如果传统媒体想进一步增强舆论影响力，其设置的议题势必经过网络媒体的扩散和网民的讨论，才能引发舆论热潮。因此，笔者认为，在事件发生后，传统媒体和网络媒体应各自发挥其优势来引导舆论，传统媒体通过发布权威信息来避免谣言蔓延，与此同时，网络媒体及时跟进，为公众提供更为全面的事件报道，放大权威声音，从而及时控制局面，更好地引导社会舆论。

参考文献

沃纳·赛佛林、小詹姆斯·坦卡德：《传播理论：起源、方法与应用》（第四版），华夏出版社，2000。

邓丽萍：《谁来主导媒介议题？——探讨八卦杂志与主流报纸之间的议题传散》，中国传播协会年会论文，2003。

王瑛：《从钓鱼岛争端报道看传统媒体与网络媒体的议程设置——以〈环球时报〉和腾讯新闻为例》，《媒体时代》2013年第2期。

李沛敏：《传统媒体与网络媒体在突发性事件传播中的议程设置互动》，北京邮电大学硕士学位论文，2012。

汪春萍：《转基因食品事件中报网间议程设置研究——以转基因水稻、安全证书、大豆事件为例》，安徽大学硕士学位论文，2016。

史安斌、王沛楠：《议程设置理论与研究50年：溯源·演进·前景》，《新闻与传播研究》2017年第10期。

刘莲莲、常松：《议题互动、舆论生成与舆论偏向——新媒体时代传统媒体舆论引导力的重建》，《学术界》2017年第3期。

郑保卫、马悦舒：《网络媒体与传统媒体的"互动""互补"——以"五道杠少年"

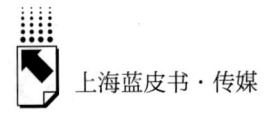

事件报道为例》,《新闻与写作》2011年第7期。

贾哲敏:《网络政治传播中的议题建构与互动——基于4个时政型事件的框架分析》,《北京理工大学学报》(社会科学版) 2014年第6期。

麦克斯韦尔-麦考姆斯、郭镇之、邓理峰:《议程设置理论概览:过去,现在与未来》,《新闻大学》2007年第3期。

Berelson B., "Content Analysis in Communication Research," *American Political Science Association*, 1952, 46 (3).

Hellsten I., Vasileiadou E., "The Creation of the Climategate Hype in Blogs and Newspapers: Mixed Methods Approach," *Internet Research*, 2015, 4 (4).

Flavián, Carlos, Gurrea R., "Reading Newspapers on the Internet: The Influence of Web Sites Attributes," *Internet Research*, 2008, 18 (1).

Miller J. M., "Examining the Mediators of Agenda Setting: A New Experimental Paradigm Reveals the Role of Emotions," *Political Psychology*, 2007, 28 (6).

B.13
运气归因与社会支持：基于支付宝"锦鲤"事件的舆情分析[*]

杨雅　王童宁　万乐萌[**]

摘　要： 本文从2018年支付宝"锦鲤"事件出发，从运气归因与社会支持的理论视角，通过舆情分析，研究在社交媒体场域主动讨论"锦鲤"话题群体的特质、寻求社会支持的行为类型、传播的不同圈层和群体类型。在关注"锦鲤"事件的过程中，群体感受到的社会支持首先来自次级群体，形成社会支持和表达的圈子及声势；随后，行动者会将"运气"通过转发或提及他人的方式，传达给希望给予社会支持的对象，在二级圈层中，"运气"多在初级群体即家人或朋友之间转发。此外，简单进行运气归因，想要一夜暴富的人并非关注"锦鲤"群体的主流声音，大多数人并非将"运气"作为主要归因因素，更多将其看成个人因素，即对于运气的信念。研究最后也对理性看待"运气"和因此可能获得的社会支持对于个体的积极影响进行了探讨。

关键词： 运气　归因理论　社会支持　支付宝"锦鲤"　社会网络分析

---

[*] 本文系国家社科基金项目"网络视频直播影响力评测研究"（项目编号：17CXW039）的阶段性成果。
[**] 杨雅，博士，北京师范大学新闻传播学院讲师，主要研究方向为媒介与社会发展、传媒经营与管理、舆情研究；王童宁，北京师范大学新闻传播学院传播学本科生；万乐萌，北京师范大学新闻传播学院传播学本科生。

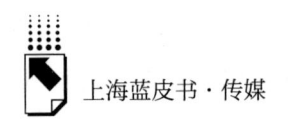

一 研究缘起

运气（luck）是一个无论学术界还是生活中都常谈的问题。2018年9月29日，支付宝发布抽奖微博"祝你成为中国锦鲤"，微博发布一小时后，百家合作品牌在下方留言区抛出奖品，随后支付宝在评论区公布超长奖品清单；微博发布六小时后，支付宝该条微博转发量突破100万次。10月7日10：19，支付宝公布中奖用户"@信小呆"，中国锦鲤浮出水面；随后在10：30，微博用户"@信小呆"发布"我下半生是不是不用工作了"，转瞬间单条微博评论、转发和点赞数均超过百万条，引发社会热议。

通过百度搜索引擎检索指数发现，2018年10月7日支付宝官方微博公布中国锦鲤后，以"支付宝锦鲤"和"信小呆"为关键词的搜索行为在9日和12日达到两次高峰；第一次高峰的检索行为主要围绕着"支付宝锦鲤是什么"以及"信小呆是谁"，而第二次高峰的搜索主要围绕在质疑"锦鲤内定"与支付宝辟谣的相关话题上。两者的整体日均搜索值分别达到7553条和8340条。

"锦鲤"的话题也迅速溢出到微博之外的场域之中。线下很多商家都借势推出了寻找当地锦鲤的抽奖活动；在其他媒体平台上，关于"锦鲤"的媒体报道也获得了较高的直播视频观看量。如表1所示，10月9日"@信小呆"现身当天，《中国日报》、时间视频等开展了即时跟进报道，最高达到百万级观看量；其中时间视频对"@信小呆"微博进行转发抽奖活动，且其本人参与转发，观看量为当日同类报道最高，达到304万次。

表1 "锦鲤"事件媒体报道及传播情况

媒体名称	类型	发布时间	标题/导语	观看量	标签/@
新京报	主流媒体	11月13日	【#专访信小呆#:我觉得我自己挺好的】支付宝锦鲤信小呆的奇遇人生	930万次	#专访信小呆# @信小呆 @新京报我们视频
中国日报	主流媒体	10月9日	【"中国锦鲤"出镜:"我是不是火了?"辞职?暂时不会有】锦鲤本鲤 信小呆	160万次	@信小呆

续表

媒体名称	类型	发布时间	标题/导语	观看量	标签/@
时间视频	网络媒体	10月9日	（无）	304万次	#信小呆有欧气 @信小呆 @时间视频 抽奖
荔枝视频	网络媒体	10月9日	【"中国锦鲤"出镜："我是不是火了？"辞职？暂时不会有】	1万次	#信小呆现真身# @信小呆 @支付宝

二 文献综述

"锦鲤"事件可以被看作对于运气话题的绝佳注脚。伦理学上讲，运气是指真实存在于生活当中，却又超出行动者能动范围的不确定因素，缺乏规律性和可重复性；运气体现了日常生活的复杂性，"从绝对意义上看，当运气被表现为命运时，它甚至就是生活本身"[①]。早在20世纪70年代，学者们就开始探讨运气所带来的不确定性是如何影响人们的思维判断甚至日常行为的。内格尔（Nagel）认为运气可以分为四类：构成型运气（constitutional luck）、境遇型运气（circumstantial luck）、原因型运气（causal luck）与结果型运气（resultant luck）。[②] 四种类型分别与个体属性、社群属性、行为原因和行为结果这四个维度相关联，这也是一种对于运气的综合权衡与考虑。

运气归因属于归因要素中的一类。归因理论认为，行动者总要通过某些原因来解释个体行为和社会行为，而这些解释是人们决定如何反应的重要因素。由于每个人的以往经验、知识结构、思想方法不同，其对于同一件事会

[①] 李义天：《运气究竟有多重要？美德伦理视野中的运气问题研究》，中国伦理学青年论坛，2012年。

[②] Nagel, T., "Moral Luck Proceedings of the Aristotelian Society," supplementary 1976 vol. 50, 转引自贾佳《"道德运气"问题与道德哲学的当代发展》，《广西师范大学学报》（哲学社会科学版）2018年第4期。

有不同的归因；而这些归因又导致了人们不同的行为、态度和期望，进而影响人的成就行为。按照Weiner的六要素分类，个体归因包括能力高低、努力程度、身心状态等要素；而情境性外部归因包括目标难度、环境影响等。[1] Heider认为，从理性角度来说，"运气"的归因属于情境性归因，具有不稳定、不可控、外在性的特征。在归因的要素中，真正稳定的要素，即类似情境下具有一致性的要素只有两种，个人能力和目标难度；而可控的要素，即可以在一定程度上由个人意愿决定的，仅有努力程度一项。之后一些学者的研究，也对此进行了修正，认为对于运气的信念（belief in luck）也属于个人归因的一部分，在经历某些幸运事件后，不相信运气的人，即依然将运气看作外部的、不可控的要素，从而表现出较低的自信心；而相信运气的人，则认为运气是一种稳定的、可控的要素，表现出更多的自信心，对未来的行为结果更加乐观。[2]

感受社会支持（perceived social support）是指行动者个体所体验到的外界环境中被支持、关怀或理解等情感上的满意程度。[3] 感受社会认知建立在社会互动的解释和唤起的人际关系信念上[4]，与个体的认知和归因息息相关，对于个体情绪压力调节具有重要意义。根据测量量表，社会支持分别来自家人、朋友、其他人这三个维度。根据库利在《社会组织》中对于初级群体和次级群体的划分，家人/朋友属于初级群体，具有亲密交往等特性，而其他人则属于次级群体。有学者研究发现，感受社会支持与归因相关[5]，认知信任和情感信任促发行动者围绕中心成员形成初始关系圈，而初始关系圈中的成员运用结构洞的位置连接其他行动者，逐步演化形成次

---

[1] Weiner, B., "A Theory of Motivation for some Classroom Experiences," *Journal of Educational Psychology*, 1979 (77), 3 – 25.

[2] Darke, P. R. & Freedman, J. L., "Lucky Events and Beliefs in Luck: Paradoxical Effects on Confidence and Risk-taking," *Personality & Social Psychology Bulletin*, 1997, 23 (4), 378 – 388.

[3] 刘晓、黄希廷：《社会支持及其对心理健康的作用机制》，《心理研究》2010年第3期。

[4] Lakey, B., Cassady, P. B., "Cognitive Processes in Perceived Social Support," *Journal of Personality and Social Psychology*, 1990, 59 (2), 337 – 343.

[5] 高承海：《大学生人际归因与社会支持的关系研究》，《社会工作》2010年第4期。

级关系圈。[①] 因此本文认为，在支付宝"锦鲤"事件中，转发"运气"微博的第一层网络关系圈的主体成员主要为次级群体，而第二层网络关系圈的主体成员主要为初级群体，即家人、朋友；成员通过"蹭锦鲤""转锦鲤"，即运气归因的方式表达与获取社会支持，并在这两类关系圈中进行传播。在此基础上提出研究问题和假设如下。

研究问题一：何种特质的行动者在社交媒体场域主动讨论"锦鲤"话题？

研究问题二：从社会支持层面，"蹭"运气和"转"运气两种行为发生在初级群体和次级群体，表现形式是否有所不同？

假设一：在初级群体圈层，"蹭"运气行为更多，寻求自身的社会支持，更注重情感表达。

假设二：在次级群体圈层，"转"运气行为更多，给予他人社会支持，更注重实质表达。

三 研究分析

（一）研究对象选择

研究围绕支付宝"锦鲤"话题，运用 Blue MC 社群画像工具，抓取发布原创微博讨论该话题的用户，除去无任何附加个人评论的微博，共得到发表10794条微博的8989名用户，时间段为2018年9月29日（支付宝官方微博发布"中国锦鲤"抽奖微博）至10月7日（"信小呆"被微博抽奖平台抽中），基于其公开信息分析在社交媒体主动讨论"锦鲤"话题的用户特质，从而回答第一个研究问题。此外，研究以微博用户"@信小呆"——支付宝所选中的"锦鲤"获得者——的首条获奖微博"我下半生是不是不

---

① 李彦岩、周立：《关系圈如何促成CSA社区的形成：基于社会网络分析方法的案例研究》，《中国农业大学学报》（社会科学版）2018年第4期。

用工作了"（2018年10月7日）为研究对象，运用八爪鱼采集器抓取该微博下的评论共6599条①（10月7日至10月17日），并进行词频分析，按照热度排序后选取前1000条进行社会网络分析，用以从社会支持层面回答第二个研究问题。

（二）研究描述性发现

首先，网络场域关注支付宝"锦鲤"话题的人群年龄偏低，女性为主，以流行时尚为兴趣爱好，大多都是微博场域的普通人。

从年龄分布看，关注支付宝"锦鲤"话题的人群以"90后"（41.72%）和"95后"（42.7%）为主，绝大多数为在校学生；从性别上看，女性用户占比72.79%，参与讨论的女性用户要远多于男性用户；从微博账号特质来看，其兴趣标签以"搞笑段子、日韩娱乐、音乐、漫画、电影电视、卡通萌图、流行搭配"为主；从关注特点来看，共同关注了"支付宝"，近1/4的用户关注了"@粉丝红包"，可见这部分用户也是微博抽奖活动的黏性用户；从微博社会资本来看，大部分无认证身份，是微博上的普通等级用户，粉丝数量为0~1000个，且近三成用户的微博等级在10级以下，可见其活跃天数不多或加入微博平台的时间并不长。

其次，从内容来看，微博评论多以转发祈福类内容为主，占比为72.72%（其他类型和具体内容见表2）。其中，从类型来看，可以分为三类：转运型祈福（73.69%）、考试型祈福（21.05%）和财富类祈福（5.26%）。从祈福的对象来看，除去近一半内容不太明确之外，也可以分为三类：为自己（26%）、为家人（9%）、为朋友（7%）。

研究对"锦鲤"相关微博内容进行高频词共现分析发现，图1中，节点越大表示该关键词的中心度越高，包括"保佑、许愿、顺利、好运"等；

---

① 注：该微博下方评论多达27万条，由于微博平台防爬虫的限制，共抓取6587条评论（不包括二级评论）。微博评论的热度包括这一评论的二级评论和点赞两个部分，根据微博自身算法对讨论互动热度高的评论进行置顶（如果该微博作者回复了这条评论则权重更高），当所有存在互动或讨论行为的评论排序结束以后，余下评论将按时间倒序排列显示。

运气归因与社会支持：基于支付宝"锦鲤"事件的舆情分析

表2 "锦鲤"微博评论类型及具体内容

类型	所占比例(%)	具体内容
祈福类	72.72	包括"打卡""求转运""还愿"等关键词在内的，希望自己能有好运气的各类评论
感叹类	8.39	文本字段主体为"啊啊啊啊啊啊"等感叹词的评论，对奖品表示惊讶的评论
信息类	3.78	有关"信小呆"中奖事件及之后发展、包括提供奖品方信息的评论
个人情感类	5.31	与"信小呆"无关，关于自己"没有中奖的情绪"等其他个人诉说类的评论
Emoji表情	6.69	直观看文本多为"祈祷"表情（数据格式中表情及纯图片评论显示为空）
其他	3.11	广告、无意义、转发微博勾选评论等无法进行简单编码归类的评论

而节点不同形状表示中介中心度，程度较高的关键词为"保佑（626.595个）、姐姐（171.003个）、健康（140.109个）、考上（87.000个）、许愿（86.000个）、顺利（76.940个）"等。根据关键词词频、中心度和关联度，研究发现从祈福类型来看，第一，学生群体特征明显，以考试类祈福居多，如时间特征较为明显的"期中、考研、面试、高考、教师资格证"等，通过表达对于运气的归因如"好运、保佑、顺利"等寻求社会情感支持；第二，考试类、财富类运气的祈福对象多为自己，"健康、平安、幸福"类的祈福对象则更多为初级群体中的家人，如"爸爸、妈妈、家人"等，表达对于其他人的情感支持；第三，财富类的祈福更多从次级群体中获得，如"中奖、门票"等，和原微博发出者"信小呆"联系更加紧密；第四，简单进行运气归因，放弃工作、想要"一夜暴富"的人并非关注"锦鲤"群体的主流声音，大多数人并不是将"运气"作为主要归因因素，更多地将其看成个人因素，即对于运气的信念如"顺利"，从而取得通常阶段上个人能够达到的理想行为结果，如"成绩"等。

最后，研究对"锦鲤"微博评论者的关系分析发现，在以原微博发布者"信小呆"（见图2，图中正方形节点，中介中心度501480个）为中心的网络中，其他节点在"蹭"运气的同时为自己和他人祈福，将运气的讨论

157

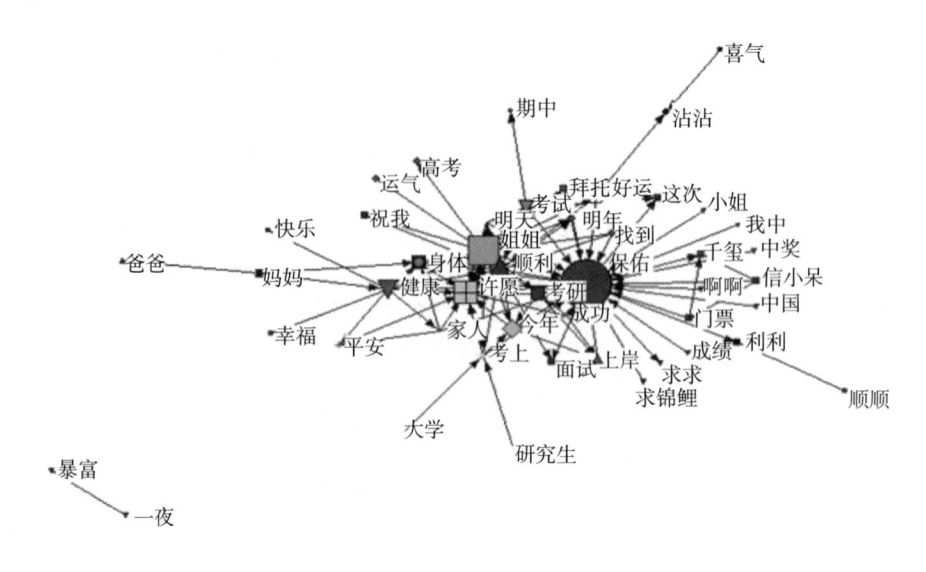

图1　"锦鲤"微博内容的高频词共现

扩散到二级圈层中，例如，有微博评论者说"许个愿沾沾喜气，希望朋友能找到满意的工作，也希望自己考研成功"等，而二级圈层中被提及的对象更多为处于结构洞位置的这个人的家人、朋友，即初级群体。因此，在初级群体圈层，"蹭"运气行为更多，寻求自身的社会支持；而在次级群体圈层，"转"运气行为更多，给予他人社会支持；在这两类圈层中，同时既包

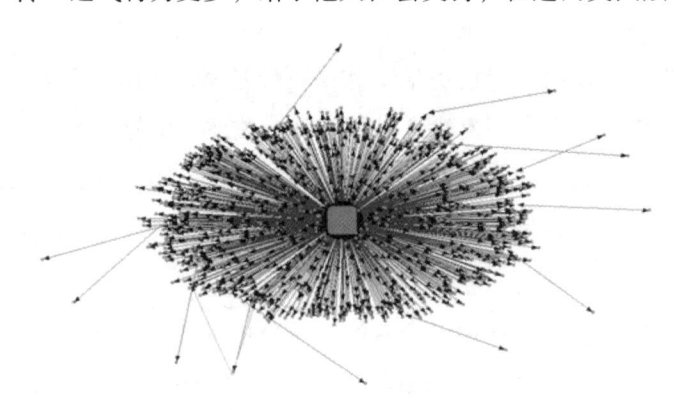

图2　"锦鲤"微博内容的评论者关系网络

含实质表达,如"考试、工作、财富",也包含情感表达,如"顺利、平安、幸福"。

三 结论与讨论

因此我们可以发现,在社交媒体场域主动讨论"锦鲤"话题的人群,以"90后"学生群体为主,关注流行时尚和网络抽奖活动,内容多为目标不明确的"转运"以及目标明确的"考试",寻求社会支持"为自己"和表达社会支持"为家人、朋友"两种行为类型。在关注"锦鲤"事件的过程中,群体感受到的社会支持首先来自次级群体,即社会中的陌生人,由于共同的关注兴趣"运气",形成社会支持和表达的圈子及声势;随后,行动者会将"运气"通过转发或提及他人的方式,传达给希望给予社会支持的对象,在二次转发的圈层中,"运气"多在初级群体即家人、朋友之间转发。考试类、财富类运气的祈福对象多为自己,健康平安类的祈福对象则更多为初级群体中的家人。在之后的研究中,将扩大数据样本量,同时针对大学生群体辅以问卷调查进行继续调研。

此外,值得注意的是,简单进行运气归因,放弃工作、想要一夜暴富的人并非关注"锦鲤"群体的主流声音,大多数人并非将"运气"作为主要归因因素,更多地将其看成个人因素,即对于运气的信念,从而取得通常阶段上个人能够达到的理想行为结果。因此,不同的归因方式,可以将"运气"理性地转化为个体力量。有研究发现,运气在个人掌控能力较低的场景中,能够赋予个体精神上的乐观与自信。个体更加相信自己的行为对于预期结果的良性影响,从而付出更多的努力以实现预期目标,"努力的过程可能会意外地获得其他机遇",这种个人努力与"运气"相互作用的结果,最终可以实现甚至超越预期目标。这种幸运感还可以改变自我概念,从而影响个体未来的行为决策。[1]

---

[1] 杨勇:《运气特质:将机遇转化为一种可利用的力量》,《心理学探新》2018年第4期。

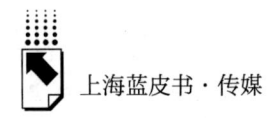

从"锦鲤"事件的后发性反思来看，亚里士多德认为，幸福（eudaimonia）要依靠生活中的运气，那些认为人的生活与运气毫无关系的想法，就意味着排除了所谓"好生活"中很多依靠运气的部分，比如健康、朋友以及我们所说的"锦鲤"事件中的社会支持。在传统的道德哲学中，往往将人生的收获以及个体的幸福更多地归因到人的"本质"层面，认为"越是能够自足的人生，就越是无关运气"[1]。做出理性的判断，在承认运气的基础上，超越不可知论，发挥主体的能动性；基于自身的努力、善良意志等这些不受运气所影响的因素，依据人的理性来构建内部和外部世界。正如康德所说："如果一个人竭尽自己最大的力量，仍然还是一无所得；那么他所仅剩下的善良意志，仍能如一颗宝石，散发耀眼的光芒，自身之内就有价值。"[2]

---

[1] 贾佳：《"道德运气"问题与道德哲学的当代发展：基于伯纳德·威廉斯的批判性立场》，《广西师范大学学报》（哲学社会科学版）2018年第4期。
[2] 康德：《道德形而上学原理》，苗力田译，上海人民出版社，2005。

综合篇

Comprehensive

B.14
资本的"焦虑"与技术的"争议"：
公共话语中的网络视频直播[*]

白红义 李 拓[**]

摘 要： 在数字技术的推动下，网络视频直播逐渐从"亚文化"中走出，成为一项全民运动。在此背景下，本文收集了2016年以来国内有关"网络视频直播"的新闻报道、新闻评论以及网络社区的文本材料，对网络视频直播的公共话语进行了全面检视，试图呈现不同行动主体对网络视频直播的立场、态度和观点所存在的差异及其原因。这一现实表明，作为资本和技术产物的网络视频直播能否在未来与以国家为强大后盾的

---

[*] 本文是2018年上海市浦江人才计划资助项目"数字时代的中国新闻创新研究"（编号：18PJC090）的阶段性成果。
[**] 白红义，上海社会科学院新闻研究所研究员，研究方向为新闻社会学和政治传播；李拓，上海社会科学院新闻研究所硕士研究生。

传统媒体行业,以及较为成熟的市场媒体的竞争中获得优势,仍然需要时间来检验。

关键词: 网络视频直播　公共话语　网络主播　直播平台

一　作为传播形态变革的网络视频直播[①]

网络视频直播肇始于西方,却在中国掀起了一股热潮。有学者甚至认为,网络视频直播是中国网络生态中最具有革命性的一种传播形态:它的出现一改前直播年代大众传播媒介有限互动的弊端,在"极大地增加了社会流动性"的同时,也"丰富了社交场景",将人们带入了一个真正的"传播民主化"环境之中。[②] 不过,主流媒体却似乎对网络视频直播并不抱有乐观的态度,以《人民日报》、人民网为代表的主流媒体多次发表评论员文章,指责网络视频直播给社会带来的危害。在这些媒体眼中,网络视频直播色情和低俗滋生;吸引眼球似乎成为平台唯一的逻辑;网络主播肆无忌惮地破坏公众人物的形象;网络视频直播甚至将魔爪伸向了未成年人。2018年初,中央电视台《焦点访谈》节目更是将网络视频直播作为报道对象,对于其"出格"和"导向"问题进行严厉批判。

20世纪90年代,网络直播开始出现,并首先应用到教育领域。

[①] 本文所考查的网络视频直播(live streaming)指的是以互联网技术为基础,网络主播在特定的直播平台所进行的网络视频直播,这些直播平台包括但不限于花椒、斗鱼、快手、虎牙。这些直播平台明显区别于传统的网络在线直播(live broadcasting)。其特点包括:第一,本文探讨的网络视频直播平台,其主播者并非大型机构或商业公司,而是网络主播个人或其所主导的团队;第二,这些直播内容包括但不限于传统的直播议题,涵盖了音乐、生活、娱乐各个方面的内容;第三,这些直播不再是简单的传授关系,而是一种带有打赏形式的参与式传播机制。

[②] 喻国明:《从技术逻辑到社交平台:视频直播新形态的价值探讨》,《新闻与写作》2017年第2期。

资本的"焦虑"与技术的"争议"：公共话语中的网络视频直播

Vrasidas 和 McIsaac 将网络视频直播视为教育历史上重要的发明之一，原因就在于其实现了线上一对多的传播模式。① 在技术和资本的双重推动下，网络直播很快就走出了教育领域，专门进行网络直播的平台也开始出现。虽然这一阶段互联网技术并不发达，但是西方已经出现了最早一批的网络主播。② 这些主播的直播方式与今天并无本质差异，都是以聊天和唱歌的方式获得用户关注，以此获得更高工作收入。进入 21 世纪后，由于计算机硬件技术和互联网接入速率的不断提高，视频直播在技术层面上成为可能。在技术推动下，网络视频直播平台在西方国家崛起：一方面，传统的视频服务平台如 Youtube 开始引入在线直播功能，这些在线直播功能既包括今天主流的真人生活类直播，也包括教育类、医疗类等专业的直播内容③；另一方面，以 AfreecaTV、GoToMeeting 和 WebEx 为代表的专业网络视频直播网站的成立，正式宣告了网络视频直播专业化的趋势，具体而言，这些直播类型可分为真人生活直播类、专业技术直播类、游戏类、宗教类等④。

2008 年，网络直播平台 YY 在广州成立标志着中国进入了网络直播时代。由于受到技术层面的限制，创业初期的 YY 以语音直播为主要内容，并未涉及视频直播这一领域。与西方一样，伴随着整体网络技术环境的改善，中国的网络视频直播行业迅速发展。2013 年前后，一些互联网技术企业如"俺瞧瞧""萤石""易直播"进入网络视频直播领域，并掀起了网络视频

---

① Charalambos Vrasidas, Marina Stock McIsaac, "Factors Influencing Interaction in An Online Course," *American Journal of Distance Education*, 1999, 13 (3), 22–36.

② Senft, T. M., *Camgirls: Celebrity and Community in the Age of Social Networks*. Peter Lang, New York, 2008.

③ Duffy, P., "Engaging the Youtube Google-eyed Generation: Strategies for Using Web 2.0 in Teaching and Learning," In European conterence on ELearning, ECEL, 2007; Azer, S. A., "Can 'Youtube' Help Students in Learning Surface Anatomy?," *Surgical & Radiologic Anatomy*, 2012, 34 (5), 465–468; Lee, D. Y., Lehto, M. R., "User Acceptance of Youtube for Procedural Learning: An Extension of the Technology Acceptance Model," *Computers & Education*, 2013, 61, 193–208.

④ Payne, K. C., Keith, M. J., Schuetzler, R., Giboney, J. S., "Examining the Learning Effects of Live Streaming Video Game Instruction over Twitch," *Computers in Human Behavior*, 2017, 77, 95–109.

直播行业的高潮。在资本推动下，近百家互联网企业在2016年正式进军互联网直播领域，建立起众多互联网视频直播平台。在这一年，中国互联网视频直播用户突破了3亿人，占到了总人口数量的近1/4，2016年也被视为"网络直播元年"。而在2017年，中国的直播平台超过300家，用户总量达到4.22亿人，未来这一数字仍然将保持高速增长的态势。[1] 中国网络视频直播用户的典型特质为男性多、年轻化、学历较高，往往在较为私密的环境下观看，更多地关注女性网络主播。[2]

由于网络视频直播所构建的是一种"浸入式"的直播环境，因此这种直播技术的出现不可避免地影响到直播用户的情绪和态度。[3] 陈瑞华将网络视频直播可能带来的影响提高到社会化层面。在他看来，社会互动是青少年人群社会化的重要途径，网络直播将这种社会互动从线下移植到了线上，网络视频直播成为新的社会互动路径。根据时间替代假说，网络视频直播带来的社会互动不可避免会挤占甚至替代现实中社会互动的时间，以此影响年轻一代的价值观念。[4] 不过，在网络视频直播究竟是"好"还是"坏"问题的讨论中，不同研究者针锋相对，涌现出"积极论"和"消极论"两种对立的观点。持悲观态度的学者往往从网络直播乱象出发，认为这些不良现象将污染社会环境，引发严重的社会问题。如曾一昕和何帆就表示"网络直播常常与色情、言语暴力、侵权等负面词汇相联系"，在此情况下网络视频直播亟须治理。[5]

对网络视频直播持支持态度的学者又可分为两个子类别："传播革命类"和"社会功能类"，两者的侧重点存在着一定的差异。持"传播革命

---

[1] 刘敏娟：《2017年网络直播用户4.22亿，YY直播等30家平台被查处》，蓝鲸TMT，http://www.lanjingtmt.com/news/detail/32454.shtml，2018年2月21日。
[2] 周葆华：《谁在使用视频直播？——网络视频直播用户的构成、行为与评价分析》，《新闻记者》2017年第3期。
[3] 喻昕、许正良：《网络直播平台中弹幕用户信息参与行为研究——基于沉浸理论的视角》，《情报科学》2017年第10期。
[4] 陈瑞华：《直播社群：青少年网络社交的关系具象》，《中国青年研究》2017年第8期。
[5] 曾一昕、何帆：《我国网络直播行业的特点分析与规范治理》，《图书馆学研究》2017年第6期。

类"观点的学者往往从"权利"视角出发，认为作为一种独特的传播形式，网络视频直播增加了社会的流动特性，扩大了人们的媒介选择权；更为重要的是，网络视频直播的出现拓展了"人的连接方式和体验空间"，有助于推动虚拟内容创业，营造新的经济增长点。[①] 而持"社会功能类"观点的学者主要从功能视角出发，如 Lin 和 Lu 认为网络视频直播的出现可以满足人们的社交需求[②]；Tang 等表示网络直播可以对用户的心理进行疏导，对不良情绪进行排解[③]；廉思和唐盘飞更指出，网络视频直播作为一种"安全阀"，可以有效预防社会犯罪[④]。这些学者们普遍相信，负效应仅仅是网络视频直播在发展过程中的副产品，只要合理引导，网络视频直播必然对社会产生深远且较为积极的影响。[⑤]

二 媒体行业与公共话语

作为社会参与的重要组成部分，公共话语指的是公众对于某项事务的探讨。[⑥] 按照 Bourdieu 的观点，社会任何事物都并非孤立的存在，而是处在复杂的场域之中。[⑦] 正因如此，任何社会行动主体的话语或者行为变化都可能引发公共话语的出现。Etling 等以博客为研究对象探讨了俄罗斯公众在互联

[①] 喻国明：《从技术逻辑到社交平台：视频直播新形态的价值探讨》，《新闻与写作》2017 年第 2 期。

[②] Lin, J., Lu, Z., "The Rise and Proliferation of Live-Streaming in China: Insights and Lessons," HCI International 2017 – Posters' Extended Abstracts, 2017.

[③] Tang, J. C., Venolia, G., Inkpen, K. M., "Meerkat and Periscope: I Stream, You Stream, Apps Stream for Live Streams," in Proceedings of the 2016 CHI Conference on Human Factors in Computing Systems, 2017.

[④] 廉思、唐盘飞：《社会安全阀视域下的网络直播功能探析——基于北京网络主播青年群体的实证研究》，《中国青年研究》2018 年第 1 期。

[⑤] Tang J. C., Venolia, G., Inkpen, K. M., "Meerkat and Periscope: I Stream, You Stream, Apps Stream for Live Streams," in Proceedings of the 2016 CHI Conference on Human Factors in Computing Systems, 2017.

[⑥] 张玉、李治权：《论网络公共话语空间的政策价值及其制度培育的必要性》，《天津社会科学》2011 年第 4 期。

[⑦] Bourdieu, P., *Distinction: A Social Critique of the Judgment of Taste*, Harvard University Press.

网上的公共话语表达，结果发现俄罗斯网民在互联网上的公共话语表达包括政治议题与公共事务、广义的文化、其他国家问题、互联网技术等方面。在研究者们看来，这种互联网公共话语表达的实质是俄罗斯网民对于社会事务的态度，所谓的公共话语表达从本质上讲是一种意见和观点的表达。[1] Boyce 则从公共话语与公共事务的互动关系的角度进行了分析，在他看来，一方面以政策制定为代表的事务可以引发公众对事件的讨论，而另一方面公众的立场、态度和观点也可以影响到公共政策的制定。[2]

在媒体行业，学者们的研究也得出了类似的结论。Carlson 的研究探讨了具体事务与公共话语之间的关系，通过对新闻记者"越轨"行为产生的公共话语的研究，Carlson 发现这些来自不同行为主体的对于"越轨"行为的探讨事实上意味着新闻业的职业权威已经遭遇社会各界的讨论和质疑。为了研究新闻权威和公共话语之间的关系，Carlson 甚至提出了新的研究方法"元新闻话语"（metajournalistic discourse）。通过这一理论对新闻事件相关的公共话语进行分析，可以有效判断公共话语对新闻业文化权威的影响机制和影响程度。在随后的研究中，学者们运用这一理论对"传统新闻业的衰落"[3]、"记者越轨"[4]、"新闻边界"[5]、"图像新闻业"[6]、"媒介批评"[7]、"超

---

[1] Etling, B., Alexanyan, K., Kelly, J., Faris, R., Palfrey, J., Gasser, U., *Public Discourse in the Russian Blogosphere: Mapping Runet Politics and Mobilization*, Social Science Electronic Publishing, 2010.

[2] Boyce, G., "Public Discourse and Decision Making: Exploring Possibilities for Financial, Social and Environmental Accounting," *Accounting Auditing & Accountability Journal*, 2000, 4 (13), 27-64.

[3] Carlson, M., "Where Once Stood Titans: Second-Order Paradigm Repair and the Vanishing U. S. Newspaper," *Journalism*, 2012, 13 (3), 267-283.

[4] Carlson, M., "Gone, but not Forgotten: Memories of Journalistic Deviance as Metajournalistic Discourse," *Journalism Studies*, 2014, 15 (1), 33-47.

[5] Carlson, M., "Where Once Stood Titans: Second-Order Paradigm Repair and the Vanishing U. S. Newspaper," *Journalism*, 2012, 13 (3), 267-283.

[6] Ferrucci, P., Taylor, R., "Access, Deconstructed: Metajournalistic Discourse and Photojournalism's Shift away from Geophysical Access," *Journal of Communication Inquiry*, 2018.

[7] Carlson, M., "Keeping Watch on the Gates: Media Criticism as Advocatory Pressure," In T. Vos, F. Heinderyckx (Eds.), *Gatekeeping in Transition*. New York: Routledge, 2015.

资本的"焦虑"与技术的"争议":公共话语中的网络视频直播

链接"①、"新闻教育"②、"报纸停刊"③等新闻行业相关事件进行了讨论。这些研究表明,作为话语表达的公共话语成为学者了解媒体行业的窗口,这些话语在表露的同时,也在影响甚至塑造着被探讨的对象。④

在 Fairclough 看来,公共话语不仅是一种单纯的语言文本,而是人们立场、态度和观点的体现,这种观点表达的背后可能与某些价值观念或者权力相结合。正因如此,在他的叙述中,他将话语实践和文本分析、社会实践相结合,提出了批判性话语分析这一研究方法,以分析公共话语的表达以及隐藏在这种话语背后的逻辑。⑤ 本文对于网络视频直播的公共话语分析借鉴了 Fairclough 所提出的分析框架。一方面,我们试图运用这一方法,对不同行动主体的话语进行梳理,建立起有关网络视频直播的公共话语版图;另一方面,我们也试图对话语背后的权力博弈进行分析,探讨不同行动主体的公共话语表达究竟有着怎样的叙述逻辑和价值倾向。具体而言,本文主要思考如下三个问题:第一,不同的行动主体围绕网络视频直播建构了怎样的公共话语?第二,不同行动主体有关网络视频直播的公共话语是否存在着差异?第三,我们应当如何理解这些公共话语,理解这些话语对于我们思考当下的媒体行业有何意义?

三 网络视频直播的不同阐释

本文所搜集的资料广泛来自 2016 年及以后传统媒体、网络媒体和社

---

① Maeyer, J. D., Holton, A. E., "Why Linking Matters: A Metajournalistic Discourse Analysis," *Journalism*, 2016, 17 (6), 776-794.
② Steel, J., Disruption' in UK Journalism Education? A Study of Narratives of Resilience, https://www.researchgate.net/publication/316232919_ 'Disruption'_ in_ UK_ journalism_ education_ A_ study_ of_ narratives_ of_ resilience, 2016.
③ 白红义:《"正在消失的报纸":基于两起停刊事件的元新闻话语研究》,《新闻记者》2017 年第 4 期。
④ Carlson, M., "Metajournalistic Discourse and the Meanings of Journalism: Definitional Control, Boundary Work, and Legitimation," *Communication Theory*, 2016, 26 (4), 349-368.
⑤ Fairclough, N., "Critical Discourse Analysis and the Marketization of Public Discourse: the Universities," *Discourse & Society*, 1993, 4 (2), 133-168.

交媒体上有关网络视频直播的公共话语。值得注意的是，由于这些讨论数量极其庞大，因此研究既不可能也无意于收集全部的相关数据。我们所希望的是，通过对于中国不同行动主体有代表性的讨论进行分析，厘清处在复杂场域中的网络视频直播究竟处在怎样的话语场域之中，以及理解这种公共话语对我们的意义为何。根据现有资料，我们把公共话语中出现的话语主体区分为直播平台、网络主播、新闻媒体和网友四大类别。

（一）直播平台

平台自身的话语往往意味着对于自身的定位或期许。这种表述一方面来自公司内部的会议、企划、文件之中，另一方面也体现在各公开场合的发言以及相关的新闻报道之中。在行业的自我定位上，大多数直播平台都将自身定位为媒体行业。话语中最具代表性的两个词语是"媒体"和"传播变革"。如梅花创始人吴世春在谈到直播行业时，将直播行业视为纯粹的媒体行业，并指出"直播作为一种新形式的媒体，将永远是流量行业，谁能以低成本拉到新用户，就能对行业拥有更大话语权"[1]。花椒创始人周鸿祎则认为作为新兴媒体行业的直播业，与传统媒体行业有着本质上的不同，"直播未来很有可能是一种分众和社区的组成形式，而未必是一种广播的媒体"[2]。在这些平台眼中，网络视频直播行业的出现，不仅改变了原有媒体的格局，更重塑了传播的定义，"直播对传统网站、电视台的颠覆力就是每个人都能成为直播的主角"[3]。此外，在斗鱼创始人陈少杰眼中，"直播是新的信息传输方式"。原因在于"直播不是单方面的信息播送，它是一种双向沟通。'真实+沟通'能够很大程度上拉近观众与主播、观众与观众之间的

---

[1] 直播榜：《"直播时代"已来临：凛冬已过，万物生长，2018年直播行业的新格局》，搜狐网，http://www.sohu.com/a/219204144_696911，2018年1月27日。

[2] 创客100：《周鸿祎：我那么努力地做直播，把车都烧了，却拼不过胸比我大脸比我尖的网红》，投资界，http://news.pedaily.cn/201608/20160829402395.shtml，2016年8月29日。

[3] 张皓月：《周鸿祎：直播最大的魅力是互动》，《新京报》2016年8月25日。

距离"①。换言之,直播平台形成"直播重塑传播"这一理念,很大程度上是由于直播平台重塑了媒体定义,在"一对多"的传播中,参与者通过对于他者的感知,形成一种认知心理学意义上的"社会临场感"(social presence),并将与计算机设备的互动视为一种社会参与。② 正是由于"社会临场感"的引入,周鸿祎认为今天的网络直播更像一个"社交媒体",并认为网络视频直播将成为博客、微信、微博之后,"未来互联网的重要表达方式"。③

换言之,直播平台仍然将自己定位在媒体行业这样一个范畴中。不过,正如 Bardoel 和 Haenens 所言,媒体行业最为重要的特性之一就是"权力和责任的对等"。两位学者认为,在媒体行业快速发展的今天,媒体行业应当承担起相应的社会责任。④ 不过通过对直播平台的话语梳理我们发现,尽管将自身定位为媒体行业,但是直播平台对于媒体责任的提及却尤为耐人寻味。在更多的时候,直播平台都是以商业话语对合法性进行阐述,尽管一些直播平台明确表示"盈利多少仍然不是最重要的目标"⑤,但是频繁对于"资本""风口""收入"的提及似乎暴露了直播平台的价值观念。而大多数直播平台更是将盈利视为最重要的目的,"盈利""资本""商业""赚钱""打赏"等词语被频繁提及。快手创始人宿华直言不讳地表示"我们做直播,一样有打赏,也能带来收益"⑥。全民直播总裁王傲延声称"互联网

---

① 腾讯科技:《斗鱼直播陈少杰:直播行业的未来是"直播+"》,腾讯网,http://tech.qq.com/a/20161118/035315.htm,2016 年 11 月 28 日。
② Parameswaran, S., "Social Presence in Social Media: Persuasion, Design and Discourse," ACM Sigmis Conference. ACM, 2017.
③ 老周开讲:《周鸿祎:直播将是未来互联网的重要表达方式》,搜狐网,http://www.sohu.com/a/114640822_116034,2016 年 9 月 19 日。
④ Bardoel, J., D. Haenens, L., "Media Responsibility and Accountability," *New Conceptualizations and Practices*, *Communications*, 2004, 29, 5–26.
⑤ 直播榜:《专访虎牙 CEO 董荣杰:直播不再是潮流,而是人们习以为常的需求》,搜狐网,http://www.sohu.com/a/222272318_696911,2018 年 2 月 11 日。
⑥ 腾讯财经:《快手日活超一亿,宿华说他的信仰是对用户好》,腾讯网,https://finance.qq.com/a/20171110/022141.htm,2017 年 11 月 10 日。

时代下一个内容风口属于直播"①。直播平台的管理层在公共场合和"传统"媒体面前,话语指向更多的是资本领域和行业变迁,而非传统媒体所一度坚守的专业主义信念。此外,一些直播平台认为,在人口红利促进直播发展这一模式已经逐步消失的2018年,网络视频直播行业正处于何去何从的十字路口。② 在接下来的发展过程中,直播平台的表述依然充斥着对于商业利益的追求。如陈少杰直截了当地指出"赚钱是负责任的态度",并表明"直播+"生态将成为下一步直播平台发展的重中之重。③ "直播+"的生态正是打造以直播为核心,将多行业多领域相连接。"比如说教育、医疗、娱乐,各个行业都可以把直播这个优秀的工具应用到自己的业务中,完善业务服务。"④ 这也就意味着,直播平台将自身视为一个媒体行业的同时,在网络视频直播行业处于关键拐点的时刻构建着以商业主义话语为核心的媒体经济。

更多的时候,责任指向对直播乱象的治理。平台的话语往往承认或者默认了网络视频直播存在问题,不过平台往往认为这些问题只是很短暂、很少见的一个现象,而非网络视频直播的主流,不能当作网络视频直播行业整体的特质。相对于商业主义话语,有关网络视频直播负面的讨论明显较少。相当一部分言论更多强调的是行业规范的不足。如周鸿祎坦言,由于早些年网络视频直播缺乏相应的规则,"弄得直播行业就像是做夜总会的一样,很多主播在歧视下抬不起头来",但是如今,直播平台有能力让"主播可以很有尊严"。⑤ "直播行业不再是'不正经'的行业,反而成为年轻人趋之若鹜

---

① 许俊:《专访全民直播总裁王傲延:互联网时代的下一个内容风口属于直播》,艾媒网,http://www.iimedia.cn/53663.html,2017年8月2日。
② 猎豹全球智库:《复盘:直播的下半场,这一年发生了什么?》,36度氪,http://36kr.com/p/5093043.html,2017年9月14日。
③ 《斗鱼CEO陈少杰:直播行业谈下半场还太早》,腾讯网,http://tech.qq.com/a/20170605/004790.htm,2017年6月5日。
④ 《5大直播平台负责人:今年是直播行业调整之年》,新浪网,http://tech.sina.com.cn/i/2017-03-29/doc-ifycsukm3902580.shtml,2017年3月29日。
⑤ 赵晋杰:《花椒大主播周鸿祎为直播正名:要洗掉主播身上的污名化标签》,DoNews,http://www.donews.com/net/201609/2938785.shtm,2016年9月15日。

的行业。"① 而在如何保证未来直播行业不再出现类似问题的回应上，直播平台更多的说辞多集中在监管层面，而非准入门槛方面。如周鸿祎强调平台应当加大"技术手段"和"人工审核"方面的审核力度，以确保直播行业不变质。然而对于准入门槛的把控上，平台仅仅是依靠实名认证这一措施。②

（二）网络主播

作为网络视频直播真正的传播主体——网络主播，他们的话语和表演实践影响甚至决定了其他行动主体对于网络直播的态度。相对于直播平台的"行业展望"，网络视频主播更多关注的是个人的境遇、生活、待遇。在一些问题上，网络主播群体内部存在着明显不同的态度和观点。具体而言，几乎所有的网络主播都认为网络视频直播是一个行业，但是极少有网络主播提及网络视频直播行业是媒体行业。这也就意味着网络视频直播平台和网络主播在行业认知上存在着差异，或者说平台层面媒体行业的定位并没有得到主播内心的认同。在职业认知层面上，网络主播们存在着"职业化"和"非职业化"两种针锋相对的观点。一些网络主播坚定地认为网络主播是一个职业，并坚信在未来这一领域必然不断地走向专业化、制度化，高水平的网络主播们"对这份职业的看重，会推动直播更趋于专业化，推动直播成为大众化的职业"③。然而，在另一些网络主播的眼中，"网络主播"这一身份只不过是他们众多的职业之一，或者说是一个快速捞钱的途径。其典型的话语表述是，尽管自己还有其他职业，但还是会选择做网络主播，"归根到底就是为了赚钱，无利不起早。并不是为了找什么存在感之类的"④。

---

① 马思遥：《周鸿祎：直播形象得到重塑》，《北京青年报》2016年9月27日。
② 马思遥：《周鸿祎：直播形象得到重塑》，《北京青年报》2016年9月27日。
③ 常宁：《深访网络女主播：游走于虚拟和现实边界的人生"新常态"》，界面新闻，http://www.jiemian.com/article/1525898.html，2017年8月5日。
④ 常宁：《深访网络女主播：游走于虚拟和现实边界的人生"新常态"》，界面新闻，http://www.jiemian.com/article/1525898.html，2017年8月5日。

在网络视频直播行业对于社会的影响上，大多数网络主播同样有着较为相似的话语。网络主播们认为网络视频直播正在开启一场技术赋权的道路。原因就在于"每个人都（可以）是信息的载体，同时每个人也是消息源"[1]。作为一项新的传播和沟通方式，今天的网络直播建构起一个"相对公平的世界"。网络直播打破了社会中相对固化的阶层壁垒，为更多的人提供了一个新的展示自我的渠道。"即便是再草根的人，都有可能在上面一炮而红。"[2] 除此之外，一些网络主播也从心理的角度指出了网络直播的重要积极意义。在他们眼中，无论是自己还是用户，在网络视频直播中都可以排解掉原有的孤独感。在直播过程中很自然地可以感受到"有人一直默默关注你啊，有人会爱慕你；有时候也会有很多惊喜；有人关注自己，总还是会心存感激的。希望被人关注和认可，能够被别人喜欢，会增加我们生活中的信心"。在网络主播"在直播中分享琐事、分享心情、分享点滴"的过程中，用户"消磨了时间，心理上可能也会得到安慰"，"排解了情绪"[3]，并"获得了主播的肯定"，双方都获得了心理上的满足感。[4]

在谈及网络视频直播行业存在的问题和未来走向时，网络主播们普遍承认了当前直播中问题的存在，但同时指出这些问题会越来越少。[5] 对于大多数网络主播而言，盈利是他们从事网络主播工作最为重要的原因。在"一台电脑，一个麦克风，一个声卡，一个视频，就可以传递自己喜欢的东西"[6] 的时代之下，网络直播行业出现问题更多的是一种必然。尽管平台的监管不断加强，但是在资本的诱惑之下，"直播行业为了赚钱花样百出，打

---

[1] 常宁：《深访网络女主播：游走于虚拟和现实边界的人生"新常态"》，界面新闻，http://www.jiemian.com/article/1525898.html，2017年8月5日。

[2] 《网络主播称日均2小时月入4万：土豪愿花钱》，新浪网，http://ent.sina.com.cn/s/m/2015-11-11/doc-ifxkniur3047580.shtml，2015年11月11日。

[3] 常宁：《深访网络女主播：游走于虚拟和现实边界的人生"新常态"》，界面新闻，http://www.jiemian.com/article/1525898.html，2017年8月5日。

[4] 刘雨涵：《直播大战正酣，专业才能更红》，《齐鲁晚报》2016年7月29日。

[5] 浙江网络广播电视台：《采访网红女主播：直播豁得出去才能红》，新蓝网，http://n.cztv.com/news/12010555.html，2016年4月18日。

[6] BBC纪录片：*The 'Online Goddess' Who Earns 450k a Year*。

行业擦边球的主播很多，越过规则线的也不少"①，"好多人什么都敢干"②，这些问题的出现不可避免地影响外界对于整个行业的评价。但是这并非意味着这些极小部分的问题是网络直播行业的全部。正如网络主播桔梗所言，作为一项新的沟通和交流方式，网络直播行业的问题不可避免，但是伴随着监管的不断加强、整个行业制度化和专业化程度的不断提高，未来"直播、主播必然将向专业化发展"。③

（三）新闻媒体

在网络视频直播元年，《人民日报》就发表评论文章《直播平台该摆脱野蛮生长了》，暗示网络视频直播处于野蛮生长的时期。④ 在《人民日报》发声之后，人民网、中央电视台、《光明日报》、《南方日报》、《解放日报》等媒体陆续发表文章，怒斥"直播乱象"。《人民日报》将今天网络视频直播行业的问题整理为三点：第一是"有胆量、无底线"，第二是"重迎合、无节制"，第三是"大尺度、无约束"。在这样的环境下，"网络直播泥沙俱下，直播平台乱象丛生"。⑤ 网络直播中，"有的恶搞调侃，导向存在明显偏差；有的拼尺度，以色情低俗内容吸引眼球；有的斗富炫富，宣扬奢靡生活和拜金主义；有的直播虐杀动物、聚众斗殴、飙酒等暴力猎奇和违法有害内容"⑥，"网络直播正在成为违法违规和不良信息滋生传播的'重灾区'"。⑦ 2018年，在《焦点访谈》节目中，央视更是点名批评曾被认为中国第一网络视频主播的"MC天佑"，指责其公然在网络直播中"讲述吸毒后的感受"，并宣布全网封杀。而造成这一恶果的原因被官方媒体归为两点：其一

---

① 瓜掉了你捡不捡：《现在做网络直播的为什么这么火，用户都在看什么》，知乎。
② 浙江网络广播电视台：《采访网红女主播：直播豁得出去才能红》，新蓝网，http://n.cztv.com/news/12010555.html，2016年4月18日。
③ 常宁：《深访网络女主播：游走于虚拟和现实边界的人生"新常态"》，界面新闻，http://www.jiemian.com/article/1525898.html，2017年8月5日。
④ 王石川：《直播平台该摆脱野蛮生长了》，《人民日报》2016年11月7日。
⑤ 王石川：《直播平台该摆脱野蛮生长了》，《人民日报》2016年11月7日。
⑥ 张贺：《网络直播岂可践踏法律与道德底线》，《人民日报》2018年2月14日。
⑦ 张贺：《网络直播岂可践踏法律与道德底线》，《人民日报》2018年2月14日。

是直播平台只会"向钱看齐"①；其二则是监管的缺失②。

更令官方媒体担忧的是，一些网络视频直播在价值导向上存在着严重的问题。《光明日报》的评论文章指出今天"相当一部分直播不具备任何功能"。"少了社会价值这个灵魂"，网络主播自然不是一个正规的行业。③ 除此之外，一些官方媒体对网络视频直播行业的批评更是站在了政治的高度："网络视频直播对民族精神的挥霍和不尊重"④；"在涉及国家主权的重大问题上极为轻率"⑤；"网络视频直播政治导向存在问题"⑥。面对着价值导向缺失，官方媒体明确表示"互联网不是法外之地"⑦，并认为"网络直播要激浊扬清离不开行业自律和政府监管。行业自律是发展的前提，继续'睁一只眼闭一只眼'无疑是饮鸩止渴"⑧。在具体的整顿措施上，一是应当加强监管，坚决取缔不法平台，惩治不法主播⑨；二是网络视频直播应当从"颜值直播"向"价值直播"转型⑩，"成为传播正能量的主阵地"⑪。

不难发现，官方媒体话语往往带有浓郁的精英主义色彩，站在道德和政治的高度上对网络视频直播进行自上而下的评判。不过，市场化媒体对网络视频直播的讨论却采用了多元的话语，这些话语体现在市场化媒体既关注整个行业的变迁，如资本市场的变化、监管环境的变化、官方媒体话语的变化；也关注着网络视频直播带来的传播变革，以及对于缓解社会矛盾、开拓

---

① 王庆峰:《直播平台别只会"向钱看齐"》,《南方日报》2017年2月15日。
② 魏哲哲:《网络直播并非法外之地》,《人民日报》2017年2月8日。
③ 李思辉:《网络直播更要关注播什么、怎么播、给谁看》,《光明日报》2017年9月4日。
④ 胡永明:《恶搞〈黄河大合唱〉致文化部出手：红色经典该如何守护?》,人民网,http: //yuqing. people. com. cn/n1/2018/0212/c209043 - 29820548. html, 2018年2月12日。
⑤ 张贺:《网络直播岂可践踏法律与道德底线》,《人民日报》2018年2月14日。
⑥ 胡永明:《恶搞〈黄河大合唱〉致文化部出手：红色经典该如何守护?》,人民网,http: //yuqing. people. com. cn/n1/2018/0212/c209043 - 29820548. html, 2018年2月12日。
⑦ 胡永明:《恶搞〈黄河大合唱〉致文化部出手：红色经典该如何守护?》,人民网,http: //yuqing. people. com. cn/n1/2018/0212/c209043 - 29820548. html, 2018年2月12日。
⑧ 《网络直播，萝卜再快也要洗泥》,"红辣椒评论"微信公众号,2017年3月14日。
⑨ 魏哲哲:《网络直播并非法外之地》,《人民日报》2017年2月8日。
⑩ 魏哲哲:《网络直播应成为价值出口》,《人民日报》2017年10月12日。
⑪ 胡永明:《恶搞〈黄河大合唱〉致文化部出手：红色经典该如何守护?》,人民网,http: //yuqing. people. com. cn/n1/2018/0212/c209043 - 29820548. html, 2018年2月12日。

新的阶层晋级途径的功能作用等。同样，市场化媒体也正视了网络视频直播平台的现状，并给出了针对这些现状和问题较为客观的评价。如新浪新闻、网易新闻、凤凰新闻、搜狐新闻等新闻门户网站和36度氪、钛媒体等市场化金融媒体对于网络视频直播行业的发展情形进行了详尽的追踪。在价值判断上，《新京报》刊载文章指出，传统的精英主导的媒介时代已然远去，"每一个人都可能成为主播，只需要一部手机，就可以把自己所看到的场景与别人分享"，这不仅仅是"新的观看世界的方式"，更是一次"新的权力再分配"。① 新浪网则认为"网络直播天生就带有平民化、真实化和用户至上的基因"，在这种特质之下，"网络直播的内容走向与平台的引导关系密切"。② 而在行业的发展程度上，蓝鲸TMT认为网络视频直播行业完全有能力实现净化和升级，并将"直播影响力跨国界释放"，以"构筑第二大娱乐市场"。③ 与官方媒体一样，市场化媒体同样也承认网络直播存在着林林总总的问题。④ 但是，更多市场化媒体相信，国家各项政策落实之后的网络视频直播行业，经历了一场前所未有的整顿。作为传播变革的网络视频直播行业也步入了一个"平稳的增长期"⑤，"网络直播明天会更好"。⑥

（四）网友

网友们对网络视频直播的讨论具有明显的多元特征。在身份上，一方面，网友们是网络视频直播的用户或潜在用户；另一方面，网友们对网络视

---

① 张丰：《网络直播是对传播权力的颠覆》，《新京报》2016年7月14日。
② 纯天然的风景：《映客创新模式〈歌手的诞生〉从一场致我们终将逝去的青春开始》，新浪网，http://k.sina.com.cn/article_6447363573_1804af5f5001003ogl.html?from=ent&subch=variety，2018年2月9日。
③ 王健：《构筑第二大娱乐市场，网络直播潜力十足》，蓝鲸TMT，http://www.lanjinglmt.com/news/detail/30982.shtml，2017年12月18日。
④ 三易生活：《网络直播不止有游戏和美女 更多套路马上就来》，凤凰网，http://games.ifeng.com/a/20161219/44517492_0.shtml，2016年12月19日。
⑤ 《新政落实之后 网络直播步入平稳增长期》，凤凰网，http://finance.ifeng.com/a/20170330/15273878_0.shtml，2017年3月30日。
⑥ 《网络直播明天会更好》，网易，http://news.163.com/17/0523/07/CL3RJDIU00018AOP.html，2017年5月23日。

频直播的观点、看法和选择影响着网络视频直播行业的生存境遇。由于脱离了资本话语，网友在针对网络视频直播的话语实践中，往往更加多元和理性，这一现象在知乎社区尤为明显。分析发现，网友对于网络视频直播的讨论主要从两个角度展开：一是对网络视频直播本身的探讨，这种思考往往侧重于网络视频直播火爆的原因、现状、问题和未来发展；另一种是以某个特定的事件为契机进行观点表述，在表达的同时涉及了针对网络视频直播的观点和意见。较有代表性的例子为2018年中央电视台《焦点访谈》对网络视频直播进行评论后，有关央视评论和网络视频直播的话语迅速增加。在讨论的形式上，由于平台本身定位和用户特性的差异，不同平台用户的公共话语往往存在着差异。

首先，从探讨内容上看，网络视频直播何以如此火爆成为网友关注的热点。知乎网友"郑岐"将网络视频直播的火爆归结于"人性"、"利益"和"利益相关"三点。在他看来，所谓的网络直播不过是商业主义为了迎合人们的心理所开展的资本游戏。① 知乎网友"明肃"却有着截然不同的观点，与威廉斯"大众文化即大众社会本身"的观点类似，网友"明肃"强调在当前这样一个被自媒体包围的时代，"微信公众号属于文字层面的自媒体"，那么"网络直播可以看作是视频层面的自媒体"。人类表达的诉求与生俱来，在这种情况下网络视频直播不过是一种表达诉求和商业资本相汇集的过程。② 如果说"明肃"更多地从表达层面上进行分析，那么知乎网友"崔星宇"则是从用户层面进行分析。他认为如果"你在生活中只是一个默默无闻的普通人"，"好多好看的姑娘都跟你没有任何关系"，"直到有一天你看了直播"，"你送她礼物，她会谢谢你，你弹幕跟她聊天，她会跟你聊，有时她还会专门为你唱一首歌，跳一支舞"。③ 知乎网友"巨蟹先生"认为，这种休闲娱乐方式和小时候玩红白机并无两样，人类总是会有对于娱乐的需

---

① 郑岐：《网络直播说实话有些低俗，为什么能这么火》，知乎。
② 明肃：《网络直播说实话有些低俗，为什么能这么火》，知乎。
③ 崔星宇：《现在做网络直播的为什么这么火，用户都在看什么》，知乎。

求，网络直播恰好是这个时代的产物而已。① 微博网友"张_甲"则认为所谓网络直播，无非是一种"赚钱生态"，在这种生态之下，"唱歌唱得好有人听，打游戏打得好有人看"，这一切无非是个人技能和资本结合的产物而已。② 当然，也有用户对网络视频直播行业进行了一刀切式的评价，如微博网友"陈光平5852490737"表示"网络直播平台之所以火爆，就因为有这样一群脑残粉"。③

其次，不同的网友对网络直播的现状和未来也存在着不同的解读。大多数网友讨论的关键词包括"资本""反思""权利""色情"等。乐观派网友往往从传播变革的角度出发，认为网络直播或许是普通人成为明星最好的办法。如微博网友"吴不不"认为网络视频直播最弥足珍贵的地方在于它可以"让每个人都成为明星"，"网络直播为那些渴望得到光环的人提供了良好的平台"。④ 但是对网络直播可能带来问题表示担忧的网友同样不在少数。与直播平台及网络主播仅仅针对"低俗化"和"越界"的担忧不同，网友们对于网络直播可带来的问题探讨明显呈现多元化的趋势。如微博网友"肖丰硕"从隐私和法律层面上对于网络直播可能带来的问题表示了担忧⑤；"儿科医生崔咏望"更进一步，指出每个人都有参与到网络直播中的权利和自由，但是同样"每个人都有拒绝直播的权利"，在公共场所进行直播，将不可避免地让他们进入镜头之中，在这种情况下别人"同意入镜了吗"⑥。网友"文明舞钢_17229"对未成年人进入直播领域表示了愤慨，他认为"未成年人闯入了网络直播，显然不合适"，"禁止未成年人直播将刻不容缓，必须全面彻查"。⑦ 网友"幽幽and幽懿"则对于相关法律法规的缺失表示了担忧，在他看来，网络直播的出现带来新的社会问题，而现在"又

---

① 巨蟹先生：《网络直播流行背后的社会根源是什么》，知乎。
② 微博"张_甲"，2018年3月3日。
③ 微博"陈光平5852490737"，2017年12月18日。
④ 微博"吴不不"，2018年1月5日。
⑤ 微博"肖丰硕"，2017年12月23日。
⑥ 微博"儿科医生崔咏望"，2017年3月24日。
⑦ 微博"文明舞钢_17229"，2017年12月20日。

没有相关法律法规，只能自认倒霉吗？"①

除了对网络直播问题的反思，一些网友还从整体的高度对于网络视频这一新鲜事物进行了解读。微博网友"唐少爷·"认为"每个人的成功都不是偶然"，"每个新事物的出现都会被人议论，正如赵本山和二人转刚出现的时候也不被人认可"，但是这并不能代表事物本身存在着问题。②微博网友"张建军"将这些问题归结于把关人缺失造成的问题。在他看来，传统的媒体行业之所以能够保证良好的节目内容，原因就在于传统媒体行业具有专业的把关人，而在网络直播平台上，主播的自律似乎成为唯一保证节目内容的方式。因此，网友"张建军"认为互联网直播"应遵循多方协同参与的原则"，平台、监管工具、政府应多方面协同处理，"才能实现互联网直播发展与治理的相统一"。

四 技术探索、社会争论与网络视频直播公共话语建构

学界有关技术对媒体行业冲击的研究往往从西方开始，几年之后才逐渐在中国展开讨论。这一现象一方面由于国内学术研究和西方学术研究的差距，另一方面更为主要的是来自实践本身的差距——西方出现这一类问题往往早于中国，如与机器人写作、平台媒体、新闻算法相关的研究。然而，网络视频直播虽然起源于西方，但是兴盛于中国。中国网络视频直播行业的火爆几乎让所有人始料未及，甚至一度被西方媒体认为"技术带来的奇迹"。③今天的网络视频直播正在从最初的真人秀聊天走出，进入更为广阔的领域，这些领域涉及游戏、社会新闻、评论、体育、赛事活动等。④网络视频直播早已成为一项囊括诸多领域的庞大产业，同时也侵入了传统的媒体行业，甚

---

① 微博"幽幽 and 幽懿"，2017年11月9日。
② 微博"唐少爷·"，2017年9月17日。
③ BBC 纪录片：The 'Online Goddess' Who Earns 450k a Year。
④ 直播榜：《"直播时代"已来临：凛冬已过，万物生长，2018年直播行业的新格局》，搜狐网，http://www.sohu.com/a/219204144_696911，2018年1月27日。

至新闻业。媒体行业中新事物的出现，往往能引发不同行动主体的讨论。这些讨论一方面来自传统的媒体相关行业，另一方面也可能来自非媒体行业。① 这些公共话语在传播的过程中，评议甚至是定义了网络视频直播存在的合法性。不过，这也引出了研究的核心问题：公共话语如何评议，又如何定义网络视频直播？不同行动主体的公共话语有何差异？以下三组关键词则是对这些问题的回答。

其一，资本与理想。无论何种场合，网络视频直播平台的公共话语中总是包含着和"资本""理想"相关的内容。如在腾讯刘宪凯看来，直播行业"向阳而生"，在改变着社会众多个体的同时，也在改变着社会和这个时代，网络视频直播有能力让这个世界变得越来越好。② 这种对网络视频直播与社会积极价值所建立的正向勾连的表述，建构起网络视频直播行业存在的合法性。只不过，这种资本与理想的追寻过程同样也会遭遇危机和质疑。早在2017年，直播行业就被曝出"陷入生存艰难与资本焦虑尴尬"③，一些"直播下半场""行业困境""增长艰难"之类的词频频出现在新闻报道中。此外，外界对网络视频直播的规制会影响到这一行业的资本走向。由此看来，网络视频直播业的"理想"更像被资本建构起的理想。一旦直播行业或平台陷入盈利的困境之中，那么这种被建构的理想也必然受到冲击。而今天网络视频直播业的困境，某种意义上看也是一种"资本的焦虑"。

其二，问题与导向。作为技术催生的新兴产物，网络视频直播从最初出现就引发了社会各界的忧虑。特别是直播问题引发了以《人民日报》和中央电视台为代表的官方媒体的强烈关注。在一系列批评和指责中，网络视频直播甚至一度呈现污名化的特点。④ 不过，去污名化的过程并不是污

---

① Maeyer, J. D., Holton, A. E., "Why Linking Matters: A Metajournalistic Discourse Analysis," *Journalism*, 2016, 17 (6), 776–794.
② 《腾讯刘宪凯：直播行业的向阳而生》，中国网，http://tech.china.com/article/20180609/kejiyuan0531150112.html, 2018年6月8日。
③ 《直播行业陷入生存艰难与资本焦虑尴尬》，《华商报》2017年7月24日。
④ 赵晋杰：《花椒大主播周鸿祎为直播正名：要洗掉主播身上的污名化标签》，DoNews，http://www.donews.com/net/201609/2938785.shtm, 2016年9月15日。

名化的反向建构，行政干预事实上成为解决问题的重要手段之一。网络视频直播的问题被提到"导向"的高度，而治理的方法则是以加强监管①和融入"价值观"②为主要手段，特别是一些网络直播平台成立的"网红党支部"③，更让这场有关网络视频直播的公共话语讨论呈现了鲜明的复杂性。正如Pfaffenberger所言，技术话语的背后往往隐藏着更深层次的权力介入。以《人民日报》、《光明日报》、中央电视台为代表的官方媒体对网络视频直播的探讨，更像对资本市场和技术带来的新传播权力的争夺，在指出网络视频直播存在问题的同时，也对其价值和导向提出了更高的要求。

其三，职业与未来。在公共话语中，对网络视频直播长期存在的一个争论便是网络主播的身份究竟为何。正如周鸿祎所言，在直播兴起的早期公共话语中的网络主播往往被污名化。④ 但是，伴随着时间的推移，有关职业的公共话语开始出现明显的改变。尽管不同主播对自己的职业认知仍然存在偏差，但是公共话语事实上已经逐渐接纳了这一新兴的职业。特别是，公共话语在对网络视频直播进行评判的过程中，往往主动区分"违法乱纪的主播"和"遵纪守法的主播"两类群体。这种对群体内部的区分，事实上已经具有了Gieryn所言的职业社群特征。⑤ 在职业定位日渐清晰的今天，网络视频直播也被认为是一种具有传播颠覆性的新型媒体。不过，这种资本导向的新型媒体，能否在与以国家为强大后盾的传统媒体行业，以及较为成熟的市场化媒体进行竞业争的过程中获得优势，仍然需要时间来检验。

---

① 《全国人大代表批恶搞〈黄河大合唱〉给恶搞歪风划红线　对违规网络直播"零容忍"》，《东方今报》2018年3月5日。
② 《全国人大代表批恶搞〈黄河大合唱〉给恶搞歪风划红线　对违规网络直播"零容忍"》，《东方今报》2018年3月5日。
③ 陈仁忠：《对"网红党支部"不妨多点"包容审慎"》，中国网，http://media.china.com.cn/cmsp/2017-07-01/1082477.html，2017年7月11日。
④ 赵晋杰：《花椒大主播周鸿祎为直播正名：要洗掉主播身上的污名化标签》，DoNews，http://www.donews.com/net/201609/2938785.shtm，2016年9月15日。
⑤ Gieryn, T. F., "Boundary-Work and the Demarcation of Science from Non-Science: Strains and Interests in Professional Ideologies of Scientists," American Sociological Review, 1983, 48 (6), 781-795.

资本的"焦虑"与技术的"争议"：公共话语中的网络视频直播

正如 Hillier 所言，在技术的不断推动下，今天的媒体行业更像一个抽象概念，尽管具体形态千变万化，却始终与政治、资本、文化等多种要素相勾连，影响着人们的信息获取和价值判断。① 网络视频直播在技术和资本的驱动下产生，却在外界的公共话语中不断调整着自身的前进方向。在这一过程中，不同行动主体不断在话语中交流、借鉴、碰撞。值得注意的是，在中国，新兴媒体的出现会引发官方媒体的关注。面对资本技术催生下的网络视频直播时，官方媒体展现出一系列忧虑之情。而这些对新兴媒体的忧虑，与话语相勾连，成为引发数次网络视频直播大讨论的导火索。从这样的角度来看，话语不仅是观点和意见的表达，也与权力交织。正因如此，这场大讨论所展现的不仅是网络视频直播在中国发展短短几年的话语变化，更是技术和资本催生出的新兴技术媒体在中国发展的话语缩影。

五 结语

尽管社会各界议论纷纷，但网络视频直播仍然迅速地嵌入了社会文化空间中，开始承担起媒体的任务。面对近些年屡次舆论风波，本文探讨了公共话语中的网络视频直播。研究的基本发现：尽管面对相同的对象，不同行动主体形成了各自特色鲜明的报道框架。具体而言，直播平台的公共话语呈现更多站在资本和理想的视角，强调网络视频直播作为新的"风口"的经济价值以及其可能的社会价值。在这些话语呈现中，问题往往处在一个次要的位置，被平台们视为一种成长阶段不可避免的错误。相对于平台的乐观，网络主播们的话语呈现了明显的"底气不足"。有趣的是，尽管一部分主播对职业合法性存在怀疑态度，但是大多主播却对行业的未来充满着信心。

此外，我们还发现话语不仅是观点和表达的工具，更是权力的外在体现。在有关网络视频直播的话语争夺中，权力的介入成为我们理解新兴媒体

---

① Hillier, P. M., "Rethinking Media and Technology: What the Kennedy-nixon Debate Myth can Really Teach us," *Online Journal of Communication & Media Technologies*, 2015, 5 (2), 143.

公共话语讨论的关键视角。面对技术不断重塑媒体行业，越来越多的媒体行业公共话语由官方媒体所引发，这些精英话语实则是对传播权力的话语争夺。相比于官方媒体的批判式话语，市场化媒体的话语建构呈现了明显的多元特性。同样，网友们的话语探讨也有着较为分散的特点，由于立场、背景的差异，不同网络社区的观点有着明显的差异。不过，这些话语差异却成为我们研究中国网络社区的另一个重要路径。

作为一项探索性研究，本文的创新之处在于第一次探讨了网络视频直播相关的公共话语，并进一步对新兴媒体出现所引发的社会讨论进行了学术反思。不过，本研究仍然存在一定的问题，具体而言：首先，网络视频直播正处在一个较为复杂的场域中，这一场域并非只有本文所提到的直播平台、网络主播、新闻媒体和网友四组。学术界、监管力量以及其他众多的行动主体同样参与了这场讨论，然而由于材料的有限性，本文并未将之视为独立的话语主体进行研究。其次，由于本文所搜集的全部材料都来自互联网，我们无法保证行动主体发表的言论是否与其内心具有一致性，特别是由于资本等因素的介入，这些话语的呈现很可能经过一定的"包装"。最后，不同行动主体内部并非铁板一块，其内部也存在着差异，由于受到篇幅的限制，本文无法将这些内在的差异全部列出。在未来的研究中，我们希望能够弥补这些遗憾。

B.15
网络直播的伦理失范及其综合治理

杨桃莲*

摘 要： 随着网络传播技术的发展和4G智能手机的出现，网络直播成为人们日常生活娱乐的新媒体平台。网络直播盛行的同时，也出现了一些直播色情、宣扬暴力、侵犯隐私的伦理失范行为。本文在分析网络直播乱象的基础上，从网络直播平台、网络直播者、受众这几方面分析了网络直播伦理失范的原因，并提出了综合治理的对策。

关键词： 网络直播 伦理失范 综合治理

网络直播自诞生以来，经历了起步期、发展期、爆发期等多个阶段。从2005年到2013年，网络直播市场随着互联网模式演化而起步，体现为以YY、六间房、9158为代表的PC秀场。从2014年到2015年，电竞游戏直播出现，在大量游戏玩家的推动下，网络直播"一夜爆红"。2016年，移动手机客户端实现移动秀场直播，以映客直播为代表的纯手机端直播APP迅速崛起，网络直播市场真正进入全民时代，因而2016年被称为"移动直播元年"。随着VR技术的发展，视频秀场通过VR技术可以瞬间"穿越"到屏幕对面，与主播零距离互动，VR+直播是直播的终极状态。

网络直播成本低、互动性强的优势吸引了不少网民的加入，只要有网络、摄像头和麦克风，人人都可以做主播。2017年12月4日，由CC-Smart

---

* 杨桃莲，东华大学人文学院、东华大学时尚传播研究中心，副教授，博士。

新传智库和社会科学文献出版社联合发布的《网络视听蓝皮书：中国互联网视听行业发展报告（2017）》显示，自2016年起，网络直播进入了飞速发展的阶段，网络直播平台呈井喷式增长。网络直播平台服务数量已经超过500家。另据中国互联网络信息中心发布的第41次《中国互联网络发展状况统计报告》，2017年网络直播用户规模高达4.22亿人，年增长率达22.6%。网络直播渐渐成为囊括人们日常生活娱乐、渗透每一个生活细节的新媒体平台。

一 网络直播的伦理失范行为

网络直播真实、直接的体验性给用户带来了想象空间和惊喜。但有些网络直播为了赚取"眼球经济"，传播色情低俗信息，渲染暴力赌博，侵犯隐私等违背伦理道德甚至非法的行为，屡屡挑战社会道德底线，严重破坏网络环境，危害社会公共秩序，使得大众偏离主流价值导向，令网络直播充满争议、广受诟病。艾媒网2016年的报告表明：77.1%的网民认为在线直播平台存在低俗内容；90.2%的网民认为在线直播平台整体价值观导向有偏。

网络直播的伦理失范主要体现在以下几个方面。

（一）直播色情

网络直播靠"粉丝"打赏的盈利模式，决定了主播对关注度和粉丝数的"青睐"，导致许多主播为吸引更多受众，获得个人利益，而不惜使用各种低俗、色情的手段来抓获受众眼球。

一些主播衣着暴露、动作低俗、姿态暧昧、言辞挑逗，有的甚至直接通过直播性行为来吸引关注。如"熊猫TV"平台上，女主播在直播中突然弯腰露出隐私部位；"嘿秀"平台上，女主播在直播房间脱衣服引诱观众打赏；"斗鱼"平台上，"95后"男主播在线直播"造人"的性爱行为；"美拍"平台上竟出现小学生"露体直播"；户外直播在街上询问女性"是不是处女"……此外，映客、花椒、都秀、在直播、9158 等多家平台也曾传播淫秽色情信息。

网络直播色情信息，能吸引无数在线网友围观，有的网友甚至将录制的视频以及截图在网络上转发，如此造成色情直播的"病毒性"传播。

（二）宣扬暴力

一些直播平台将打猎、屠杀动物、暴打老人、打架斗殴、自残等作为卖点，博人眼球。如"虎牙"平台的主播直播群殴；"炉石"平台的主播直播飙车，导致严重车祸。还有的直播房间直播黑帮暴力游戏《如龙》《侠盗猎车手》，直播违规游戏《扎金花》等。

此外，一些直播平台的弹幕评论属于典型的网络语言暴力，用语粗鲁、低俗。这种语言暴力经平台放大后，令观众心里不舒服，从而产生语言暴力的连锁反应。尽管语言暴力不直接对人身体造成伤害，但它对人的精神伤害不比身体伤害小。

（三）侵犯隐私

侵犯隐私常见于真人秀直播。真人秀直播内容包括直播健身、购物、户外探险、钓鱼、吃饭、睡觉等。与游戏直播和演艺类直播不同，真人秀直播场景不限于室内，当人们处于公共领域，如饭店、商场、学校、宿舍等公共场所，很多网络主播未经允许，就将他人置于镜头之下，侵犯他人隐私权。如"斗鱼"一女主播曾携带装备，混入重庆大学艺术学院的女生宿舍进行直播。四川德阳一幼师，没与家长、学校沟通就直播小朋友上课、午休，甚至要求网友打赏。这两起事件在网络上均引发了强烈讨论，网民纷纷予以谴责。

2017 年 7 月，澳洲一整容医生通过手机 Snapchat 直播隆胸手术过程，病人的身体及血淋淋的画面被呈现于观众眼前，隐私大白于天下。虽然他在"拍摄前已取得病人同意，而且有四成病人欣然同意他这样做"，但遭到悉尼同行医生巴尔蒂（Laith Barnouti）的斥责，"医生在手术过程中用

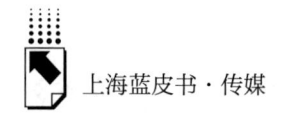

Snapchat，这说明当病人躺在手术床上时，他们（医生）放下工具，停止工作，拿起手机在手术过程拍摄。这不单不道德，亦是干扰手术过程"。此直播事件还引起了网友的热议和谴责。

二 网络直播伦理失范的原因

网络直播伦理失范的原因与网络直播平台、网络直播者、网络受众均有关，下面予以详细分析。

（一）网络直播平台：技术门槛低、监管难

1. 技术门槛低

网络直播只需一台电脑或一部手机在直播平台轻松注册即可开通直播房间，直播门槛几乎为零。移动直播的发展更进一步解放了 PC 端的场景限制，带宽技术及移动 4G 的发展降低了网民们上网的技术成本。与 2G、3G 网络相比，4G 网络能快速高质量地传输数据、文本、视频和图像等。其图像传输的质量不亚于高清晰度的电视。4G 系统下载速度达到 100Mbps，比目前的家用宽带 ADSL（4Mbps）快 25 倍，能够以 20Mbps 的速度上传。普通网民要想成为网络主播，使用智能手机，安装注册相关直播 APP，就可以随走随播，受众也可用手机随时随地观看。即便网络主播因直播色情、暴力等内容被封号，过一段时间，又可以重新注册账号再进入直播平台。而在有些直播平台，用户甚至不需注册就可在热门广场上直接观看任何直播节目。

正是这种门槛较低的直播形态，让很多普通社会大众跃跃欲试，都想利用网络直播形式展现自己的才能。这样的直播平台，为普通大众带来了新奇和快乐，同时也为普通大众打造了一种新的消遣方式和一个释放自我的平台。

2. 监管难

首先，网络直播无法进行事前审查。网络直播不像网络视频节目一样需要层层审核，因而直播内容不会经过"过滤"程序，而是原封不动地被展

示出来，这就为色情、暴力、侵犯隐私等伦理失范行为的发生提供了契机。不仅如此，受众在观看的过程中还会录制直播内容，对直播进行二次传播。

其次，网络直播具有实时性，难以调查取证。由于网络直播的实时性，大多平台都没有或很少设置存储和回看播出内容的功能，从直播者传播行为到受众接收到该行为，其延迟基本不会超过2秒，平台也无法把握下一秒会发生什么。因而网警对主播行为、观众的弹幕评论等信息难以查实，这给调查取证带来了困难，加大了监管部门针对色情、暴力等违法内容的监管难度。

再次，网络直播平台和网络主播数量多，行业准入规则不统一，主播也没受过专业培训，这导致监管范围广、目标多、任务重。庞杂的直播团体，给监管部门的规范化管理造成了很大的困难。

最后，网络直播平台与主播合为利益共同体的商业模式也决定了平台对于直播内容的监管力度大打折扣。受众的数量直接关系直播平台的自身利益，这导致直播平台对自身的监管力度不大，并常常打擦边球，游走在法律和道德的"灰色区域"，对某些违规内容只是象征性暂停直播间，不能起根本性作用。

（二）网络直播者：文化素养低、功利心强

1. 文化素养低

网络直播的主播条件不受限制，不需要专业的设备或人员，不需要达到专业主持人对语言、面貌的要求，不需要具备后期剪辑的技术，因此行业准入门槛很低。网络主播根本不需受任何专业训练，只需凭"才艺""猛料"，加上"大胆"就可吸引受众，而且主播节目无时间限制，自由性强。

也正是网络主播的准入门槛非常低，导致网络主播队伍鱼龙混杂、素质参差不齐，整体水平较低，这就直接导致了"直播造人"等内容的低俗化。再加上主播法律意识淡薄，因而直播"深夜飙车""酒驾"等事件也随之出现。

2. 功利心强

网络主播的功利心体现在渴望"成名"和"致富"上。

先看渴望"成名",与传统媒体广播、电视节目主持人不同,网络主播大多数并不是明星、名人,而是普通人。这些普通人利用直播平台对自己的思想、情绪、生活细节等进行袒露并与观众互动,以获得心理价值、经济报酬、社会认同。相比于明星、艺人,普通人的直播欲望更为强烈,而且时间上比较自由,因而主播们利用各种直播平台"出镜",利用各种大胆夸张、标新立异、哗众取宠的表演来博取眼球,从而迅速成为所谓的"网红",找到自己的存在感,沉浸在众人的敬仰和追捧之中。与网络直播平台签约后的主播们,身份与其他幕后人员无异,但他们成功吸引大批观众后,俨然成了明星。

网络主播们为了成名,不惜一切代价炒作来吸引眼球,为吸引大批粉丝,主播们挖空心思,在直播中说话不遮拦、抚摸身体、肆意呻吟或者裸露身体……如此种种降低了整个网络空间的文化素养,从而导致网络文化畸形发展,严重影响了网络风气。

再看渴望致富,直播平台的盈利模式主要通过粉丝购买虚拟礼物进行打赏,主播将粉丝们送的礼物提现,平台再从中抽成。因而粉丝越多,打赏越多,主播赚得钱也越多。北京市文化市场行政执法总队与共青团北京市委开展的调研显示,33.1%的网络主播月收入500元以下,14.6%的网络主播月收入500~1000元,15.9%的网络主播月收入1000~2000元,18.0%的网络主播月收入2000~5000元,不到一成的网络主播月收入5000元至1万元,不到一成的网络主播月收入万元以上。就网络主播的提成来说,收到不同的礼物,其提成并不一样。大部分礼物的提成是50%,这50%的提成里还有20%~30%是公会提成(所谓公会,即各大网络直播平台上,一定数量的签约主播构成一个个组织,有的称为公会,有的称为家族)。公会、家族规模不等,主要维护旗下主播艺人的直播现场、粉丝互动和发展管理,所以主播可以得到的礼物提成为35%~40%,再扣除8%的个税,网络主播拿到手的提成是35%左右。

在"粉丝和金钱"利益模式的驱动下,主播在直播过程中尤显功利化,将利益最大化作为自身进行社会互动的终极目标。主播们为吸引受众眼球,获得粉丝打赏,会不顾一切突破自身底线搏出位,从最初直播吃饭、聊天,到涉黄、涉暴,甚至模仿吸毒、做假公益等。

(三)受众:消费娱乐、猎奇窥私

1. 消费娱乐

尼尔·波兹曼在《娱乐至死》一书中提到,电视的一般表达方式是娱乐,娱乐的声音是电视不变的声音。电视正把我们的文化转变成娱乐业的广阔舞台,观众到最后会接受它并且喜欢它。

网络直播平台的受众主体,多以年轻人为主,而年轻人喜好娱乐。《2016~2020年中国网络直播行业深度调研及投资前景预测报告》显示:关注直播的群体年龄19岁以下的占11%,20~29岁的占49%,30~39岁的占28%;网民以收看娱乐类和生活类直播为主,分别占50.2%和30.4%,所占比重接近整个直播类型的4/5。

受众观看网络直播,是对影像符号的一种消费,是一种娱乐消遣。他们对主播的"打赏",实则是"消费"了主播带给他们的各种需求的满足,"消费"了主播带给他们的快乐。而为了得到受众的"打赏",网络主播们就要迎合受众的娱乐需求,千方百计地讨好受众,为他们提供肤浅、恶俗的"欲望发泄式"的快乐,甚至为此不惜铤而走险。

波德里亚在《消费社会》一书中提到:身体是最美的消费品。随着消费主义文化的发展与膨胀,身体得到了解放,带来了愉悦的视觉享受,因而逐渐成为一种新消费对象。网络直播将身体消费发挥到极致,身体直接指向人们的感官刺激、欲望、快感等最原始的冲动,美女主播也因此具有巨大魅力,其容颜与身段迎合了大众的"窥淫欲",让大众享受了视觉的"盛宴"与快感。

2. 猎奇窥私

好奇心是人们对某一对象自然关注和感兴趣的心理指向:凡是第一次出

现的、反常的、罕见的或突然发生强烈变化的事物，人们就很容易感兴趣，从而悉心去观察和探究这些事物。

好奇是人与生俱来的心理需求，而如果好奇偏离伦理道德，就变成了窥视。一方面，人们想通过观察他人来了解自己，也想知道他人在究竟做什么；另一方面，人躲在媒介后面窥探他人隐私，也可获得情感的认同与宣泄，以及实现孤独的消除，从而得以增强生活的确定感和自信心。在经济社会飞速发展的时代，工作压力大，生活节奏快，每个人都想通过某种方式排泄内心的苦闷。于是有人就会选择偷窥，借由主播的释放行为满足自我潜意识中的欲望诉求。

而为了满足受众的猎奇心理和窥私欲，直播平台为观众提供了新的互动平台，观众可以在直播间和主播互动，也可看到他人与主播的互动交流，更可以在直播中花钱给主播送礼物，享受主播的致谢。如此虚荣与快感容易让人沉溺其中。而虚荣心和攀比心，也使得主播不得不使尽浑身解数去博得观众的欢心，观众从而慷慨解囊，主播从中得利。有些受众在同主播互动的过程中不断发送色情、低俗的弹幕文字，对女主播进行挑逗，一些网络主播正是瞄准了观众的窥探心理，迎合观众的需求，提出"打赏"要求，当观众"打赏"后主播便会投其所好，做出不当表演行为。

三 综合治理：营造清朗的网络直播空间

习近平总书记在党的十九大报告中特别指出，要加强互联网内容建设，建立网络综合治理体系，以营造清朗的网络空间，并倡导讲品位、讲格调、讲责任，抵制低俗、庸俗、媚俗。网络直播乱象不仅污染了网络环境，阻碍了行业的健康长远发展，也败坏了社会风气和文明风尚，对广大网民尤其青少年身心健康的负面影响很大。这需要政府、网络平台、网络主播、受众这四方的协同综合治理，如此才可营造清朗的网络直播空间。

（一）政府：完善法律法规，健全监管体制

2016年7月以来，政府各部门制定了一系列与网络直播有关的规定：

《文化部关于加强网络表演管理工作的通知》（2016年7月，文化部）、《关于加强网络视听节目直播服务管理有关问题的通知》（2016年9月9日，国家新闻出版广电总局）、《互联网直播服务管理规定》（2016年11月4日，国家互联网信息办公室）、《网络表演经营活动管理办法》（2016年12月12日，文化部）。

以上规定，可对涉嫌违规的直播企业采取措施，有利于"净化"网络空间。同时，政府还可从以下几方面努力。

1. 完善刑法和刑事诉讼法的有关规定

将网络涉黄立法纳入刑法，增强网络直播淫秽、色情信息治理的针对性。目前刑法中的有关条文，虽然规定了对犯罪人判处主刑时，需并处罚金和没收财产，但并没规定罚金的数额标准，这就影响了司法部门的实际操作。应该对该性质犯罪的罚金数额标准做出进一步明确规定。

2. 确立电子证据的法律地位

目前，从《刑事诉讼法》到《公安机关办理刑事案件程序规定》都没有对电子证据给予具体的法律定位，只有《计算机犯罪现场勘验与电子证据检查规则》对电子证据扣押、封存、提取、固定相关内容进行了描述，在指引和规范复杂的实际案件取证工作方面已显现出极大矛盾。因此，为司法实务提供明确的法律依据，结束电子证据的无法律地位状态，是我国证据立法迫切需要解决的问题。

3. 规范手机用户与手机内容提供商、移动运营商之间的民事法律关系

对于移动运营商，要规定供应商提前安装相关软件。可借鉴日本《青少年网络环境整备法》的要求，手机运营商在向未满18岁的未成年人提供服务时必须在手机中安装能过滤有害网站的软件。在美国，如果让年龄限制以下的孩子接触到电信运营商及内容提供商就会受到法律制裁。在韩国，针对那些不适合青少年浏览的网站，实行了严格的年龄和身份核实措施，若有违反必受重罚。

我国应加强这方面的立法，针对未成年人制定相应的保护和惩罚措施，在手机实名制基础上，增加特定网站上网实名制的法律规定。

4. 构建网络信息分级制度

美国、法国、意大利、新加坡等国家为突出对未成年人的保护，都采取了分级治理制度。其中，美国的分级制度比较成熟，联邦政府"2006年提案"要求含色情内容的网站必须加入官方警示标识；众议院司法委员会要求色情邮件须加注标识，以使收件人有权在未阅读的情况下删除邮件；关于色情的分级，采用内容分级（软色情和硬色情）、受众分类（成年人和未成年人）、控制分层（内容层、物理层、代码层）的划分方式，在保护正当表达自由的同时对淫秽色情内容进行管制。

我国法律体系中并未清晰地对涉淫秽色情的内容进行具体分类，可制定针对未成年人的单独法律，防止未成年人受网络淫秽色情内容的污染。可借鉴新加坡、美国等国家的经验，采取事先分级许可制度，对有关网站内容进行分类、甄别、细化，根据受众心理，将网站内容限定在一定范围、一定程度，可以通过哪些途径、为哪些人接收等。

（二）网络平台：完善信息审核制度，加强行业自律

1. 完善信息审核制度

网络平台的低技术门槛，使得低龄的小学生都可以进入主播间观看，从而易受网络直播的负面影响。网络平台要完善信息的审核制度，对不合年龄要求的用户，禁止其注册或进入观看。

审核网络直播平台还可以结合技术手段，如针对网友和主播互动的弹幕，可对里面大量淫秽、下流、侮辱性的语言，采用敏感词过滤系统进行过滤。

2. 加强网络直播行业自律

2016年4月，百度、搜狐、爱奇艺、乐视、优酷、映客、花椒、酷我等20余家从事网络直播的主要负责人共同发布了《北京网络直播行业自律公约》。该公约规定，对网络直播进行实名认证，并对其进行培训和引导，引导其提供形式多样、积极健康的直播内容。不为18岁以下的未成年人提供主播注册通道。

制定了行业规范的网络直播平台要严格按行业规范执行，将自律落到实处。还没有制定行业规范的平台，可像上面提到的20余家学习，制定能约束自己的自律条例，采取切实措施自查自纠，完善内容审核机制和内部管理制度，以保护未成年人。作为信息的把关人，直播平台监管人应当从行业的长远发展考虑，撇清与主播的利益关系，坚决将违背社会公德和触犯法律的直播内容拒之门外，向受众提供健康、向上的文化内容，建立风清气正的直播平台。此外，直播行业成员也可成立行业协会，多方共同监督，以促进整个直播行业的健康发展。

（三）网络主播：加强自律，提升文化素养

网络主播的自律意识，是净化网络直播环境的根本。作为信息的发布者和传播者，网络主播应当具有社会责任感，将人民和社会的利益放在首位，向观众传播积极向上、健康的内容。不要为了"眼球"经济，而不择手段。

同时，网络主播要提升自己的文化素养。网络主播可通过自学或系统学习，在一个或多个领域提高自己的专业素养，实现从业余主播向专业主播的转型。

另外，还要提高网络主播的准入门槛，网络主播入职要通过实名认证，以规避主播直播低俗化内容的行为，确保网络直播从业者能具有更专业的知识内涵和文化素养，而不是靠颜值。

（四）网络受众：提高审美情趣和媒介素养

作为网络空间的建设者和参与者，网络受众审美情趣和媒介素养的高低直接决定了网络空间环境的好坏。

首先，网络受众要提高自己的审美情趣。网络受众要抵制因本能和欲望无节制扩张所带来的低级、庸俗、不健康的心理需要，用"超我"战胜"本我"，将兴趣点多放在社会公益、社会责任上，而不是肤浅的娱乐和低级趣味上。

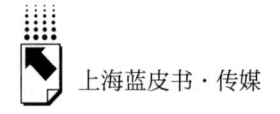

其次，网络受众要提高自己的媒介素养。网络受众要提高使用媒介、批判媒介的能力，能辨别并抵制淫秽色情、诈骗犯罪等低俗化内容，坚持正确导向，自觉维护良好的网络文化，促进整个网络主播行业平稳、健康、有序发展。

四　结语

传播技术的高速发展，使新兴网络直播的繁荣成为可能。然而，网络直播平台的低技术门槛、难监管，网络直播者的低文化素养、追名逐利之欲，受众娱乐消费、猎奇窥私之需求，催生了种种涉黄涉暴侵犯隐私的网络直播伦理失范乱象。

要营造清朗的网络直播空间，政府要完善法律法规，健全监管体制；网络平台要完善信息审核制度，加强行业自律；网络主播要加强自律，提升文化素养；受众要提高自己的审美情趣和媒介素养。只有多方协同综合治理，才有希望净化网络直播环境，净化社会风气。

参考文献

殷妙仲、高鉴国：《社会社区工作——中外视野中的交流》，中国社会科学出版社，2006。

徐蒙、祝仁涛：《新媒体视域下UGC模式的法律风险及其防范——以网络直播为例》，《浙江传媒学院学报》2016年第4期。

钟绪君、王燕荣：《浅析网络直播火爆的原因》，《东南传播》2016年第9期。

严小芳：《场景传播视阈下的网络直播探析》，《新闻界》2016年第15期。

王春枝：《参与式文化的狂欢：网络直播热潮透析》，《电视研究》2017年第1期。

闵卓：《网络直播热的冷思考》，《青年记者》2016年第12期。

李翠翠、张淑华：《规训与惩罚：网络直播中的色情乱象及管理机制分析》，《新闻爱好者》2017年第3期。

刘洋、李琴：《从社会学视角分析网络直播失范行为》，《青年记者》2017年第8期。

尼尔·波兹曼：《娱乐至死》，章艳译，中信出版集团，2015。

波德里亚：《消费社会》，刘成富等译，南京大学出版社，2006。

周春林：《网络直播盛行之下的受众分析》，《视听》2016年第12期。

杨桃莲：《私人领域的凸现与当今媒介文化的"私人化"》，《国际新闻界》2009年第5期。

张洁：《构建打击网络淫秽色情犯罪的电子证据体系》，《云南警官学院学报》2012年第1期。

毕研韬：《各国对网络色情的控制手段》，《信息网络安全》2007年第8期。

武静：《中国网络淫秽色情的法律规制》，《太原大学学报》2013年第1期。

B.16
强监管语境下的短视频发展生态：
现状、问题与调整

方师师　张心志*

摘　要： 进入2018年，作为移动端新兴的传播方式，短视频在世界范围内形成了现象级的传播。与此同时，短视频在国内的起步、勃兴与发展也颇具本地特征和在地化实践特色。基于此，本报告追溯和概括了短视频发展的四个主要时期，目前在国内遇到的问题与发展瓶颈，以及未来发展需要做出的调整和规范。本文认为，短视频发展时期为初熟期和汇入期，在强监管语境下短视频目前发展瓶颈明显，未来短视频发展亟须在价值和规范上做出调整探索。

关键词： 短视频　初熟期　强监管　价值观

一　渐入成熟：本土短视频发展的四个时期

目前就何为短视频（short video/mobile video），相关的说法不甚一致，但基本上认为所谓短视频，是指视频长度在5分钟之内，通过移动智能终端实现快速拍摄、美化和编辑，并且可以在网络平台上传播分享的新兴视频方式。就短视频这种传播形态而言，它改变了以往人们通过图文获取资讯的方

---

* 方师师，新闻学博士，社会学博士后，上海社会科学院新闻研究所助理研究员；张心志，上海社会科学院互联网研究中心研究助理。

式，满足了受众碎片化时间对于即时内容的需求。

短视频这一新事物是数字视频在数字技术不断发展背景下不断演化的结果，是数字视频这一事物经历多轮"创新—扩散"后的产物。我们将"短视频"、"微视频"以及"DV"（Digital Video，数字视频）作为关键词在百度指数中进行搜索和对比（见图1），通过搜索趋势指数可以看出，2006年至2018年"短视频"、"微视频"以及"DV"三个概念在不同时间段呈现不同热度。其中 DV 在2006年至2014年热度最高，微视频在2014年度热度逐渐上升并于2015年到达最高点，短视频在2016年后热度逐渐上升并占据最高热度，至今仍呈上升趋势。通过图1可以基本看出，国内"数字视频"的发展趋势，即经过 DV—微视频—短视频三个发展过程，且三者的发展规律基本符合美国学者埃弗雷特·罗杰斯"创新—扩散"理论中的创新速率曲线，其中 DV 和微视频的创新—扩散过程基本已经完成，而短视频正处于创新—扩散规律的上升阶段。

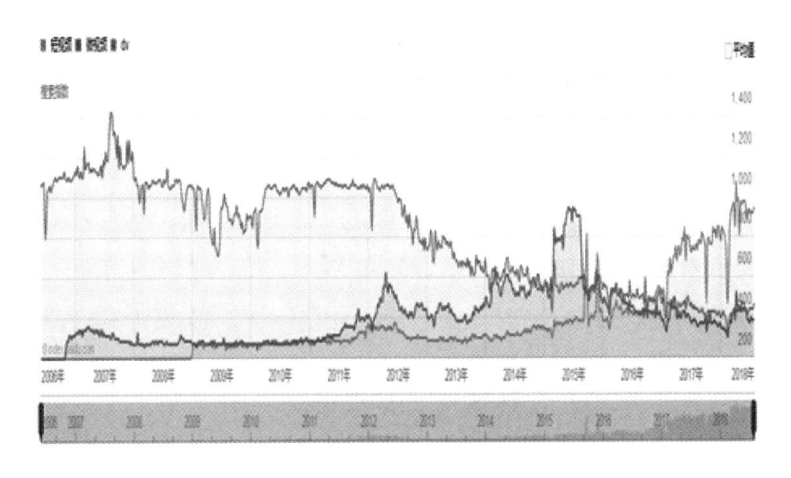

图1 "短视频"、"微视频"以及"DV"百度指数 PC 端搜索指数趋势
资料来源：百度指数，时间范围为2006年至2018年8月。

依据罗杰斯的"创新—扩散"理论，创新事物在社会系统中的发展是一个不断创新和不断扩散的过程，短视频本身也是一种创新事物，必然也会经历像数字视频一样的"创新—扩散"过程。依据"创新—扩散"理论中事物发展的基本过程，结合短视频行业发展现状，我们将短视频发展历程分为"引入期"、"成长期"以及"初熟期"三个阶段，以及目前由传统媒体入场带来的第四个阶段"汇入期"。

（一）引入期：技术与资本相互磨合

2011年，北京快手科技首次上线手机应用"gif快手"，用户可以使用该应用将多张照片合成为gif动图，2012年11月，快手将该应用转型为记录和分享工作、生活的短视频社区，将此作为中国短视频市场的发育起点。随后秒拍、美拍、抖音、梨视频相继上线，短视频进入互联网企业产业布局的引入期，但由于短视频播放对移动终端、网络接入速率以及流量消耗都有较高要求，因此在这一阶段用户对短视频消费并不买账。尽管各个互联网企业对短视频行业的融资次数逐年增加，但短视频市场一直处于不温不火的状态。

对于短视频市场来说，这一阶段是其初期自我生长阶段，早期各大互联网企业的资本还未大范围涉足短视频领域，产品推出早期并没有专业的营销和推广，短视频的自身发展主要依靠不断的创新和探索。以快手的发展为例，"gif快手"早期将产品定位为制作gif动图的工具软件，由于其近社会化媒体的属性以及通过优化用户体验推进产品不断创新，平台不断积累用户。2012年11月"gif快手"更新为3.40版本，将产品转型为短视频社区，由于产品定位转变，用户一时无法适应，使快手V3.40成为其产品史上评价最低的一个版本，用户一度流失。此后快手官方对产品进行多次优化，更新多个版本，在V3.56中加入分享视频到朋友圈功能，V4.09加入配音功能，V4.11加入QQ分享功能，V4.17加入场景特效，用户活跃度开始回升，呈现不断增长趋势。在此阶段，以快手为主的短视频平台在优化产品的同时，开始注重平台内的内容生产，在明星和草根双元驱动下，逐渐培养起短视频市场用户消费习惯，平台用户数呈指数型上升，短视频市场得以进一步发展。此后秒拍、美拍、西瓜视频、梨视频相继上线，入驻短视频领域，各平台依据自身产品定位不断开拓短视频市场。短视频市场的火热发展引起国内资本团体的注意，随后各资本团体相继进入短视频领域，融资事件数量不断增多，融资数额也由千万元级升级为亿元级。以此为节点，短视频市场结束自我成长阶段进入平台和资本双元驱动短视频产业发展的阶段。

罗杰斯在"创新—扩散"理论中提到，创新事物在社会系统中扩散并不一定成功，只有不断实现自我创新才能够进一步推进新事物在社会系统中的扩散。快手 V3.40 发布平台转型后遇冷，用户活跃度下降，根本原因是短视频作为创新事物没有完全适应当前社会系统运作机制，此后快手快速反应对产品进行多次创新才使得短视频在社会系统中进一步扩散。

通过以上分析，短视频在引入期主要经历了优化用户体验、完善产品定位、注重内容生产、培养消费习惯、积累用户流量、完成资本融资以及形成行业模式。短视频平台在多方面的探索创新为短视频行业此后爆发式增长奠定了用户、流量、资本以及内容等方面的基础。

（二）成长期：奠定内容—流量—广告模式

罗杰斯将创新—扩散的对象分为：创新者、早期采用者、早期众多跟进者、后期众多跟进者、滞后者。以快手为代表的互联网平台在短视频创新—扩散的过程中扮演着"创新者"的角色，短视频应用的用户则扮演"早期采用者"的角色，各资本团体后续入驻短视频领域则为"早期众多跟进者"，当短视频"火"起来后，更多用户开始使用短视频应用时这类用户扮演"后期众多跟进者"的角色。

第 42 次《中国互联网络发展状况统计报告》显示，截至 2018 年 6 月 30 日，我国网民规模达 8.02 亿人，其中手机网民规模达 7.88 亿人，网民使用手机上网的比例达 98.3%。[1] 移动终端的普及、4G 移动互联网技术的成熟，为短视频市场的发展奠定了基本的物质基础。此外，移动终端的普及使用户的阅读习惯更加碎片化，用户希望在最短的时间里接收更多的信息，

---

[1] 中国互联网络信息中心：第 42 次《中国互联网络发展状况统计报告》，http://www.cac.gov.cn/2018-08/20/c_1123296882.htm。

从文字到图片再到视频，无疑视频播放更契合当前碎片化的消费需求。基于移动终端技术的发展、用户阅读习惯的转变以及互联网企业的长期布局，2017年短视频市场开始突破行业临界点，呈几何量级爆发式增长。

虽然当前学界和业界对短视频元年是2016年还是2017年尚有争议，但2016年至2017年无疑是短视频市场爆发式增长的阶段。在这一阶段，短视频的创新由自身微观层面的内容和产品创新转移到宏观层面的生产模式和产业布局创新。2016年后多家短视频APP相继上线，已形成百度系、阿里系、腾讯系、头条系、新浪系以及360系多足鼎立短视频市场的局面。此外，艾瑞咨询《2017年中国短视频行业研究报告》显示，2017年前3季度短视频领域的融资事件数量已达48起，超越2016年度41起成为历史最高。[1] 各方资本团体加大对短视频行业的投资力度，为短视频行业的内容生产提供了坚实的资金支持。各短视频平台在获得资金扶持后，立足于自己的产品定位，扶持平台内的内容创业者，吸引大批优秀内容创作者进入短视频领域，进而拓展平台内的内容生产。当前短视频内容生产已初步形成UGC（User Generated Content，用户生产内容）、PGC（Partner Generated Content，专业机构生产内容）以及PUGC（Professional User Generated Content，专业用户生产内容）三种模式，保障了平台持续内容输入能力，为平台发展提供充足动力。短视频平台在内容分发上也在探索新的渠道，除平台自身的传播渠道外，还与传统视频网站、社交网站以及新闻集合平台合作，扩大内容分发范围。在内容变现上，短视频平台除了传统的广告植入外，还有内容版权出售、内容用户付费（打赏、付费观看）、内容IP孵化、衍生品开发以及网店变现等多种模式。

整体来看，短视频市场在资本的强劲介入下，加速实现了短视频这一创新事物在社会系统中的扩散，在成长阶段，短视频平台基本打通了内容持续生产—内容高效分发—内容商业变现这一实现盈利的商业模式。但对于短视

---

[1] 艾瑞咨询：《2017年中国短视频行业研究报告》，http://www.199it.com/archives/670553.html。

频市场的产业布局来说这是第一阶段，短视频还需探索更加成熟的商业模式，不断拓展短视频市场的产业链，从而能够在整个传媒行业规划产业布局，实现更大的商业诉求。

（三）初熟期：精准分发与多渠道变现

Trust Data《2018年短视频行业发展简析》显示：2017年4月短视频行业月活跃用户量为1.5亿人，2018年4月平台月活跃用户量已达3.6亿人，日活跃用户数已达1.6亿人，短视频行业日均启动次数最高达8次，用户日均使用时长达87分钟，各项数值均使短视频平台超过传统综合视频平台，成为当前收割网络流量的利器。2017年短视频行业市场规模达57.3亿元，预计2020年将超300亿元，各大互联网企业为获取网络红利争相加大对短视频平台的投资力度，2018年4月腾讯复活"微视"，依托微信、QQ社交平台推广；6月阿里准备上线名为"独客"的短视频APP，主推生活消费短视频，此外还有"动次""newTV"等短视频应用已获融资，2018年底上线。在这一时期，各短视频平台在依托各自平台定位加速产业布局的同时，也在加大对平台上游和下游产业的投资力度，积极探索成熟商业模式完善短视频产业链。

在内容生产上，平台方一方面加大对内容生产的扶持力度，如2018年8月，百度的全民小视频推出"经纪人模式"，拿出了亿万现金补贴，延续短视频扶持内容生产的神话；另一方面也在积极探索内容生产的新渠道，如2018年8月，抖音宣布入驻游戏领域上线游戏频道，西瓜视频入驻自制综艺领域，腾讯视频爱玩游戏产品上线，各平台探索多元内容生产模式，拓展平台内容分类，实现内容嵌套化生产，搭建多内容输出矩阵，增强平台优质垂直内容生产能力。通过对短视频行业标签的研究可以发现，2018年以前短视频标签关键词多为"猎奇夸张""中年社会""三四线""社会人"。而2018年标签内容则明显丰富化，多为"年轻时尚""风格清新""活力动感""旅游越野""可爱宠物""恋爱情侣"。由此可见，短视频平台在内容生产上的产业布局已初步取得成果。

在内容分发上，除以抖音为代表的算法分发内容模式外，各平台继续探索内容制造商模式（Multi-Channel Network，MCN）在短视频领域的应用，实现资源优化配置，提高产业运作效率。前瞻产业研究院《2018~2023年中国网络视频行业深度调研与投资战略规划分析报告》显示，2017年短视频MCN市场规模已有1700家，预计2019年短视频MCN市场规模将达到4700家，这将为短视频行业进一步发展提供良好的市场环境。MCN模式能够简化内容生产、分发和变现之间的流程，降低生产成本、精准分发内容和优化广告投放效果。此外，各平台还依据自身定位打造平台内特色社区，增设主题频道，依托去中心化社交网络，加强短视频在用户群体当中的传播与流通。尤其是2018年4月腾讯"复活"微视后，微视依托中国两大即时通讯社交平台QQ和微信进行产品推广。在4月当月，微视月活跃用户量环比增长147%，以472万名月活跃用户抢占短视频应用前十榜单，鉴于QQ和微信庞大的用户群体，微视用户量还有很大的提升空间。

在内容变现上，当前短视频行业的商业变现模式已初步形成广告、电商以及用户付费三种方式，从内容生产、分发以及传播三个环节实现内容变现、渠道变现以及流量变现。在各平台逐渐采用MCN模式运作的背景下，短视频行业各个环节的商业变现能力逐渐增强，创作者依靠优质垂直内容进行营销，打造个人网红经济，以内容IP和个人电商进行商业变现。MCN依靠自身渠道整合优势，优化短视频产业结构，以渠道分成和直营电商进行商业变现，而平台则依靠平台建设积聚用户流量，以贴片、信息流广告和会员模式将平台流量进行商业变现。整体而言，平台商业变现模式越发成熟，已形成完整的内容—流量—变现良性循环的生态闭环。但从目前的发展来看，行业内也存在隐患。今日头条《2017年短视频创作者商业变现报告》显示，在短视频的制作团队中，仅有30.25%的团队实现略有盈利，团队变现方式主要依靠平台的补贴奖金，创作者内容变现能力主要集中在头部内容，而对于大多数创作团队来说依然缺少内容营销、流量支持等配套措施，致使大多数创作团队处于亏损状态。对于短视频行业来说，内容创作是行业发展的关键环节，如果创作团队长期依靠平台补贴必将带来后续隐患。

（四）汇入期：传统媒体入场短视频

受媒介融合政策与现实需要的影响，传统媒体也开始入场短视频。据不完全统计，当前中国市场短视频应用已超过 340 款，各款应用虽然都有自己的产品定位，但整体来看，仍存在多款应用争夺某一领域市场的现象。

就传统媒体而言，其优势主要集中在：第一，拥有时政、新闻采编权，因此短视频内容可以主打国内动态新闻，监测社会热点；第二，采编专业化，品牌社会影响力强，容易形成现象级传播；第三，可以在多个平台进行内容分发，传播平台多元化；第四，与社交媒体合作可以实现传播效果的增量。国内传统媒体在短视频头部阵营的主要产品与现状详见表 1。

传统媒体挤进短视频头部阵营、试图发力短视频领域的努力同样面临挑战。从媒体布局而言，是单打独斗还是矩阵化布局？从内容定位而言，是固守本位还是用户本位？从传播形态而言，是追随当前时间碎片化、阅读移动化、信息立体化的潮流，还是引导用户重返深度阅读的模式？从媒体属性而言，是继续做好相关宣传工作，还是确立用户体验至上的标准等，都是传统媒体纠结和犹豫的问题。

第一，在内容生产方面，重新闻、轻原创。虽然不管是传统媒体，还是新兴的科技公司，都面临"内容为王"、发挥短视频新闻社交性强的优势、注重对 UGC 视频内容的开发利用等问题。但是对于传统媒体来说，平衡好视频时长与完整信息的呈现，既要满足读者的兴趣点，又要保证内容的高质量，成为其进行短视频生产的首要任务。这在很多时候也是传统媒体入场短视频时对于自身的定位。

第二，在分发渠道方面，存在社交媒体渠道依赖。就目前而言，社交类平台、新闻聚合类平台是其最为重要的分发渠道，虽然传统媒体在各个场合多次表示其希望能够自建渠道，包括《人民日报》等多个媒体也在尝试进行这方面的探索，但就目前情况而言，依托、依附在社交媒体平台上进行视频的分发依然是最重要，可能也是效率最高的方式。这就形成了传统媒体短视频传播渠道上的社交媒体依赖，并且需要符合平台媒体的监管政策。

表 1 传统媒体视频内容主要平台及产品

电视媒体	纸质媒体	新闻网站	视频平台	简介、定位以及口号	代表作(数据来源:腾讯视频)
		界面新闻	箭厂	青年视角发掘中国故事	演了20年日本鬼子的三浦研一眼中的国产抗日神剧(129.2万次)
		中国青年网	青蜂侠	严肃打捞各类有趣有品的新闻边角料	交通事故不哭孩子 暖男交警拥抱安抚:有我在你别怕(171.5万次)
		澎湃新闻	澎湃视频	致力于做最好的原创新闻短视频,做最快的新闻事件直播	待宰牛蛙开口"叫妈"或是声声带变异(52.4万次)
			上直播	直击事发的第一现场	
		财新网	财新视频	以独立观察者和权威评论员身份,捕捉财经新闻镜头,解读政策趋势,梳理事件脉络,透视市场变局观	微纪录 直播下的疯狂广场舞(342.5万次)
		封面新闻	封面视频	为"80后""90后"打造正能量、年轻态、个性化的全国性新闻产品	烧烤西瓜吃过没?印度106岁老奶奶凭做乡村美食成网红(225.0万次)
			视野		"华南虎假照案"主角周正龙仍在拍虎:9月证据齐了去北京申诉(2290.1万次)
	人民日报		央视新闻移动网		中国大航海时代的历史(2352.0万次)
	南方周末		南瓜视业	影像美食,视觉盛宴,名人讲堂,南瓜观点	
	新京报		动新闻	中国3D新闻第一媒体,不看一字而知天下事	八达岭动物园事件当事人亲述被虎叼走细节 回应质疑(2105.6万次)
	新华社		我们视频	用直播和短视频覆盖热点新闻和重要现场	
			新华视频	全球同步亲历,现场一起感知	梦娃—中国梦 我的梦(48.4万次)
	浙报集团		浙江视频	简单粗暴,有趣有料	缘分啊 浙江一对夫妻发现22年前两家照片已同框(1401.5万次)
东方卫视			看看新闻	用镜头启示生活 在上海,看世界	《相亲才会赢》:"冰镜侠"的11块2(1912.8万次) 陪伴是最长情的告白:90后上海小夫妻的生死爱情(488.1万次)
北京电视台			时间视频	每一条新闻都发生在北京时间	恐惧!湘潭大学女生深夜被6条恶狗追咬 事后保卫处24小时捕捉流浪狗(1181.1万次)

204

第三，在话语体系方面，文字与视觉语言转换不畅。受传统媒体思维形态的限制，其转场短视频还存在话语体系和心理屏障，比如文字语言和视觉语言的转换、对短视频这种新传播形态的不适应，以及发自内心地觉得短视频不上档次的心态等，都阻碍了传统媒体在短视频制作和传播上的主动性，容易被专业短视频平台夺走大部分市场。

第四，在生产条件方面，受到传统体制制约。一方面，传统媒体依然需要将很多的人力、物力、财力投放在原有的传播形态上，短视频对其来说很多时候只是边角料和配菜；另一方面，短视频的传播不仅仅是一个内容生产的问题，还涉及智能传播、大数据分析、用户画像、内容匹配等算法和计算机技术，传统媒体在这方面非常欠缺专业性技术人才，而且引进制度也不够完善。有媒体表示他们非常需要程序员和设计师来参与内容的制作和分发，却付不起和市场价匹配的薪酬，"因为这样一来，他的工资比我们的主编还高"。

第五，在盈利模式方面，短视频业务变现模式不清晰。对于短视频的变现，目前市场上主要还是流量—广告模式，但对于传统媒体来说，这一块数据除了用于向上汇报之外，很难将其转化为真正的利润和广告收入。因此，虽然传统媒体知道短视频相关的用户市场是一块非常有价值的领域，但缺乏合理的变现模式导致其缺乏拓展动力。

二 强监管语境下短视频目前的发展瓶颈

2017年短视频市场迅速崛起，用户群体不断扩大，原本短视频行业内的问题不断被放大，对社会产生极大影响。为稳定行业发展，消除对社会的不良效应，2018年4月以来政府监管部门对短视频行业实施了一系列监管措施。4月初，广电总局、国家网信办约谈了今日头条（抖音）、快手，随后抖音上线风险提示系统，快手优化算法推送机制。4月10日，国家广播电视总局责令"今日头条"永久关停"内涵段子"客户端软件及公众号，随后今日头条大面积清理平台内的不良内容，其中包括扩大人工审核团队，关停抖音评论，删除不良评论。4月12日，针对此前央视曝光的"未成年妈妈"事件，快手上线"家长控制模式"，建立未成年人保护体系。5月10日，国家广播电视总局通报，经过一个月的审查，已清理下线问题节目150余万条，封禁违规账户4万余个，关闭直播间4512个，封禁主播2083个，拦截问题信息1350多万条。[1] 7月16日，国家版权局等部门联合启动"剑网2018"专项行动，旨在打击网络侵权盗版，其中短视频是重点整治领域之一。[2] 7月27日，19家短视频集中整顿，B站整改一个月，秒拍永久下架。[3]

从4月至今政府与网信办一系列监管举措来看，整改方式已由约谈整改升级为关停下架；监管范围由对原先平台的内容审核扩展到对用户内容的生产规范；监管方式由被动反应转变为主动开展专项活动治理；在内容层面，4月初的监管主要坚持原则性规则，打击平台内危害用户的不良信息，7月的监管则更倾向于坚持规范性规则，打击网络侵权盗版行为，规范平台内容生产，推动短视频行业持续发展。

在互联网的发展过程中，新事物的产生都会给社会发展带来机遇和挑战，短视频市场的迅速崛起一方面满足了用户的内容消费和社交需求，另一方面也带来了一些负面影响，当负面影响威胁社会稳定时，政府部门必然采取宏观调控措施治理行业问题，根据以上分析，短视频的发展路径基本验证了这一发展规律。目前短视频业务存在的问题主要有以下几方面。

（一）内容低俗化和"泛娱乐化"

短视频平台"抖音"在2016年9月上线，经过一年多的发展，平台日活跃用户已突破1.5亿人，月活用户超过3亿人。在如此短的时间内平台迅

---

[1]《国家广播电视总局通报直播和短视频网站整顿成果》，http://m.gmw.cn/2018-05/12/content_28748172.htm。

[2]《四部门整治自媒体"洗稿" 重点监管短视频平台》，http://finance.ifeng.com/a/20180716/16387022_0.shtml。

[3]《19家短视频集中遭整顿：B站整改一个月》，http://capital.people.com.cn/n1/2018/0730/c405954-30177100.html。

速聚集大批用户，这主要得益于抖音 UGC、PGC、PUGC 的内容生产模式和抖音自身易上传、易扩散的平台优势。但正因为平台上传、发布、转发内容的无限制性，打破了传统内容审核机制，使得平台上的内容信息越发混乱，内容低俗化在所难免。2018 年 4 月政府相关部门对短视频平台进行首次大规模整治，正是因为平台上出现的"未成年妈妈"引发社会舆论，虽然相关部门及时出手整治，但其后平台上仍时而出现低俗甚至色情内容，如"小孩直播时，妈妈在洗澡"、"女孩录抖音拍到妹子换衣服"、抖音涉嫌在广告中投放"对英烈不敬内容"等事件。除平台偶然出现的低俗内容外，还有些短视频平台直接以"内涵""福利"为噱头，发布具有暗示性的低俗内容。对于媒体平台来说，低俗内容的泛滥将对用户产生不良影响，危害未成年用户的健康成长，引起社会反感，给平台良性发展带来不利影响。而对于社会层面来说，低俗内容违背了社会道德底线和公序良俗，扰乱社会风气，滋生不稳定因素，造成社会动乱，给社会稳定发展带来不利影响。

（二）制作过程存在侵犯版权现象

当前，短视频平台的内容生产模式主要为 UGC + PGC 模式，其中 UGC 模式是平台内容生产的主要构成，鉴于 UGC 自身的草根性质，用户在制作短视频时缺少专业制作能力，用户不具备选择选题、前期策划、后期剪辑的能力，无法生产出用户满意的内容，对此各短视频平台优化软件交互功能，为用户提供短视频制作教程和模板，用户只需按照软件的教程操作，就可以拍摄制作出当前平台上流行的短片。这一模式解决了用户制作难题，却也带来了侵犯版权的问题，同样，侵犯版权的现象也存在于 PGC 模式中，2018年 4 月短视频创业者吴冲就曾自述：为什么败给了低俗和抄袭。文章中指出对于专业人士来说，短视频的制作要求偏低，短片的主要竞争力集中在创意和桥段上，因此存在模仿恶搞原作品的现象，比如当前短视频平台上存在不少模仿短动画的真人模仿作品，同样的创意，同样的桥段，只是换了真人来演，此举实质上已构成侵权行为。除 UGC 和 PGC 模式外，平台方也存在滥用原创作品，侵犯他人著作权的现象，平台为扩大其数据库内容增强竞争

力，默许用户上传他人作品，甚至以信息聚合平台为借口，平台自身也参与上传他人作品，侵害他人权益。

《著作权法》第22条1款第1项规定：为个人学习、研究或者欣赏，使用他人已经发表的作品属于合理使用的情形。但用于商业目的使用他人作品则属于侵犯他人著作权。如果任由其侵犯版权，平台内的内容生产将会枯竭，优质原创作品缺乏创新动力，缺乏优质内容持续输入的平台将难以维系用户对平台的黏性，导致平台用户的流失。

（三）平台推送与审核机制不完善

抖音2016年9月上线，恰逢短视频市场崛起的节点，在经过半年的前期战略部署后，2017年春节抖音迅速在网络上"火"起来，用户数量不断攀高，每日活跃用户数经历了一轮"暴涨"，由不到4000万人上升到接近7000万人。除市场大环境的影响，其也与今日头条的算法优势有一定关系，抖音在上线之初，就在产品层面加入算法推荐模型保证内容分发效率。平台根据用户观看习惯，依据算法规则给用户推送内容，满足用户信息需求，在推送中运用算法虽然可以提高分发效率，但也会带来一系列弊端。首先，其将受众接收内容的选择权和创作者内容的传播权都交给了机器，当算法出现问题时则会扰乱推送结果，干扰受众的选择权和创作者的传播权；其次，算法毕竟是机器，缺乏传统的价值导向，信息推送中只根据用户习惯和平台的内容热度，使得平台内具有热度的不良内容进一步扩散，造成不良社会反响；最后，平台自身的商业诉求也决定了平台希望通过推送打造出"现象级"热点内容，进一步提升平台热度和竞争力，而算法是平台实现这一目的的重要方法。因此，存在算法审查、平台偏向、信息茧房以及回音壁等问题。

短视频具有制作简单、易于转发、传播迅速的特性，只要用户上传的内容有足够的吸引点，便能在短时间内传遍网络，产生巨大的社会反映，若传播内容积极健康则能发挥良好的社会效应，但是如果传播低俗有害内容则会引起负面影响。面对此种情况短视频平台的内容审核则显得尤为重要，作为内容过滤网，如果网眼过大则无法过滤危害信息，若网眼过小则会减少平台的内容输入，影响平台持续发展，这是短视频平台当前所处的尴尬境地，当前各平台采取的审核方法大多为"机器+人工"审核的方式，由于视频、音频审核技术尚未成熟，机器审核经常出现误判的情况，实践中并不理想。而人工审核却又难以审核当前海量信息，实践中效率低下。

（四）缺乏被认同的价值观体系

短视频伴随着智能化内容聚合分发算法体系和基于用户与专业机构的混合型内容生产模式的发展，对于传统媒体的传播格局和属性定位构成了一定挑战。在我国，媒介体制改革经历了40年，但在一些基本问题上，依然继承并持续发扬党和国家与媒体的基本关系定位。但在这一点上，很多商业公司和新兴业务没有给予特别关注，导致很多不必要的价值观和利益冲突。值得一提的是，这一价值观体系并非不能改变，而是需要策略性地推动。比如在一些宣传效果、到达能力、服务意识、盈利模式等问题上，传统媒体体系是存在问题的，这些在体制内部也有很多讨论，而商业公司和新兴业务可以在一些问题上从局部协助解决一些问题，那么这个就是对原有体系的价值和贡献。同时，公司和企业还需要将自身的价值观想好摆正，在社会上有效传播，推动价值观体系朝着有利于自身发展的方向推进。

三 调整探索：短视频未来发展的适应与规范

自4月政府部门加大对短视频平台的监管力度之后，各平台纷纷接受整改意见，并在平台内按照政府部门意见进行整改，清理不良内容、封禁违规账号、建立防沉迷程序、上线"家长控制模式"以净化短视频平台环境，整体来看，主要呈现政府主动推动、行业被动行动的治理态势。各平台对自身存在的问题缺乏足够的认识，没有树立起行业规范，缺乏共同的行为准则，在具体治理过程中缺乏积极性。虽有一些企业在遵循政府整改意见之外主动实施其他治理新措施，但难以引起行业共鸣，取得治理效果。

（一）深入探索算法的社会价值观

针对"算法有无价值观"的争论，既表达了当前社会中对于传播主导权转移的焦虑，也体现出政府部门对于国家意识形态渗透的特别关注。针对这一点，避谈和晦谈都不可取，关键是要建立一种积极主动、健康向上的价值观，并且能够在社会中进行传播和普及，带动整个社会适应和重塑价值观。商业利益并非不能讲，但要将其适当地纳入主流框架中，进行策略化传播。目前的情况是，很多问题没有一个明确的是非，看似救火一般地道歉，实际上会让用户和受众形成一种"认知基模"——用来认知和解读外部世界的基本框架，这一框架还会在未来左右用户和社会对于新事物的认知，形成固有成见。因此，在一开始要非常谨慎和小心，要用坦诚的状态去面对问题，但是需要策略化应对。

（二）完善法律法规，激发创作活力

2018年五部门的"剑网"行动，打响了短视频领域治理侵犯版权的第一枪，这说明政府层面已意识到短视频领域保护版权的重要性。由于短视频平台是新事物，传统的《版权法》在相关规定上并不完全适用，这给政府的版权治理行动带来新的挑战。在"剑网"行动的某些环节上，政府主要还是依据国家机器的行政力量和此前的案例进行治理，实质上"剑网"行动在某些细节上还缺少法律效力和法律权威。因此，当前短视频版权保护的相关法律条文还需完善，在这个方面，企业既有一线实践经验，同时自身也是受害者，因此也可以拓展渠道积极参与到这些法律和法规的制定过程中，协助完善细节部分，让短视频领域的版权保护有法可依。

（三）完善推送机制，加强内容审核

用户上传是平台内容的最大输入口，为保证内容质量，平台的内容审核必不可少，当前各平台采用的审核方式多为"机器+人工"审核，存在效率不高、难以审核平台全部内容的弊端。对此，平台可建立内容多元化监管体系，设立红白名单制度，根据上传者上传内容评估其平台信誉度，将长期上传优质内容的账号归入红名单内，对其上传内容给予豁免审查资格；将上传不良内容的账号归入白名单内，加大对其审核力度，同时对信誉体系进行动态维护，定时更新用户信誉积分。此外，完善注册账号信息，实行网络实名制，平台保留对上传不良内容账号的追责权利。同时，对平台数据库中的内容进行动态分类，制定不良信息严苛度模型，实行平台内信息分级制度，动态审核平台内容。平台审核除自身发力之外，还可借力用户群体，引导扶持用户建立自律审查组织，完善不良内容举报机制。

（四）优化扶持资金，生产优质内容

优质内容生产是短视频平台持久发展的重要动力，但当前平台的一个软肋就在于内容库缺少多样和优质的内容，这也是算法被诟病的深层次原因，造成用户长期接收同质化、高热度、低俗内容的现象。因此，短视频平台不仅要在技术上完善算法，还应扩大平台优质内容储备，持续为用户输出多样、优质、正能量内容，增强用户黏性。

当前，各大平台都拿出专项资金用于扶持优质内容生产。平台内出现了一批优质内容案例，生产主体大多来自专业团队，但当前平台内容生产的主体仍是UGC模式，专项资金很难用于扶持"草根"。此外，专项资金的使用大多以生产优质内容给予奖励的形式发放，这对短视频生产者的专业技能并没有实质性提升，扶持资金并没有落地解决优质内容的持续生产问题，因此，专项资金的合理分配成为平台当前需要考虑的重要问题，平台方在发放优质内容奖励的基础上，还应拿出部分资金给内容生产者开设培训课程，培养其"小大正"理念，提升其职业技能，以保证优质内容的持续生产。

（五）建立行业协会，制定行业准则

短视频平台近两年的爆发式发展打开了短视频消费的市场，引起各方关注，产生了巨大的社会影响力。但由于其发展速度过快，行业内的准则与规范还未成形，相关行业协会还未成熟运作。各平台缺乏统一的运营标杆，缺

少协调行业内部运作的机构，以致各平台各自为政，相互恶意竞争。鉴于当前发展态势，如果单纯依靠行业自发完善，则还需时日。因此，可以鼓励各平台依据实际情况，合力共建行业协会，制定行业准则。涉及行业准则的具体内容，政府须坚持大方向坚决不能错、小细节行业共商议的原则，给予行业自主决策权。

（六）探索成熟商业模式，推动行业持续发展

短视频市场经过互联网企业几年的产业布局，其产业运作模式基本成形，从内容生产到平台运作再到流量变现各个节点都已打通，此外，各方资本还在相继进入短视频领域，短视频市场必将有进一步发展。但就目前短视频商业模式来看，仍存在行业垄断化、优质内容生产乏力、流量变现模式不稳定、追求商业利益忽略社会价值的问题。各大平台还需探索成熟的商业模式，在追求商业价值的同时弘扬社会价值，推动行业持续发展。

内容制造商模式（Multi-Channel Network，MCN）源于国外成熟的网红经济运作，其本质是一个多频道网络的产品形态，将PGC（专业内容生产）内容联合起来，在资本的有力支持下，保障内容的持续输出，从而最终实现商业的稳定变现。该模式对当前短视频平台具有极大意义，就国内而言，短视频平台对各方资本依然有极大吸引力，满足MCN模式必要的资本需求。各平台应树立正确的竞争观念，加强各平台之间的合作，在短视频领域推动MCN模式的推广实施，同时各平台要依据自身特色定位，打造自身品牌优势，营造良好的竞争生态。

B.17
移动社交APP的分类与发展现状

李 敬*

摘 要： 在当前中国，社交类APP是当前APP市场上最多的应用之一。本文梳理了近年来社交类APP市场的现状和发展历程，按产品模式和社交特点进行分类，对"社交+"概念影响下移动社交产品的创新模式进行分析；并结合微信、陌陌等一些典型案例和行业数据，思考产品设计需要注意的一些问题，以及社交类APP产品的市场发展前景。

关键词： 社交APP 社交+ 短视频

近年来社交类APP数量呈不断上升的趋势，产品越来越丰富，从单纯的社交软件转向了"社交+"功能，休闲娱乐、电商、新闻类产品也添加了社交功能。一方面其发展源于人们社会交往的本能需求，另一方面它的多元化又不断构建新的交往方式，以市场为目的扩大社交范围，推动新的APP产品问世，这是产品与用户使用的双向互动过程。社交APP经历了哪些变化、现状如何，面对激烈的用户竞争社交类APP产品该如何发展？

一 社交类APP产品发展概况

《2017年全球移动社交市场研究报告》显示，2017年位于各社交软件

---

* 李敬，文学（传播学）博士，上海社会科学院新闻研究所副研究员，主要研究方向为传播学理论。

排名之首的是Facebook，活跃用户达21.0亿人，同属Facebook系的社交产品WhatsAPP和Messenger则分列第二、第三位。而中国互联网巨头腾讯旗下社交软件微信、QQ则分别以9.6亿名及8.8亿名活跃用户位列第四、第五。从中国市场社交软件的行业发展来看，腾讯公司开发的QQ是最早的即时通信软件（Tencent Instant Messenger），1999年注册用户就突破了6万人，2017年注册用户已突破8亿人，QQ是社交类产品早期不可取代的优胜者，承载了人们的社交需求；2005年至2010年是互联网高速发展的时期，微博、开心网、人人网等社交软件迅速崛起，也开发出新的社交模式，从熟人社交走向更开放的陌生人社交，用户的信息发布也从被动走向主动，以内容带动社交替代了单纯的通信模式。以微博为例，新浪微博在传播效果和功能上，无论是私密信息还是公开信息都超越了QQ的既有传播方式，用户可以更主动地选择自己感兴趣的内容，广告商也可以针对垂直人群分类进行更有效、精准的传播，对既有的传播路径造成冲击，开启了用户习惯培育和商业盈利的新起点；2010年至今，随着智能手机的发展，移动传播勃兴，尤其当通信技术在2014年迎来了4G新时代，其为移动互联网（Mobile Internet，MI）的发展注入了巨大的能量，移动传播开始飞跃式发展，各类社交APP如雨后春笋版海量出现，竞争激烈，社交软件的使用已成为大部分人生活中不可缺少的一部分。早在2011年问世的微信可谓社交APP的领头羊，并以强劲的技术更新能力维系其领先地位。截至2018年2月，微信全球用户月活数突破10亿人大关，微信在2016年已覆盖中国94%以上的智能手机，用户覆盖200多个国家超过20种语言，广告收入增至36.79亿元，微信支付用户则达到4亿人左右。2017年问世的微信小程序更是增加了用户黏性，小程序使用的手机覆盖率已近70%。

QuestMobile数据显示，2017年移动社交行业的用户规模接近移动网民，渗透率高达92.9%。中国网民在移动社交上花费的时间已经超过总盘子的36%，移动社交不断更新产品形态，尝试新的盈利模式，我们看到的社交+游戏、视频社交+陌生人社交、社交+内容/电商的KOL社交等创新模式层出不穷，"社交+"的游戏APP"绝地求生：刺激战场"、陌陌、探探、泡泡、小红书、拼多多等成为多个领域的佼佼者杀出重围,移动互联网正式进入"社交+"时代。中国移动互联网数据库统计数据显示,移动网民注意力主要集中在移动社交和泛娱乐,用户使用即时通信的时间明显向短视频转移(见图1)。

中国移动互联网各热门行业

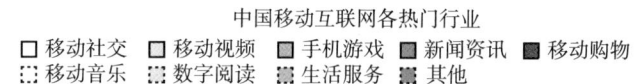

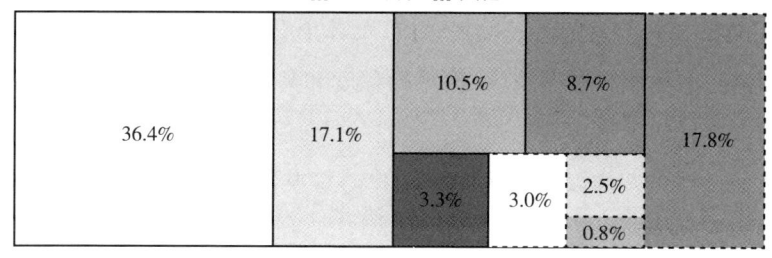

□ 移动社交　□ 移动视频　□ 手机游戏　□ 新闻资讯　■ 移动购物
▭ 移动音乐　▭ 数字阅读　▦ 生活服务　▨ 其他

36.4%	17.1%	10.5%	8.7%	17.8%
		3.3%	3.0%	2.5%
				0.8%

图1　中国移动互联网各热门行业时长占比

资料来源:QuestMobile TRUTH 中国移动互联网数据库,2017年12月。

从社交创新模式上说,基于 LBS 的陌生人社交向跨地域半松散的泛社交转型,它包括探探 APP 这样的陌生人社交升级、社交+视频的模式,爱奇艺泡泡 APP 以及社交+内容的 KOL 模式,今日头条的微头条 APP;即时通信的熟人社交向基于关系圈延伸的服务功能延展,比如社交+电商的小红书和拼多多 APP,以及社交+游戏的王者荣耀 APP。这些新的尝试成功增加了用户黏度,也激发了创作优质内容的优质用户的生成,比如今日头条——视频成为今日头条的重要功能,头条内视频功能活跃用户稳步增长;传统 KOL 社交平台通过微信联动+短视频的方式进行流量价值延展,微博用户看短视频的占比45.2%,看短视频的时间占总使用时长的80.5%,微博+短视频已成为短视频发展的成熟模式之一,而微信微博联动的模式在2017年覆盖人群已超过9500万人。强社交属性的社交类手游王者荣耀,在2017年呈爆发性增长,日活跃用户突破1.4亿人,2018年第一季度腾讯推出的刺激战场和全军出击两款游戏,也在上线1个月实现日活跃用户破1000万人,社交类手游爆发性增长。①

---

① 数据出自 QuestMobile 整理的2018年2月中国移动互联网数据库,相关资料见 http://www.opp2.com/76184.html。

二 社交APP产品的现状与分析

（一）社交关系方式的分类

从关系方式上看，社交APP可以大体上分为熟人社交、陌生人社交、兴趣图谱几个类型。根据陌生/熟悉的程度和共同兴趣的程度，可以具体分为四类。

第一，社交人群以熟人为主，用户对好友间分享的信息感兴趣。此类APP如QQ和微信。

第二，社交人群多为陌生人，但彼此分享有兴趣的信息内容。此类APP如豆瓣和KEEP。

第三，社交人群为陌生人，用户有明确的目的来使用工具，目的达到后即离开。此类APP如相亲网站等。

第四，社交人群以熟人为主，用户以工作为目的使用APP，信息的发布和分享与兴趣喜好无关，围绕工作展开。此类APP如职场社交等。

我们再来看这四类产品的人群特点和用户使用习惯。

第一类产品的用户之间多为熟人，陌生人也占少数。彼此之间有较强的信任和亲密度，社交圈相对封闭。产品主要提供多元的即时通信服务（文字、图片、语音、通话）、生活信息分享（朋友圈、空间）、信息资讯服务、"互联网+"的相关生活服务诸如缴费、转账、理财、打车、购票等，以及小程序等功能性APP的替代服务等，培养用户的使用习惯，增加用户黏性，具有非常高的用户使用率和留存率。比如说，微信与微博最大的不同在于，后者是开放式传播，而微信是半封闭式传播，仅好友间可见的朋友圈承载了微信社交的主要功能。《微信2017年度用户报告》中明确指出，微信用户好友规模，与2014年相比有较大增长。根据中国信息通信研究院调研，2016年，表示好友数量在200人以上的受访者比例接近45%；其中好友数量达到500人以上的用户，占受访者数量的13.3%。报告指出，微信关系链由强关系链条衔接的家人、好友范围,向弱关系联系的泛工作关系网络延伸。有57.22%的受访者表示新增好友多为泛工作关系,职业社交也成为微信社交的重要一环。[①] 随着"泛好友"人数的不断增加,微信朋友圈愈加庞大,仅从人数绝对值上看,微信朋友圈分享信息的传播效果就已不容小觑;而更重要的是,虽然从数量上说微信的信息传播范围远不及微博,但半封闭式、熟人或"泛好友"的社交关系使得信息的分享更容易获取信任和重视,这是陌生人间的信息交流无法比肩的。

第二类产品的用户主要为陌生人,用户的社交行为完全源自共同的兴趣爱好,情感维系较弱。用户订阅、分享、讨论自己感兴趣的内容,在此基础上形成社交互动。产品也提供线下活动板块,用户社交可以进一步延展,用户留存率一般。数据显示,2016年第四季度中国陌生人社交应用用户规模达4.88亿人,较2016年第三季度增长3.61%。中国陌生人社交应用用户规模增长速度逐渐放缓,用户规模从增量转向存量。通过高质量的功能服务提升用户体验,提高用户黏度将是陌生人社交应用未来的发展方向。

第三类产品的用户主要为陌生人,用户为了明确的目的使用APP,产品以服务功能为主,社交是延伸性的,用户通常达成使用目的后就会离开,黏性差,用户留存率很低。

第四类产品的用户主要为陌生人,用户为了职业需求进行线上社交,产品为用户提供职场的相关信息,用户建立自己的职业社交圈与其从业需求直接相关。用户之间感情维系脆弱,用户黏度一般,视个人具体就业情况而定,二度使用率视初次使用感受而定。

(二)产品模式的分类

根据移动社交的需求、方式以及产品的特点,社交APP可以分为以下几类。

[①] 《微信2017年度用户报告》pdf版。

1. 基于 LBS 的陌生人社交服务

陌陌可谓此类产品的典型代表，后起之秀更是数不胜数。微信和 QQ 等熟人社交产品也在尝试 LBS 服务，但实名认证以及既有社交群体的稳定性都使得该功能并不适用。此类产品利用 LBS 技术让陌生人之间建立起社交联系，在发现陌生人方面，产品根据实时定位技术等实现社交匹配，或以用户的个人资料及其留在该平台甚至多个其他平台上的行为数据为依据，向陌生人进行推荐；应用商店提供各种虚拟产品以及定位、游戏等服务。此类产品的用户为陌生人，彼此缺乏了解和信任，为了保障客户的安全和平台的口碑、竞争力，此类产品近年来聚焦垂直化群体分类，不断完善用户筛选机制。[①] 2017 年中国陌生人社交市场中的陌陌可谓一枝独秀，成为陌生人社交行业唯一的上市公司，在市场上占据较大份额。后来的探探居上，在 2016 年完成 C 轮融资 3200 万美元，占据市场第二份额。无秘、对面、遇见等陌生人社交软件雄起，试图占领剩余市场，陌生人社交市场竞争激烈。从一些有代表性的陌生人社交 APP 来看：陌陌，成立于 2011 年，是基于地理位置提供泛社交和泛娱乐的平台。根据公开财报，2016 年陌陌用户规模连续四个季度上升，2016 年末月活跃用户达到 8110 万人，2016 年净营收 2.461 亿美元，其中直播净营收 1.948 亿美元，占总营收的 79%。凭借直播和短视频功能，陌陌取得了一定的市场优势，但与打造泛娱乐平台目标存在差异，内容多样化、使用场景和用户群拓宽成为其发展突破口。2014 年上线的探探 APP，则基于位置、兴趣爱好的推荐算法，目标用户为年轻群体，探探先后完成三轮融资，用户匹配数超过 5.3 亿次。探探"左滑右滑、互相喜欢才能聊天"的核心产品机制满足年轻人尤其是年轻女性防骚扰的需求，成为陌生人社交市场的黑马。2016 年第四季度中国陌生人社交 APP 活跃用户排行榜中，陌陌的活跃用户占比 5.11%，以绝对优势领先于行业，探探的活跃用户占比 1.76%，位居第二，与陌陌存在较大差距。陌

---

① 李坤洋、李新怡：《网络社交型企业商业生态系统的演化分析——以 Facebook 为例》，《商业经济研究》2018 年第 9 期。

陌凭借直播和短视频功能领先于行业，探探凭借年轻用户群体后来居上，其他陌生人社交APP行业竞争力有待提高，提供特色功能、提升用户体验将有利于陌生人社交APP进一步发展。对面APP，定位于为年轻人提供游戏化交友的平台，抛绣球、乐园、帮会等游戏化功能成为陌生人社交的新方式，游戏化交友方式给予年轻用户新鲜感，可吸收新用户，但从长远发展角度，它仍需要通过安全、精准的匹配方式实现用户留存率的提高。总的来说，陌生人社交用户规模逐步趋于稳定，陌生人社交行业向商业化发展，为品牌广告主提供相应服务。广告主通过视频、直播方式进行场景营销与品牌营销，海量用户为营销提供流量来源。陌生人社交应用的精准匹配技术实现将广告精准投放到目标用户，有助于移动营销的发展，同时为陌生人社交应用实现流量变现带来巨大的潜在收入。另外，随着智能技术和大数据算法的发展，陌生人社交标准发生了改变，兴趣、价值观成为外表之后的又一标准。陌生人社交软件对用户兴趣爱好、价值观、性格进行测试，通过大数据算法对用户进行精准匹配，提高用户匹配率，提高用户黏度。[①]

2."社交+"功能的创新模式

对社交软件的高度依赖和使用习惯，带出了新的商业盈利模式，即"社交+"。传统的商业化平台立足于销售，要保证销量只能在货源、渠道、价格等上下功夫。但这种新模式与中心化商业平台最大的区别就在于，它以社交带动销售，以KOL拉动用户，它是改变用户消费习惯的全新尝试。"社交+"作为一种全新的概念，加号后面可以跟上全行业，诸如"社交+电商""社交+知识付费""社交+视频平台""社交+服务""社交+新闻"等都是重要的尝试。比较知名的有小红书、抖音、拼多多、微头条等APP产品。其中小红书的产品设计尤为领先，它鼓励用户展示真实的产品使用情况，发布照片，并以明星用户增强KOL的传播效果。

---

① 艾媒资讯：《2016～2017年中国陌生人社交行业研究报告》，智库文档，https://doc.mbalib.com/view/34db2a8fe86efc1d62c25474ef2d7e4f.html。

3. 内容型社交

内容型产品做社交服务，根本上是上述"社交+"的细分。它是很重要的一种社交类产品，优质内容的获取是软件生存的重中之重。优质的原创内容哪里来？这是内容型APP必须考虑的问题。要维系长久的原创优质内容发布，靠平台自身显然难以持久。而有创造力的优质用户正是提供优质原创内容的根本资源所在，抓住优质用户就保住了内容创作，有了优质内容也就增加了用户黏性，它们是相互作用的关系。因此，提高有创作性的用户使用黏性，是内容型产品的关键。如内容型问答平台的百度知道APP，有创意的问题回答者可以使用APP的即时聊天功能，通过即时的信息反馈提高用户兴趣，从而鼓励高质量用户的积极性。

4. 视频社交

2016年始，资本进入短视频领域从而迅速带出短视频的爆炸式发展，产品定位于年轻用户，低门槛、高流量是资本进入的重要诱因。经过发展和不断调整的短视频产品在2018年发展出短视频社交的新模式，可以说它也属于"社交+"的概念，是近年来迅速发展起来的对陌生人社交产品的推进和延伸的新举动。短视频社交的根本变革在于它取代了传统的图文社交，以视频沟通为全新的内容形态。总体来说，"视频社交+"主要有三个领域，"社交+内容社区""视频社交+陌生人""视频+熟人社交"。[①] 陌陌、DOV、FACE等陌生人视频社交APP纷纷涌进这块全新的市场，不仅是陌生人社交产品，熟人社交产品也尝试加入短视频的工具性新功能，诸如If、WeToo、大眼、Tiki等，另外"内容社交+视频"的产品以内容为主、视频为辅，诸如快手、火山抖音、muse等。陌生人短视频社交是尤其重要的一块市场，看上去新颖光鲜的新社交模式能否切实增加用户黏性还有进一步讨论的空间。

视频社交产品有它的优势：首先，视频社交的真实度更高，相较于依赖图文传播的陌生人社交，用户之间信任度很低，甚至对方是人还是机器代码都难以辨别，而视频社交增加了陌生人之间的信任度；其次，视频社交是即

[①] 华金香：《移动短视频社交应用现状及未来发展探析》，《出版广角》2018年第8期。

时沟通，和图文传播所允许的异步社交完全不同，它使得陌生人之间的互动性大大增强，用户发送的社交讯号可以得到立刻回应，增强了用户使用的积极性和趣味性；最后，视频社交相对于图文社交，它所带来的用户体验更有冲击力，而且视频社交模式本身就分流出外形更有优势的用户，这样的用户特质又进一步增加了陌生人视频社交的吸引力。[1] 但视频社交也有它的劣势：第一，微信、QQ 等老牌社交所允许的异步社交模式适用于现代人碎片化的时间，而视频的即时通信对时间的完整性提出了更高的要求，因此，以学生为主、时间更充裕、更年轻的用户成为视频社交的主要用户；第二，视频社交让用户对自己的外貌更加关注，持续的视频交流会带来较大的心理压力，这是图文社交所没有的问题；第三，陌生人社交以视频的方式进行，找不到话题的尴尬会影响用户体验，而异步社交则有充分的考虑时间。

因此，视频社交产品相对于图文通信产品有它的优势，但同时其缺点也使得视频社交产品必须在人群定位、垂直细分、功能整合等方面下功夫，它并不是一个完全"替代型"产品，产品设计需要尤其注意以下两个方面：第一，功能多元化，化解聊天冷场。比如 TIKI，在产品中设置了 party 功能，根据特定主题随机匹配用户参加，用各种答题方式来"热身"，减少用户之间聊天无话题的尴尬；另外，视频对话可以设置不显示用户自己的头像，通过减少用户的自我关注来增加用户对对方的关注。第二，视频社交需要有一定的流量基础。陌陌、IN、TIKI、快手在视频功能上线之前，都积累了不少用户，陌陌的陌生人社交、IN 的摄影生活等社区内容、TIKI 前期的 BIU 中学生社交等，较稳定的流量基础为视频社交的新尝试提供了支撑。

三 社交 APP 的发展思考

陌生人社交和熟人社交产品中，哪种产品会更有市场呢？从 2017 年的

---

[1] 方欣：《移动互联网环境下短视频 APP 的发展现状及问题研究》，《东南传播》2018 年第 7 期。

数据排名来看，下载量排名最高的前两位是QQ和微信，陌生人社交APP陌陌排名也位于前列。熟人社交APP的用户量的确占据绝对优势，但通过前文对四种类型的分析我们也看到，虽然熟人社交有强劲的用户黏度，但熟人社交和线上交往的有限性难以满足人们对社会交往的全部需求，因此陌生人社交以趣味性、新鲜度和丰富的线下延展空间受到人们的欢迎，人群定位清晰的垂直型社交APP兴起，而短视频、主播等新功能又不断为陌生人社交产品注入活力，加上前期流量的沉淀时间总体不长，市场仍处在自由竞争阶段，尚未出现行业垄断，机遇与挑战并行。

在"社交+"大环境下社交APP产品的市场竞争是激烈的，目标用户的准确定位、产品推广和有效的第三方传播、用户行为记录功能适度、良好的交互用户体验、运行后台技术支撑，这些都非常关键。人群的垂直细分，是产品成功吸引用户的基点，比如上文提到的短视频社交，产品的人群定位和图文社交一定有差异，即时性要求用户有相对完整的支配时间，传播方式也限定了用户的年龄层。另外，比如付费社交产品，对于"80后"一代来说，很多互联网产品的免费使用已经成为习惯，但对于"90后""00后"的互联网新生代来说，付费使用是更容易被接受的。再者，产品的第三方有效传播是重要的市场推广策略。对视频社交类产品的随机匹配功能而言，需要第三方传播，比如网络红人"迈克隋"推广下陌陌就顺利开启了它的流行趋势，微信、知乎最初也同样得益于网文的热捧，产品平台自身的推广不及第三方营销，有效的推广策略可使产品更顺畅地进入目标市场。此外，适度的用户行为记录功能，也是产品贴合人意的"一剂良方"，线下社交是线上社交的延伸，当用户之间的社交延展到具体的生活中，适度的用户行为记录就成为让用户感到"安全"的重要保障。2016年TalkingData的数据显示，使用APP的人群中26岁至35岁的群体占比为52.07%，36岁至45岁群体比例达18.44%，19岁至25岁群体比例为17.72%，55岁以上人群的比例仅为2.14%，年轻人显然是APP的主要用户群体。对于年轻用户来说，产品的使用体验非常重要，也就是说APP的设计要人性化、交互界面友好，使用便捷愉悦，产品能够灵敏捕捉用户的使用习惯和兴趣，推送合适的推荐，友好的交互体验是增强用户黏性、提升二度使用率的关键点。目前市场上因为用户体验差被"遗忘"、卸载的APP不在少数，TalkingData的数据显示，近八成网民手机中装有30个以上APP，但其中仅有28.6%的APP被用户经常使用，46.9%的APP偶尔被使用，另外24.5%的APP在下载后几乎没有被使用过。未来在社交APP市场，巨大的发展潜力将促使产品的内容服务不断优化。

B.18
作为新社会力量的媒介：新传播环境下社区媒体参与社区治理研究*

郭恩强 邓以勒**

摘　要： 以新媒体技术为物质基础，中国各地的网络社区论坛、媒体社区类APP、具有社区功能的社交软件、平面媒体社区版等，都能成为传播网络的节点，形成参与社区治理的新力量。媒体社区类APP是此种新社会力量参与社区治理的代表。但现实运作中，以新民邻声为案例可以看出，这种新社会力量遇到了转型、定位、资源、技术、人员等一系列亟待解决的疑难问题，使得新社会力量参与社区治理的效果大打折扣。如何解决社区治理新力量遇到的问题？本文认为，新媒体环境下，除了培育以媒体社区类平台为代表的治理力量，还应重视新社会力量参与社区治理的资源、技术、人员保障，进而增强社区效力和活力。治理方式上，还应构建新社会力量参与的新模式和新体系，进一步推动其参与社区治理下人—媒介—社区的互动融合。

关键词： 社区治理　社区媒体　社区参与　网络社会

---

* 本文为上海市哲社规划青年课题"移动传播时代新社区媒体推进上海社区治理研究"（2017EXW001）的阶段性成果。
** 郭恩强，华东政法大学传播学院副教授，博士，研究方向为媒介史、新闻史；邓以勒，华东政法大学传媒法制硕士研究生。

2016年《新民晚报》构建了一个新媒体平台——新民邻声APP，这一新媒体平台集社区、资讯、服务功能于一体，立足上海，为更多上海市民提供本地的资讯和服务，同时为用户提供社区社交场景服务。但经过一年多的实践与发展，其最初设立的致力于解决资讯和服务难以到达小区和家庭的社会需求痛点，融合社会需求、媒体需求和政府需求，侧重解决百姓日益精准的需求表达与公共服务精确供给能力之间矛盾的目标，现实效果并不明显，作为社区服务类新媒体项目，其发展遭遇瓶颈。无独有偶，深圳市罗湖社区居民对社区网络使用效果也表现出强烈的不信任，有高达43%和33%的被调查者持着怀疑态度，他们并不相信社区网络可以影响社区决策以及起到"网络问政"的作用。

但新传播技术形塑的网络社会对传统条块分割式社区治理的挑战，也是不争的事实。一边是新兴社区居民在实体社区中的参与感、归属感降低，另一边则是居民使用新媒体平台参与各项社会事务的黏性习惯成为必然，在这两者的矛盾中，如何使作为新社会力量的媒介平台深度介入，参与治理社区，成为本报告关注的主题。

一 传统社会力量参与当下社区治理面临的问题及挑战

（一）新传播技术形塑的网络社会使传统条块分割式的社区科层治理模式效用减弱

在民政部关于城市社区建设的文件中，"社区被认为是聚居在一定地域范围内的人们所组成的社会生活共同体"[1]。中国官方对社区的关注重点是实体空间，由此决定了社区只能是一个街道、几个小区，或人口、经济相对较为集中的商业区。在农业与工业文明的漫长历史中，与科层制管理相适应的城市社区管理模式自然有其合理性，条块分割的空间布局使得较小流动性

---

[1] 谢远学：《中国公众参与社会管理路径研究》，华中科技大学硕士学位论文，2014。

的、强调在地认同的管理方式更有效率。但在信息社会或网络社会的既定事实下，现代城市社区的管理模式因传播技术革命引发的人类关系或交往方式的改变而显得不合时宜。

（二）新城市化背景下，新兴社区居民在实体社区中参与感、归属感降低，同时与使用新媒体平台参与各项社会事务的黏性习惯冲突严重

一个明显的事实是，在现代城市社区中，社区内人际交往减少，居民对社区事务或活动较少关注，社区参与缺乏兴趣等成为普遍现象。在笔者对青岛《半岛都市报》社区报一位编务总监的访谈中，他提及，他们的老年读者偏多，年轻人参与度低是正常现象，因为他们都要上班。为了更好地解决社区媒体与居民接触的问题，他们采取的办法只能是通过学生把报纸带回家，让更多年轻人了解社区，尤其是工作和活动动态。此种状况"在新型移民社区表现特别明显。居民之间没有了原来以血缘和地缘为支撑的社会交往网络，住在同一个楼道内、面对面的两户人家，彼此毫无了解的现象比比皆是，形成了典型的'陌生人社会'"。[①] 究其原因，除了工作节奏紧张难以分身外，在现代城市社区中，居民对社区事务和社区活动缺少关注，社区参与缺乏兴趣，社区内的人际交往更是日益减少，而这样的情况也变得越来越普遍。另外，从人口统计指标上看，不同代际对参与社区管理的不同态度，也说明了当今中国实体社区所面临的挑战。但悖谬的是，已有的研究也表明，即使老年人相对积极地参与社区活动，但在老年人群中社区参与的积极性并不高。同时，在城市社区中，老年人利用网络媒体进行社会交往倒是越来越普遍。

实体社区中居民对社区参与的漠视，与当下中国民众使用蓬勃发展的社交媒体进行社会参与的现实充满了违和感。与此同时，现代中国语境下城市

---

① 陈翔：《新媒体在社区治理创新中的应用——以苏州工业园区东沙湖社工委建设"虚拟社区"为例》，苏州大学硕士学位论文，2015。

化进程造成的人户分离,也导致实体社区空心化。流动的节点使得僵化的、固定的社区空间失去了本应附着其上的价值情感方面的意义。

(三)现有实体社区与媒体相结合的管理尝试,主要做法是将媒体纳入原有组织架构,还没有完全发挥出社区媒体作为社区治理新力量的潜能

为了应对信息社会的挑战,中国社区的管理部门转变了治理模式,与此同时,传统媒体也面临着通过下沉到社区,以便更好生存的转型问题。前者"以城市网格化管理为代表,即运用数字化、信息化手段,以街道、社区、网格为区域范围,通过城市网格化管理信息平台,实现市区联动、资源共享的一种城市管理新模式"[①]。社区网格化是一种社区传播形态,它的目的是实现人与技术的互构,它把人际传播和组织传播嵌入技术设施体系中,在维系自身正常运行的同时,还承载着社区信息的传播和社区工作的开展。不过上述利用网络和社区相结合的管理模式也存在诸多问题。以福州市社区网站集群为例,被称为"福州模式"的社区在线平台,是一个由福州社区网总站和包括福州市300多个社区网站组成的网站集群,这些网站完全根据目前我国社区的行政层级划分,从"纵向上划分为三级(市、区、街道),加上社区层级,社区在线平台总共为金字塔形的四级,从上至下每一层级都有自己相对独立的网站。此种设计不仅使得属于同一区的社区网站内容大多雷同,按照行政区划设定的互动栏目也无法吸引大家兴趣,如'社区大家谈'实际成为居委会信息发布场所,'网友评论''我想回答'子栏目网友的回应数量基本为零"[②]。深圳市罗湖社区家园网也采取了类似的架构。"家园网对照实体社区建立了'小区—社区—街道—区'的四级网络发言人制度,对超出社区职能范围的

[①] 王斌、贺嘉钰:《试析信息技术在基层社会管理中的应用:以社区网格化为例》,《国际新闻界》2013年第9期。
[②] 曹剑光:《社区"虚拟"公共服务平台创新研究——"福州模式"现状、不足及再造探析》,中国行政改革论坛,2011。

诉求,由四级协同解决"[1]。再以上海市杨浦区新江湾城街道为例,该街道的社区网络也呈现实体社区科层制翻版的特点。该街道按照政府机构设置形成了微博集群,在官方主微博基础上整合了街道各个部门和各个居委会的官方微博。这些以社区团工委、街道妇女之家、社区侨之家、街道计生办、党员服务中心命名的微博,是实体社区行政管理机构的现实对应物。[2] 就后者而言,作为社区管理主体的区委街道也利用纸媒转型风口,将其纳入治理框架,以弥补新媒体环境下社区治理的不足。青岛城区的街道就与《半岛都市报》的社区报网络合作,以街道党工委、办事处为基本单位,一个街道创办一份报纸,目前创办了20份社区报,覆盖青岛市内四区45个街道中的20个街道。《半岛都市报》社区报的编务总监介绍,在具体运作中,街道办或者区政府补贴一部分费用,有些社区报,如《市南社区报》,头版由区委、区政府及社区报共同商量选题和头版。同时,这些社区报还给七八个街道办事处、有关部门做微信公众号,包括从采到编的全流程。由此可见,在一些纸媒内嵌社区的过程中,为了生存和获得发展资源,往往沦为区委或街道的治理助手。

二 新社会力量推动社区治理全面转型

(一)新社会力量形成的网络化社区实践,催生传统社区治理的组织机制与模式转型

正如卡斯特的研究所显示的,我们早已身处网络化的时代与社会。这种网络化既是现代的政治、经济、文化等系统的网络化,也是新媒体技术支撑下的虚拟社区的网络化。

宽泛意义上的网络社区(Network Community)以互联网技术为基础,

---

[1] 张志安、范华、刘莹:《新媒体的社区融合和公民参与式治理——以深圳市罗湖社区家园网为例》,《社会治理》2015年第3期。
[2] 邓希:《新媒体环境下的社区传播探索与研究》,复旦大学硕士学位论文,2014。

"包括了社交网站、论坛、贴吧、公告栏、群组讨论、个人空间,以及微信、微博等形式的网上交流空间"①。除此之外,网络化社区又可以指实体社区中利用信息技术实现的社区网络结构,以区别于此前纵横分明,条块分割的社区结构。以网络社区为代表的社区新力量,既体现在小区论坛、业主论坛、公众号等方面,也体现在传统媒体介入社区后形成的网络化社区结构。前者以上海《新民晚报》新民邻声的尝试为代表,后者则以前述青岛《半岛都市报》的社区报实践为体现。

新旧媒体积极介入社区事务形成的社区治理新力量,改变了以往中国城市里各区委、街道作为社区治理绝对主体的单一结构局面,使得原有的社区治理生态发生变化。《半岛都市报》各社区报进入社区后,帮助建立了各种联结关系。社区报内容总监接受访谈时表示,社区报进入社区后,不仅为政府各部门进社区做策划和组织,为商家进社区搭建平台,做冠名活动,做商家与居民之间的桥梁;还举办讲座、剧场、文艺演出、社区大集、露天电影、专题活动、专场展销等活动。在机制上,每个街道都有一个驻站记者在街道办或者居委会工作,并专门给社区记者安排一个办公室,由此可见,社区媒体勾连了各方主体参与社区事务,改变了原有社区的组织机制和模式。

另外,网络社区能在宽广的空间和短暂的时间内,集聚大量具有一定凝聚力的成员,这样一种组织特点为社区成员参与实体社区治理提供强大效能。社区居民因此也常常依靠像小区论坛、业主公众号等网络论坛和微博微信等社交软件进行沟通、讨论、串联,在无组织、无领袖的状态下集体开展特定群体活动。② 依靠电子邮件、聊天室、博客、开放源代码等社会性软件进行联结。③ 正如克莱·舍基所言,这种"无组织的组织"形成了一种力量,"之所以说它是一种力量,就在于它的组织化传播,即通过社会化媒体

---

① 高慧军:《新媒体推动公共服务供给转向合作治理模式研究——基于网络社区的形成和功能的分析》,《华南师范大学学报》(社会科学版)2015年第3期。
② 丁慧民、韦暮、杨丽:《网络动员及其对高校政治稳定的冲击与挑战》,《北京青年政治学院学报》2006年第2期。
③ 〔美〕克莱·舍基:《未来是湿的》,胡泳、沈满琳译,中国人民大学出版社,2009。

聚合分散的社会力量,再通过媒体特有的传播方式而形成一种组织化的传播"①。通过这种方式,社区中人与人之间的关系由此得以改变。

(二)新社会力量形成的社区实践,推动传统社区治理中共同意识凝聚方式的转型

"现在的生活节奏都挺快的,平日里大家都是各忙各的,很少有机会见面,更别说坐在一起聊天了,所以很多小区里的邻居都不熟悉,要是有个微信邻居群就方便多了,大家有空的时候就能在群里交流分享、共同维权,我觉得挺不错的。"这是鄂尔多斯一位小区居民对使用微信群将带来社区变化的期许。而对于青岛的社区报《珠海路街道社区新闻》的读者来说,社区报写的都是社区里的身边人、身边事,这让居民读起来感觉很亲切。接受访谈的《半岛都市报》社区报内容的负责人也提及,社区里的老人最喜欢看的是健康知识。现在的老年人都很关注自身健康,希望多了解一些养生和保健的知识,除了健康知识,他们也希望参加报纸上组织的活动,丰富日常生活,增进邻里和谐。

从中可以看出,人是社区活动的主体,人与人之间的交往是重要的人类活动。人际交往是社区内外开展各种活动、联系与交流,以及实现社区环境与社区居民良性互动的重要渠道。保障社区居民进行交流与讨论,是凝聚社区共识、解决社区问题,进而开展组织行动的重要一环。

社区居民通过使用基于Web2.0技术的交互网络,迅速快捷地集结至社区的虚拟空间,集中交流和讨论彼此关注的公共事务。待达成共识、制定出具体方案,便通过交互网络第一时间告知所有上线居民,使方案迅速转化为现实中的集体行动。在媒体平台介入实体社区后,正如舍基所言,当我们改变了沟通的方式,也就改变了社会。有研究表明,网民在使用门户型新媒体时,通常有非理性和群体极化的表达,但是在基于真实社区的新媒体中如业

---

① 冯阳:《无组织的组织传播:社会化媒体聚合传播现象研究》,河北大学硕士学位论文,2014。

主微信群、社区QQ群等，居民的表达会较为平和，也更具有建设性和协商性，这是因为在线下对应着利益共同体和人际关系网。此外，利用新媒体开展线上议事能够避免面对面讨论的尴尬，给居民带来一定程度上的区隔和距离，使得讨论更具有真实性，大家也更敢于讨论、愿意讨论。同时，这样一种线上沟通的方式，能够熟络居民关系，培植彼此感情，形成富有人情味的良好人际关系，从而营造良好的议事氛围。"苏州工业园区另一实体社区80%以上为年轻居民，本地户籍居民少，由于白天工作繁忙，相互之间互动少、参与社区活动少。自从有了QQ讨论组后，居民之间强化了即时沟通，自行协商解决邻里纠纷，逐步形成相互提醒、相关关照、相互退让、相互谅解的社区氛围。同时，在小区业委会筹备、居委会换届选举、党支部公推公选、物业公司合同续签等方面，社区居民更愿意在网络社区各抒己见、弥合分歧。"[1]

（三）新社会力量形成的社区实践，要求传统社区治理的协调合作机制再造升级

城市的实体社区有着一定的人口空间，在这里生活需要居民的协调与合作，才能使社区事务井然有序。过去，这种协调工作交给了街道或小区的物业或管委会，管理社区的流程都通过街道、社区、物业的管理部门加以实施，居民只是被动的被管理者。但社区媒体下沉社区后，利用其沟通串联作用，促进原有社区各方参与者协调机制的升级。在社区新媒体领域，网络社区的特性就是激发网络时代个体的主动性，让人们自行组织、自行聚散。交易成本因为网络社会性工具的出现而大大降低，同时也为实体社区提供了平台。实体社区本质上就是合作的，而社会性工具可以完美地支持它，这是因为在这样的社区里，社会性工具可以帮助成员吸收新的成员，或者允许感兴趣的用户搜索和找到自己。正如锦园小区那样，依托于小区总群，五个苑区

---

[1] 陈翔：《新媒体在社区治理创新中的应用——以苏州工业园区东沙湖社工委建设"虚拟社区"为例》，苏州大学硕士学位论文，2015。

的微信群以及各种兴趣爱好群也相继建立。有了微信总群,有了分苑的微信群,小区里又出现了新的微信群,比如烘焙群、羽毛球群、户外运动群等,有十几种之多。"突然之间,感觉小区内的气氛就变了,让人觉得暖洋洋的。"建群后几天,有人在群里发了这么一句感慨。在这里,作为网络社区的微信群成为协调居民、让人们彼此接触合作的有力组织者。

参与社区治理的这些新力量,再造了实体社区的组织流程和结构,提供了社区居民日常协调与合作的新方式。在哈尔滨的香坊区,550个创城网格中每个网格建立一个由职能部门、街道社区干部、志愿者参加的创城微信群,形成一个基础的工作团队。基于微信平台,市、区、街三方合力,居民、商家、有关部门六方会谈,成功解决了扰民纠纷和路面破损等各种问题。截至目前,香坊区1584个小区庭院建有微信群,乱堆乱放、邻里纠纷等问题得到快速调解和处理。在深圳的罗湖区,尽管社区网络架构还是以实体社区的科层制为模板,但即便如此,使用社区家园网后"与社区他人交流频次"以及"与社区他人关系的紧密度"的反馈比例都达到了68%,从数据的提升可以看出,家园网的使用使居民在线下"与社区他人交流频次"及"紧密度"有所提升。如在线下协作方面,有71%的被调查者"参与了更多的线下社区活动";68%的被调查者"更加感觉到社区的其他人是可信的";76%的被调查者"更强烈地感觉到自己属于这个社区的一员";而83%的家园网居民则认为有"更多人愿意透过自身行动维持社区和谐";79%的受访者"更加认同社区的沟通交流可以使我从中获益"。可见,社区网络促进了社区居民的认同感、主动性以及集体合作意愿。再以新民邻声的做法为例,虽然其最初制定的"万人计划"经过一年多的实践效果并不理想,但类似的社区APP将实体社区的传播节点汇聚到网络社区的节点之上,再将之延伸到线下其他实体社区节点,通过线上与线下联合互动,通过与相关政府部门、街道、企业和社会组织合作,在社区共治局面形成过程中,促使社区治理协调合作机制多元化。

在中国的城市社区语境中,网络论坛、QQ、微博、微信等社交媒体在居民与居民之间、居民与社区之间基本上实现了有效覆盖。通过这些网络力量,社区居民再造了互通、互联、互动的网上社区协调与合作新空间。这些网络社区更有助于人们自由地表达自己的利益诉求,并进行线上与线下的协调与合作,从而克服实体社区中由社会因素差异而导致的群体或个人利益的受阻,形成线下的有效合作和集体行动。①

三 进一步推动新社会力量参与社区治理的几点思考

以新媒体技术为物质基础,中国各地的网络社区论坛、媒体社区类APP、具有社区功能的社交软件、纸质媒体社区版等,都成为传播网络的节点,形成参与社区治理的新力量。但现实运作中,这种新社会力量遇到了转型、定位、资源、技术、人员等一系列亟待解决的问题,使得参与社区治理的效果大打折扣。针对社区治理新力量遇到的问题和挑战,本文认为,除了在治理方式上构建新社会力量参与社区治理的新模式和新体系,还应该培育以媒体社区类平台为代表的治理力量,重视新社会力量参与社区治理的资源、技术、人员保障,进而增强社区效力和活力。进一步推动其参与社区治理下人—媒介—社区的互动融合,形成多元共治的格局。

通过本报告第一、第二部分新媒体环境下实体社区遭遇的挑战,以及新社区力量在社区治理几个层面上的尝试可以看出,由网络社会的崛起造成的社区环境与人们行为的改变,只能通过传播形成的新社会力量去再造原有实体社区的组织模式,激发各个传播节点参与社区治理的积极性,提高实体社区认同感,进而产生协作与正向的集体行动,从而使当下的中国社区变得更美好。

(一)构建以社区媒体为载体的新社会力量参与社区治理的新模式和新体系

在新媒体环境下,社区可以社区媒体为载体,形成联结与沟通区委街

---

① 尹堂艳:《新媒体服务平台在社区治理中的应用研究——以达州市通川区凉水井社区为例》,《达州新论》2015年第3期。

道、社区居民、媒体平台等多方共治的网络格局。这为我们提供了社区治理的新启发：社区居民利用下沉的媒体平台参与社区治理，突破了现实实体社区的空间限制，但又能在网络空间形成群体认同，从而参与实体社区活动。因此，面对新媒体环境下的社区现实，城市的区委街道可以和新旧媒体合作，形成以媒体平台（社区报、社区网站、社区APP、社区论坛、微博、微信公众号等）构建为突破口，拓展此种新社会力量参与社区治理的深度。

构建以社区媒体为载体的新社会力量参与社区治理的新模式和新体系，可以充分体现多元社会主体参与社区治理的理念，充分调动社区居民参与社区治理的热情。具体措施上，要调动基层社区管理部门的积极性，利用新媒体平台拓展发展空间、传统媒体转型进入社区的契机，加强彼此的合作。从青岛《半岛都市报》社区报实践的案例可以看出，当区委街道向社区媒体提供资源（场地、活动经费、信息等）时，传统媒体除实现了其服务社区居民的社会效益外还取得了不错的经济效益，而居民则由于媒体的介入更加热心社区事务，多元共治的社区治理格局也就获得了均衡和健康发展。如此形成的社区治理新模式，是社区媒体力量介入后带来的生态变化。

（二）抓住新媒介技术的发展窗口，进一步推动新社会力量参与社区治理下虚拟社区和实体社区的互动融合，形成两者的认同与价值共享

实体社区中，居民参与社区治理的活动包罗万象、类型多样。政府主导型的社区管理作为政府社会治理的一部分，号召与动员社区居民开展志愿服务、环境秩序维护、义务捐赠、免费咨询等活动无可厚非。但居民由实体社区接触网络社区进而增强社区治理意愿的毕竟是少数。而上海老小孩网络社区的经验表明，反其道行之，先以网络社区为中心，通过虚拟社区的建构，继而延伸到实体社区，再组织动员大规模的社区参与，是完全有可能实现的，并且可以取得更好的效果。

（三）重视新社会力量参与社区治理的资源、技术、人员保障，强化市场方式拓展自身的生存和发展空间

在谈到社区媒体的困难和挑战时，《半岛都市报》社区报相关负责人向笔者表示，问题主要还是办报资金的短缺和入户发行的困难。为解决上述问题，该社区报和区委采取了独特的合作模式。在资金方面，开始是由报纸自己出钱，后来争取到区委政府的一部分资金，但也不够成本。而通过做社区活动，为政府各部门进社区做策划和组织，为商家进社区搭建平台，做冠名活动等，解决了资金不足的问题，有些区的社区媒体还获得了盈利。城市区委街道除了出资金，还提供其他社区资源，如活动室、露天场地等；在信息源方面，街道办，街道辖区的学校、派出所、卫生站等机关企事业单位，区级文体、卫生、人社、民政等服务部门，居委会、居民等构成了社区媒体的信息网络。正如上述负责人坦言，如果没有街道办或者区政府给费用，我们也很难生存，光办报就不好办，别说再掌握各种资源了。此种状况也在上海市社区媒体新民邻声的发展状况中有所反映。《新民晚报》新媒体中心的一位负责人接受访谈时提及，新民邻声经过一年多的运作效果不太理想，其原因之一就是在上海，新民邻声无法拥有市里、区委、街道的排他性资源，在各类信息获取不完整的情况下，很难提供有效的社区服务。由此可以看出，除了市场的积极培育，在资金、人员、场地等方面，社区行政主管部门的物质保障和支撑是尤为重要的。

（四）作为新社会力量参与社区治理的社区媒体平台，要增强自身的核心竞争力，找准下沉到社区形成力量的有效方式

在访谈过程中，无论是《半岛都市报》社区报的内容负责人，还是《新民晚报》新媒体中心的负责人，都提及城市社区管理部门对社区媒体发展的重要性。但他们也都提及，对于社区媒体的发展而言，找到自身合理的定位、认识自己作为社区媒体的核心竞争力是什么是最为重要的。比如《新民晚报》的受访人谈及，新民邻声效果不太理想，可能和自己作为社区

媒体定位模糊有关。作为社区新媒体平台,新民邻声没有抓住社区居民的"痒痒点",在没有成熟技术的状况下,这个平台涉及的面太广,大而全,而没能像商业新媒体那样做出垂直的深度,加之没有找到有效的盈利模式,因此在新媒体平台市场竞争激烈的当下,"新民邻声"这个社区媒体平台的运营效果并不是很理想。可见,社区媒体平台要想在新媒体环境下形成社区治理的新力量,还有很长的探索之路要走。

B.19
新媒体环境下社区沟通体系构建研究*

董倩**

摘　要： 目前，许多社区能够主动运用各种新型媒介平台进行信息沟通，社区沟通体系初步构建，人际、群际的交流互动也在一定程度上突破了时空限制。然而在实践中，这些"虚拟社区"的传播效力不尽如人意，具体表现为互动不畅、发布效率不高、虚实不通等问题。本文认为，"扁平网络"与"科层体系"之间的矛盾造成了现实体制和城市网络之间的脱节，这也是现有社区沟通体系无法更好地发挥作用的根本原因。社区沟通体系创新应以新的理念，运用新技术打造多元共治格局，与其他传播系统开展合作与互融，同时警惕"数字鸿沟"。

关键词： 社区沟通体系　"扁平网络"　"科层体系"　虚拟社区

信息技术的进步深刻改变了人们的生产方式和生活方式，城市化的意义和内涵较之工业化时期有了本质的不同。在新的传播环境下，信息技术的迅猛发展和新兴媒介的广泛应用已经并正在形塑我们对于诸多事务的传统态度，极大地改变了人们传统的传播方式。在此背景中，民政部于2016年10

---

* 本文受到复旦大学信息与传播研究中心"构建新媒体环境下中国城市社区传播网络"课题的资助。
** 董倩，博士，上海社会科学院新闻研究所助理研究员，主要研究方向为新媒介与城市传播、媒介建构中的新社会史。

月28日下发《城乡社区服务体系建设规划（2016～2020年）》（以下简称《规划》），"信息共享"成为"十三五"期间国内社区发展面临的重要新形势，这呼唤着社区传播沟通机制的革新。"信息化与社区服务深度融合"作为"十三五"发展目标，意味着社区公共服务的实体设施、组织与信息网络的互嵌。这一传播新动态成为社区沟通机制改革的重要实践方向。当下的社区信息沟通实践也确实在发生变化，许多社区能够主动运用新媒体，初步建构起"虚拟社区"，各种新型媒介平台悄然兴起，交替更迭，街道人际、群际交流互动在一定程度上突破了时空限制。

一 构建"虚拟社区"：我国社区信息沟通的现状

（一）互动：从业主论坛到微信群

在PC时代，网络业主论坛是社区干部了解民意、民情、民忧，及时反馈处理民生事件的重要工作平台。这是一种由上海市杨浦区新江湾城街道实行并在全市推广的"双版主、双进入"虚实结合的管理模式，即由居委会干部进入网络虚拟社区（如上海的"搜房网"业主论坛）担任版主，原有版主参与现实社区管理。这种模式虚实相结合，居委会干部和原有版主共同承担社区论坛的管理工作，形成"商办官民公用"模式。这种创新之举是社区管理在PC时代行之有效的一种方式。然而，由于论坛的功能和定位随着业主生活状态的变化发生了转变，论坛解决问题的有效性和及时性不够，以及新旧社区媒介使用情况对论坛使用率具有影响，近年来社区论坛使用率下降。社区论坛这一形式已经无法满足当下的需要，必须丰富和完善其他网络传播渠道。

在移动互联时代，社区微信群在居民沟通方式的更新过程中脱颖而出，并被广泛运用。微信群在共商社区具体事务的过程中，可以随时建立和取消，高效灵活，有助于社区具体事务的协商、决策。社区微信群有居民自发、社区横向商业平台如"小邻通"等发起、社区管理人员发起如W街道龙潭社区的"帮帮议事会"等几种类型，非社区管理人员发起的微信群也会有社区管理人员参与。其讨论主题涉及社区公共事务（社区的物业服务质量、社区不道德行为等）、居民日常生活（如教育、购物等）信息发布与交流以及社会热点等。

（二）发布：官方网站、微博与微信公众平台

社区官方网站的主要定位和功能是对街道面貌的介绍、展示，以及党务宣传，与居民的实际生活关联不大，同时互动性较差，"展示"意味更强，难以产生用户黏性。因此，无法吸引社区居民关注，浏览量不高，影响力不大。在微博结构上，大部分街道形成了微博集群，在官方主微博的基础上，整合了街道各个部门和各个居委会的官方微博，但微博粉丝数量少，不够活跃，有一些子微博形同虚设。微博发布内容大致分为转载、社区活动情况、提示警示、问答等，涉及的方面较广，但制作简单粗糙，没有突出亮点；许多信息缺乏社区特色，不具备不可替代性；没有设置标签导致信息混杂；与社区居民缺乏互动。

2013年前后，随着微信公众平台功能完善、不断普及，它逐渐成为社区展示形象和发布信息的主要媒介。社区可以利用平台直接进行信息推送，也可以外接入口或以服务号的形式来构建便民通道，在全方位展示街道形象、促进社区居民交流方面有一定效果，也使得居民社区参与的渠道更加多样和通畅。目前，各个社区已广泛建立微信公众平台，可分为订阅号和服务号两种类型。主要内容有以下几类：街道面貌展示，包括街道标志性历史文化景观的介绍、展示，如"淮海中路街道"微信公众平台的《中共"一大"会址：文化符号，最淮海！最上海！》；信息发布，包括与居民生活密切相关的政府公告、政策信息，以及各种实用信息如招聘信息、活动公告等；政策解读，主要是用居民更容易懂的形式对相关政策进行解释；办事指南和便民通道，为社区公共事务办理提供具体指导和入口，如常州"西湖街道"微信公众平台的两个接入平台，居民除了接收常规的信息推送，还可以通过基于LBS技术的接入平台随时获取当地的旅游、健身、交通、医疗、空气

质量等个性化信息，以及进行公益活动。服务号与订阅号的区别在于其不会定期推送内容，同时也不会被折叠淹没在众多订阅号中，同时更强化了便民服务的功能，如上海市"万里街道"微信公众平台，实行"在线登陆—提交信息—资料预审—现场办结"的业务受理运作机制，居民可以直接通过该服务号提交信息以供预审，然后赴现场办理，大大简化办事流程，缩短等待时间。

一些街道还形成了微信公众平台矩阵，如上海新江湾城街道的"观潮新江湾"（街道办事处主办）、"文化新江湾"（社区体育健身俱乐部主办）、"平安新江湾"（街道社区平安办公室主办）、"新江湾城志愿服务中心"（上海仁宇社会事务服务中心主办）、"新江湾小邻通"（上海小邻通实业有限公司主办），主办单位中街道、社会组织、企业等多种主体并存。

（三）社区公共服务综合信息平台构建

社区公共服务综合信息平台能够整合社区公共服务信息资源，完善数据接口和共享方式，构建包括实体受理窗口、网上办事大厅、移动客户端、自助终端的多样化服务格局。在物质层面，正如《规划》中所提到的，目前我国的社区传播基础设施建设相对落后：公共服务综合信息平台覆盖率仅为10%，智慧社区建设仅在部分地区探索起步，这需要地方各级政府和街道组织形成高度自觉去积极推动。我们也要看到，社区信息系统建设，不仅应完成从无到有的功能构建，更要完成符合社区沟通实际情况的价值理念构建，需要真正建立平等传播的社区环境，让每个社区成员使用。

总的来说，不论是微信公众平台、官网、官微还是信息系统，"虚拟社区"随着各种媒介平台的兴衰而不断更迭，内容充实，结构完整，社区的信息发布已"占领"各个媒介平台，社区沟通体系初步构建，人际、群际的交流互动也在一定程度上突破了时空限制。然而，在实践中，这些"虚拟社区"的传播效力不尽如人意：不管是微信公众平台的打开率、点击率和点赞数，官网的浏览量，微博的粉丝量，还是信息系统的使用率都难说理想；此外，除了微信群、信息系统体现了一定的互动性（其使用成效也尚待调研),官网和官微与社区居民的互动都较弱,呈现虚实隔离、互动不畅、碎片化、断裂的态势。

二 社区沟通体系建构中的具体问题

(一)互动不畅

从理论上说,社区的微信群不需要遵循行政职能的分布,可以不限于社区地理空间圈定的成员,充分体现"共治"精神,拉入大量"编外人员"入群,来营造打破常规治理体系的传播网络。不过,目前大多数社区的微信群仍局限于地理范围的成员;能够对社区公共事务进行有效讨论并通达社区管理部门、获得反馈的,一般是有社区管理人员参与的微信群,大部分社区微信群主要关注居民日常生活信息,而对社区公共事务则更多地停留在讨论层面,"大部分人不过是在群里吐槽,发泄情绪",而"社区居委会、街道,平时并没有考虑他们能发挥什么作用"。同时,由于社区组织的渗透力不够,大量社区自发的微信群并未纳入街道的视野中,多用于发现问题时的预警、讨论,无法通达有关管理部门,其间的沟通和现实中社区组织的沟通是脱节的。

(二)发布效率不高

社区的微信公众平台在发布的内容上,更像街道公告栏的不同变种,并没有很充分地体现出不同媒介的特性。这些微信公众号各有分工,各司其职,看似结构合理,但传播效果不尽如人意。与各区县的官方号相比,由于社区人力有限,重视程度有差别,街道号很难做得出彩,说"官话"的情况较为普遍,往往还不如各区县官方号"接地气",如"上海松江""上海虹口""浦东发布",这得益于区里比较好的人员配备和比较开明的领导。与企业如"小邻通"主办的微信号相比,传播效果也有较大差距。"小邻通"是一款目前铺设面比较广的纯商业类社区媒介,有APP、微信公众号

等。其做法比较偏工具性，一定程度上有着营销号的基因，善于以热点新闻带动引流，更多考虑传播效应，写法上也有区别。从微信号的订阅量、文章的阅读量以及点赞数来看，官办微信号远远落后于"小邻通"，后者动辄几千次的阅读数，而前者只有几百次甚至几十次；从内容来看，前者的权威性毋庸置疑，但有较强的宣传色彩，而后者更具实用性；从信息流转的过程来看，前者发布的权威内容如整治群租、辟谣等往往需要后者转发才能够广泛传播，引起关注。

（三）数字化信息系统虚实脱节

目前的社区数字化信息系统看似入口众多，包括微信公众号的接入平台、移动客户端等，但仍然主要由相关管理部门使用，这种沟通上的"把关"不利于真正发现社区的问题，表现出行政的功能主义偏向；社区居民或是不知晓，或是缺乏使用技能，信息平台的使用率偏低。因此，在社区公共服务综合数字信息平台的建构中，需要更加偏重于内涵性的文化建设与权利性的制度建设，以达成"既有连接又有沟通"的传播网络。

凡此种种，我们固然可以在传播学的角度上分析，在"媒介融合"的语境中提出解释：如未将官网、微博、论坛、微信等新媒体传播媒介与传统传播沟通渠道相融合，构建新型平台；未将各平台的传播内容融入渠道的大传播平台中；在整合平台的内容板块设置上没有保持一致性，多平台的内容同步发布和管理机制尚未建立；除此之外，街道中的居民意见领袖也尚未得到充分挖掘。但仅仅如此，就抽离了目前影响这些媒介平台发挥作用的主要因素——街道行政组织。

三 "扁平网络"与"科层体系"之间的矛盾：目前我国社区沟通不畅的根本原因

如果在更宽泛的意义中理解"沟通"和"媒介"，那么在社区沟通体系中，就不应该只有以官网、微博、论坛、微信等新媒体为主体的"虚拟社区"以及街道信息平台这样的"虚拟空间",也应该有街道办事处、社会组织、企业等实体组织,以及辖区内的房屋、路网、公共区域等实体空间。不应简单以可见或不可见的边界来划分社区,也不能抽离实体空间和实体组织的影响,来谈论媒介效果的发挥。

作为市辖区或不设区的人民政府的派出机构,街道办事处既是社区传播中的纵向沟通节点,又是城市中最基层的管理机构,处于我国政权体系的最终端。它的存在是连接国家治理体系与社区居民的重要枢纽。目前,国内街道办事处管理体制改革主要是行政导向的管理模式,"两级政府、三级管理"仍是我国主流的街道办事处管理体制。街道办事处是我国社会发展的独有产物,在我国的政府层级结构中处于一个比较特殊的位置。它本身并不是一级政府组织,没有独立行使职权的能力。这种模式对街道办事处的定位模糊,且缺乏严密的逻辑性。

随着社会变革的不断深入,新技术的不断发展,扁平化网络成为社会管理的主流趋势。在这样一个"安排得很有秩序的世界"中,大的资源不再依靠地理上的人口集中或集中控制来获得;而是应将许多单位分散开来,安排在一个网络中,互相连接起来,整个网络才能非常有效地工作。这种网络要改造的,不仅是城市本身的布局和式样,而且是组成城市的每一个公共机构、博物馆和大学,使其改造再生。在此背景中,街道办事处原有的以科层体系为主的管理体制逐渐显现出其自有的问题——职能超载、职权受限和地位尴尬等。

前述以官网、微博、论坛、微信——信息系统等新媒体传播媒介为载体的"虚拟社区"正是这个扁平化网络的一部分。街道办事处的组织管理处于"实"的层面,其职能行使的效率,直接影响到整个社会稳定的根基。当前的城市社区治理基本处于纵向的、单一的、分割的、静止的状态,而在新技术深刻影响下的城市"虚拟网络"却是横向的、综合的、空间的以及流动的。也就是说,传播网络发生变化,而传统的社区治理方式却无法适应。"扁平网络"与"科层体系"之间的矛盾造成了现实体制和城市网络之间的脱节。事实上,正是由于这些媒介平台的最终目的是服务于实体的管理网络——街道，这种依附性导致在传播过程中街道只能在现有相对固化的治理结构中使用新媒体，无法体现出足够的主体性规律与法则，也无法充分发掘各类媒介的特点和优势，因此隔离、断裂则在所难免。这是因为它们都由实体的街道组织设定，无论是内容还是组织管理都直接依附于街道，难以体现出传播的主体性；且街道与街道之间、同一街道的不同发布平台之间相对孤立，并未成为节点，形成网络。这是社区沟通实践出现问题、"虚拟社区"连而不通、无法更好地发挥作用的根本原因。

街道官方与企业微信公众平台之间传播效力的区别可以作为"扁平网络"与"科层体系"之间矛盾的突出表现。如前所述，街道的微信公众平台虽然已经广泛设立，但是大部分街道官方微信较多地具有展示价值，成为街道的"门面"和装点政绩的主角，频繁出现在相关新闻报道中；但它们大多传播效力不足，无论是订阅量还是单篇文章的阅读量、点赞数都不理想，发布的重要信息还需要企业社区平台转发；而企业主办的微信平台"小邻通"几乎"占领"了整个上海的重要社区，作为横向社区沟通机构，不仅提供基于位置的各种便民上门服务，而且可以让用户快速获得社区生活资讯、邻居二手信息等，有的"小邻通"平台还会发起社区微信群，贯通发布、互动渠道，充分体现了虚拟网络的扁平化特征，发挥了较强的实用价值。

四 完善社区沟通体系的建议

（一）构建深层沟通的"虚拟网络"，打造多元共治格局

芒福德认为，我们的文明正面临着一个"高度集中的、超机体的"体系的无情延伸和扩张。这个系统缺乏由自治、自主的一些单位组成的中心，这些中心能自行选择、进行控制，特别是能够自行解决问题并做出反应。[①]

[①] 〔美〕刘易斯·芒福德：《城市发展史——起源、演变和前景》，宋俊岭、倪文彦译，中国建筑工业出版社，2005，第574页。

按芒福德的说法，对大都市综合体的改组的一个重要方面，就是把现存的许多公共机构"非物质化或灵巧化"，这样就部分地创造了一个无形的城市。[①]"功能网络"作为无形城市的框架结构，补充了城市容器的老的功能。[②] 在芒福德这里，城市之所以"无形"，是由于将公共机构"非物质化"的"功能网络"的存在。如果将"功能网络"与"扁平网络"或"虚拟网络"对接，那么它们都意味着一个不受物质上、文化上或政治上限制的系统，有其自身的逻辑。

本文第一、第二部分重点介绍和分析了社区现有沟通体系的现状与不足，从传播的角度来看，信息系统是最为浅层的沟通，是"虚拟网络"的外在表象，局限于信息传递，速度虽快，却与较为复杂的交往活动（比如指挥、协调）无关。"虚拟网络"反对集中，而是将许多节点分散，安排在一个网络中互相连接；这样的网络不但允许大小不同的单位参加到这个网络中来，而且让它们把各自最大的优势贡献给整个网络。在当下社区利益多元、需求多样、矛盾多发的背景下，积极引导各方参与社区共治，激发多元主体活力，实行多元主体共治，是实现思想引领、整合协调资源、化解社会矛盾的重要平台，也是满足群众社会参与需求、有效激发社会活力的基本途径。

上海市黄浦区五里桥街道的"双向认领"机制在形成多元共治格局方面颇有成效。其中，社区居民和驻区单位是两大主体，而街道则定位为社区公益服务供求双方的"枢纽"。街道充分发挥在项目运作中的枢纽平台功能，探索建立了政府购买、定向委托、公益性招投标等社会组织购买服务机制，优先引进、培育、发展养老服务类、公益慈善类、社区服务类等社会组织，同时通过盘活街道资源、整合驻区单位力量，创办了白领午餐地图、图书换绿植、我和智障儿童手牵手、我为老人添道菜等公益认领项目。这种

[①] 〔美〕刘易斯·芒福德：《城市发展史——起源、演变和前景》，宋俊岭、倪文彦译，中国建筑工业出版社，2005，第574页。

[②] 〔美〕刘易斯·芒福德：《城市发展史——起源、演变和前景》，宋俊岭、倪文彦译，中国建筑工业出版社，2005，第575~576页。

"多元共治"的模式一方面连通街道和企业，即突出社区在管理、服务、自治上的主体作用，又发挥企业在场所、资金、人力上的优势，将二者有机结合，在社区层面实现了优势互补、合作共赢、深度融合；另一方面连通街道和其他社会力量，包括各个社会组织、公益组织、机关事业单位等，引导和吸纳它们投身社区建设，形成多方踊跃参与、民生责任共担的传播格局。

（二）与其他传播系统开展合作与互融

社区的传播系统也不应局限在社区的管辖范围之内。事实上，在社区外部，已有相当数量的社区媒介，有些也已经具有相当的影响力。除了前述"小灵通"平台，传统媒体也不乏动作，《新闻晨报》的"周到"客户端便是其中的典型案例。"周到"具有"社区媒介"与"城市媒介"的双重身份，试图在更大的范围内，与更多的"节点"建立起有效连接。首先，各个社区的新闻报道，依托于报社旗下原有的54份有独立刊号的晨报社区版，可以将社区报上的内容平移到"社区"模块。这样的好处是，社区报的从业者原本就驻扎基层，了解社区情况和居民喜好，由他们来肩负这一块内容的生产是具有天然优势的。如"五里桥街道"的社区报记者本身就驻扎在五里桥，与五里桥的居民朝夕相处，与都市报记者相比这是先天优势，其相关资讯可以从社区报直接平移到这个模块。另外，"周到"拥有完备的各个社区的微信公众号产品线，以提供给没有下载APP的当地住户。值得注意的是，所有的社区晨报都与街道合办，具有"官方授权"，同时也会受到街道方面相对严格的内容审查。而相应的新媒体产品如"周到"上的相关讯息、微信产品线等则与街道保持相对松散的关系，这也使得其中的内容生产具有了较大的自由空间。

与"小邻通"相比，作为社区媒介的"周到"有更加深厚的社区资源；与各街道官方公众号相比，"周到"在表达形式、灵活性和专业性上又更胜一筹。社区组织在保持自身沟通体系的公信力和权威性的前提下，应与这些社区媒介展开深入合作，力图达到传播效力和公信力两方面的良性平衡互动。

（三）警惕"数字鸿沟"

需要注意的是，在进行街道公共服务综合信息平台构建的同时，也要注意"数字鸿沟"的产生。格雷厄姆（Graham）和马文（Marvin）曾经指出，信息技术系统的发展有可能造成全球城市中社会空间的分离趋势。[1] 卡斯特也曾指出，城市网络基础建设的竞争可能使得"流动空间"和"地方空间"之间的差距越来越大，导致新的城市二元论。没有信息化的城市终究是要被淘汰的城市，街道亦然。街道之间在人口构成、地理特征、管理水准、经济水平、辖区内自治力量等方面的差异巨大，信息化街道建设不仅仅在于推广发达城市、先进街道的几个典型，而在于普及。在制定政策的时候，政府应考虑到地区差异，分步推进，尽量避免"数字鸿沟"的形成。

"我们开始要在其中生活的新世界，不但它的表面是开放的，远远超过那看得见的地平线，而且内部也是开放的，被看不见的光线和放射物所穿透，能与正常观察时看不到的刺激和力量交互影响。"[2] 社区沟通体系创新应以新的理念，运用新技术、新方法建立新机制，搭建新的平台和载体，以提升社会管理绩效。这就要求社区组织超越"虚拟社区"，使得信息化与社区服务、制度、公共文化深度融合，将社区网络化、枢纽化、节点化，实现网络联通、应用融合、信息共享。现实社区虚拟化与虚拟社区现实化的双重世界浮现，实体与虚拟"二元空间"的耦合研究将成为新的战略命题。

---

[1] 吴予敏：《从"媒介化都市生存"到"可沟通的城市"》，《新闻与传播研究》2014年第3期。
[2] 〔美〕刘易斯·芒福德：《城市发展史——起源、演变和前景》，宋俊岭、倪文彦译，中国建筑工业出版社，2005，第574页。

B.20
新媒介环境如何塑造文化行动者？
——试析作为新传播现象的网络"丧文化"

马新瑶 戴宇辰*

摘　要： 本研究基于媒介环境学的视角，以文化行动者为中介因素，分析媒介偏向对文化行动者在观念、行为方式和社会关系三个维度上的塑造。研究发现，互联网具有时间—空间二重性、多感官浅度卷入偏向、场景融合—区隔二重性的媒介偏向。置身于诸媒介偏向之中，文化行动者的观念被隐喻式的形塑，具有非线性、整体化、感性化、发散性的特征；兼顾虚拟和现实的"中区"行为显现；社会关系社群化，寻求身份认同和情感共鸣。

关键词： 媒介环境学　"丧文化"　媒介偏向　文化行动者

"任何媒介（即人的延伸）对个人和社会的影响，都是由于新的尺度产生的；我们的任何一种延伸（或曰任何一种新的技术），都要在我们的事务中引进一种新的尺度。"[①] 麦克卢汉隐喻式的预言在互联网时代依旧具有生命力。互联网以其特有的偏向于潜移默化之中构建了一种全新的媒介环境。

---

* 马新瑶，南京大学新闻传播学院硕士研究生，研究方向为媒介与社会；戴宇辰，博士，华东师范大学政治学系讲师，研究方向为媒介理论、媒介技术哲学。
① 〔加〕马歇尔·麦克卢汉：《理解媒介——论人的延伸》，何道宽译，商务印书馆，2000，第33页。

成长于互联网的青年一代更是作为"原住民",悬置在互联网所营造的新的媒介环境之中。青年群体的观念、行为和社会关系等诸方面均被互联网的媒介逻辑所穿透。而容纳了人、技术、权力、资本、文化各要素的媒介也在塑造社会的同时被塑造。

媒介环境如此这般地铺展开来,根植此间的青年和青年文化也呈现别样的态势。"媒介是文化能够在其中生长的技术"[①],媒介与文化相生相依的关系天然地预示着一种自有偏向的媒介总有契合的文化与之互嵌。于是,纵横交错的网络节点改变了寄居在此的人们的联结方式,网络的无深感拉近又隔绝了群体和个体的距离,由此而生的亚文化展现出独特面貌。山寨文化、恶搞文化、土味文化……多元的"后亚文化"比伯明翰学派关注的工人阶级的亚文化热闹太多,但"娱乐"压倒"抵抗","狂欢"超越"颠覆",互联网时代的"后亚文化"越来越显示出表面反抗实质认同的"疲弱"之态。[②]

置于此种媒介环境之中,"后亚文化"中的一支"中坚"力量——"丧文化",以其与主流格格不入的颓废、悲伤情绪席卷了网络青年群体,成为近年来引起中国社会各界广泛关注的文化"潮流":例如,2016年7月,一张"葛优躺"的图片火爆网络,图片所展现出的颓废、悲观的情绪色彩引起大量网络用户转发与分享,这些用户多为"90后"的青年,因此这一事件被视为青年"丧文化"的开端。之后,悲伤蛙、长腿的咸鱼、马男波杰克、鲍比希尔等"丧文化"代表多以图片和表情包的形式在网络上传播,受到"90后"年轻人的追捧,甚至有一些商家瞄准时机,利用"丧文化"的流行进行营销和宣传,例如2017年4月由网易和饿了么策划的"丧茶"活动。

一 缘起:媒介环境、文化形态与行动者实践

在"丧文化"广泛传播的态势下,各个学科视角纷纷对其给予了关注。

---

① 〔美〕林文刚:《媒介环境学:思想沿革与多维视野》,何道宽译,北京大学出版社,2007,第44页。
② 马中红:《新媒介与青年亚文化转向》,《文艺研究》2010年第12期。

符号学与语言学分析了"丧"符号的生成机制。"丧文化"符号的制作方式为解构、拼贴和重塑①，由此形成独属于"丧文化"的文化符号，语言模因则使得"丧文化"符号得以大量复制与传播。② 符号学和语言学的研究视角解决了"丧"符号是什么以及如何生成的问题。

社会心理学则回答了"丧"情绪为何产生的问题。从宏观来看，"丧文化"呈现社会焦虑、青年的相对剥夺感和发展效能感的社会心态。③ 从微观来看，"丧文化"具有习得性无助理论所阐释的表征，其心理诱因来自生存环境和生活压力，同时还具有更为复杂的"亚文化光谱"。④

文化研究的视角则描绘了"丧文化"群体的特征：以中间阶层的"90后"青年为主，身份多为大学生和企业白领。⑤

至此，可以对一些概念进行梳理：青年群体（更准确地说是"90后"）是"丧文化"的文化行动者；"丧"情绪是"丧文化"形成的根源，与青年群体的生活处境和社会经济体制密不可分；"丧"符号如语言、文字、图像等是"丧文化"的表现形式，自有一套语法和生成机制；情绪宣泄、自嘲、调侃是"丧文化"的功能。"丧文化"是上述的总和，代表着一种整体的生活方式。除此之外还有一个重要元素不可忽略，它使得青年群体、"丧"情绪、"丧"符号、"丧"功能等分散零落的片段得以聚合成为明晰的文化形态⑥，它就是媒介。

当前，关于青年群体、"丧"情绪、"丧"符号、"丧"功能均有较为翔实的材料，独独弱化了将这些元素汇集起来，使其富有意义的媒介要素。有研究⑦提到了网络媒介在"丧文化"传播中扮演的角色，但并未深入探讨

---

① 魏韬：《网络传播时代的"丧文化"》，《青年记者》2017年第32期。
② 周培树：《从语言模因看网络热词"葛优躺"及背后的"丧文化"》，《当代教育实践与教学研究》2017年第1期。
③ 董扣艳：《"丧文化"现象与青年社会心态透视》，《中国青年研究》2017年第11期。
④ 杜骏飞：《丧文化：从习得性无助到"自我反讽"》，《编辑之友》2017年第9期。
⑤ 庞雨晨：《亚文化视角下90后"丧文化"的风格及其意义》，浙江大学硕士学位论文，2018。
⑥ 陆扬：《从亚文化到后亚文化研究》，《辽宁大学学报》（哲学社会科学版）2012年第1期。
⑦ 于风：《丧文化传播中新媒体的角色分析》，《新闻研究导刊》2016年第23期。

媒介与文化的互动关系。也有研究①得出两级传播和多级传播两种"丧文化"的传播途径。总的来说，当前传播学方向的研究多集中于传播机制的分析，结合网络碎片化、低门槛等显性特征，将媒介与文化割离开来，同时忽视了技术的因素。将视线聚焦到媒介、技术和文化的互动关系的研究②也依旧没有摆脱将"丧文化"与网络的显性特征相联系的窠臼，未能透视媒介的深层特质即媒介的偏向，也未能基于动态的视角探析媒介与文化的互构形塑的过程。

在媒介与文化的互动过程中，参与其中的文化行动者显示出独特意义。一方面，青年群体作为"丧文化"的行动者被悬置在媒介环境之中，受到媒介技术的塑造和重构；另一方面，互联网时代的受众与媒介的关系发生了天翻地覆的变化，受众渐渐变成其信息社群的生产者，而正是这些"传受过渡体"③的文化行动者实现了亚文化的创造和传播。也就是说，文化行动者的传播实践理应被放在更加显眼的位置。在此，本研究将借助一种新的研究路径：新媒介通过传播方式的改变来改变和重构人们的存在方式，包括个体的观念、行为方式和社会关系，以及这种观念、行为方式和社会关系的变化又以何种方式反过来强化或弱化新媒介的偏向与发展。④

为使研究视角更加聚焦，本研究暂不对文化及文化实践对媒介环境的反向塑造展开讨论，具体来说，本研究旨在回答两个问题：其一，互联网具有何种深层特质即媒介偏向；其二，寄居于互联网的"丧文化"青年群体在观念、行为和社会关系三个维度上受到媒介偏向的何种影响。

---

① 魏韬：《网络传播时代的"丧文化"》，《青年记者》2017年第32期。
② 董子铭：《情绪释放与技术催生：新媒介环境下的"丧"文化解读》，《新闻界》2017年第11期。
③ 胡翼青：《超越作为实体的受众与作为话语的受众——论基于技术视角的受众观的兴起》，《南京师范大学学报》（社会科学版）2018年第5期。
④ 胡翼青：《重塑传播研究范式：何以可能与何以可为》，《现代传播》（中国传媒大学学报）2016年第1期。

二　互联网的媒介偏向

媒介偏向是媒介环境学关注的核心问题，也是最富生命力的问题之一。媒介环境学认为，媒介并非信息传递的中性工具，而是自有其媒介逻辑和意识形态。媒介固有的物质结构、符号性质以及在产生之前创作者对媒介的预设塑造了媒介的逻辑。自有偏向的媒介（传播技术）促成各种心理或感觉的、社会的、经济的、政治的、文化的结果。[①]

媒介环境学的几位代表性学者均对媒介偏向颇多着墨，其重要性可见一斑。伊尼斯运用"时间—空间"二分法对各类媒介及相关的传播技术做出评估，认为某些媒介可以更加有效地在时间的延续中传承知识，而有些则更擅长在空间范围内散布知识。[②] 麦克卢汉将"感官平衡"的概念补充进伊尼斯的知识垄断和"媒介偏向"理论，指出使用不同的技术会影响人类的感知结构。他将传播历史划分为三个主要时期：口语传播、书写/印刷传播以及电子传播。每个时期都以其感知器官的相互作用为特征，各有自身独特的思考和传播方式。[③] 梅洛维茨继承了麦克卢汉的"媒介理论"，并引入戈夫曼的"场景主义"，通过对比印刷媒介（书籍）和电子媒介（电视），展现了便于场景隔离和便于场景融合的两种截然不同的媒介偏向。[④]

（一）互联网的时间—空间二重性

关于互联网的"时间—空间"偏向，学界早有争论。当前一些研究普遍认为互联网具有空间偏向：首先，互联网所能传递的信息是无法计数的……在互联网上可以随时随地将信息传递出去；其次，互联网信息的高速

[①] 〔美〕林文刚：《媒介环境学：思想沿革与多维视野》，何道宽译，北京大学出版社，2007。
[②] 〔加〕哈罗德·伊尼斯：《传播的偏向》，何道宽译，中国人民大学出版社，2003。
[③] 〔美〕约书亚·梅洛维茨：《消失的地域：电子媒介对社会行为的影响》，肖志军译，清华大学出版社，2002。
[④] 〔美〕约书亚·梅洛维茨：《消失的地域：电子媒介对社会行为的影响》，肖志军译，清华大学出版社，2002。

传递几乎消解了"空间"的概念。① 电子媒介与传统媒介的显著不同体现在物质实体与承载信息的分离,信息在网络之间的传递几乎不受到任何物理空间的限制,这极大地展现了互联网的空间偏向。在伊尼斯那里,空间偏向的媒介原初的定义便是"更擅长在空间范围内散布知识",如此将互联网归为空间偏向的媒介似乎并无不可。

但是这一观点忽视了空间偏向媒介更加重要的功能——等级化和制度化。空间偏向的媒介有助于政权的扩张和广袤的统治,强调权威、中心和制度。而互联网恰恰是去中心化、去等级化、强调边际传播的媒介,甚至是"颠倒"了原有的空间决定模式。② 而且,从时间偏向媒介的原初定义来看,互联网在信息储存上的表现也要显著优于其他媒介。

可见,互联网兼具"时间—空间"双重属性,而伊尼斯使用"偏向",说明这只是媒介的相对突出属性,所有媒介首先都具有时空双重属性。③ 互联网在去中心化之后促成了一个个"小中心"——网络群体形成的基础——的形成,这是互联网时空二重性最直接的体现。

"丧文化"在网络上的生成正是基于互联网的时空二重性。一方面,互联网的空间偏向使得"丧文化"群体之间跨地域的交往成为可能,这些在网络上创造、传播"丧文化"的青年在现实中可能相隔千里;另一方面,互联网的时间偏向为多元文化的生长提供了土壤,时间偏向的媒介鼓励边际传播,天然地亲近"多元文化主义"。因此,与其纠结于互联网的"时间—空间"偏向归属,不如从伊尼斯的另一个理论"倒决定论"出发,考察互联网时空偏向的平衡与失衡。

"倒决定论"指一种偏向的盛行往往导致与其相反的另一种偏向的出现,后者对前者进行补偿,从而维持着媒介力量的平衡。无论社会传播的模

---

① 朱婷:《媒介环境学视角下互联网传播的偏向及影响研究》,东北师范大学硕士学位论文,2012。
② 〔以〕梅纳海姆·布朗德海姆:《哈罗德·伊尼斯与传播的偏向》,载〔美〕伊莱休·卡茨《媒介研究经典文本解读》,常江译,北京大学出版社,2018。
③ 杨保军:《坚定"偏向"中的观察与洞见——读伊尼斯〈传播的偏向〉眉批录》,《新闻记者》2017年第11期。

式被钉死在哪一个维度上，都会扼杀社会的自我修正与自我调整功能，从而使"倒决定论"失效。①

试想一下，当互联网的空间偏向不断扩展，去中心化、去等级化的美好想象将不复存在，互联网的无限膨胀也许会引致互联网帝国的产生。更容易预见到的后果是知识垄断：互联网成为社会传播的唯一实在机构，从而也就完全控制了知识的特性和扩散。② 对"丧文化"而言，最直接的结果是多元文化的湮灭，因为垄断权力不允许多元语境的存在。同样的，如果互联网的时间偏向极端发展，将导致互联网完全失去中心，多元文化错综复杂，主流文化遭到反噬。同时，权威的失落、网络"平民"的全面崛起也将招致网络民粹主义，世界会变成一个巨大无比的狂欢盛宴，用伊尼斯的话来说是"空间的终结"。

（二）互联网的多感官浅度卷入偏向

麦克卢汉认为每一种媒介都延伸了一种人类感官或感觉过程③，这是媒介自身的属性，并决定了"内容"如何以最佳方式实现传播。④ 新媒介进入某种文化后就会改变这种文化下人们的"感官平衡"，并改变他们的意识。⑤

在麦克卢汉看来，媒介偏向与身处其中的人们的思维有着隐喻般的契合：书写/印刷偏重视觉，以机械序列生产的方式编码信息，对信息的展现也是线性的、连续的，这一时代的人们更具线性思维，理性主义达到高峰。而在此之前的口语时代，由于人们需要面对面交流，多感官的参与使得信息整体化、感性化。电子媒介时代则与口语时代更为相似，尤其发展到互联网

---

① 〔以〕梅纳海姆·布朗德海姆：《哈罗德·伊尼斯与传播的偏向》，载〔美〕伊莱休·卡茨《媒介研究经典文本解读》，常江译，北京大学出版社，2018。
② 〔以〕梅纳海姆·布朗德海姆：《哈罗德·伊尼斯与传播的偏向》，载〔美〕伊莱休·卡茨《媒介研究经典文本解读》，常江译，北京大学出版社，2018。
③ 〔加〕马歇尔·麦克卢汉：《理解媒介——论人的延伸》，何道宽译，商务印书馆，2000。
④ 〔美〕约书亚·梅洛维茨：《经典反文本：马歇尔·麦克卢汉的〈理解媒介〉》，载〔美〕伊莱休·卡茨《媒介研究经典文本解读》，常江译，北京大学出版社，2018。
⑤ 〔美〕约书亚·梅洛维茨：《消失的地域：电子媒介对社会行为的影响》，肖志军译，清华大学出版社，2002。

时代，书写/印刷的线性有序被剪断，被编织成具有无数节点的网络——如神经网络——裹挟着多感官覆盖世界。

从感官偏向来看，全面延伸的互联网自然是多感官卷入，文字、语音、图像、视频……听觉、视觉、触觉，甚至嗅觉可以全然参与其中。但是，互联网的多感官卷入与口语时代的多感官卷入并不在同一个层次。口语时代的面对面交流使得听觉、视觉、嗅觉、触觉同时参与，是一种感官平衡且深度的卷入。而互联网只是提供了一种全面延伸的可能，浏览网页时参与的是视觉和触觉，听音乐时参与的是听觉。同时，这种感官卷入并不深入，因为人们无须太过投入便可获取信息、实现交流。

互联网的多感官浅度卷入偏向招致的结果必然是对娱乐化、浅层次、情绪化、夸张式文化符号的偏爱。符合这些特征的文化符号受到青年的钟爱，不独是"丧文化"，之前的"山寨文化""恶搞文化"同样如此。对创作者来说，言辞诙谐、画面生动的文化符号更易于扩散；对传播者来说，犀利有趣的符号更能引起转发行为，而创作者和传播者通常是一体的。在"丧文化"群体中，真实的情绪抒发自然是原动力之一，但认为"丧文化"符号新奇有趣而进行创作和传播的青年不在少数，他们并不在意"丧文化"可能带来的社会负面效应。

推崇口语时代的麦克卢汉并非在赞扬电子媒介，他的理论中颇具辩证法色彩的关键在于，由于"自我截除"机制，感官延伸的程度越高，人对这种延伸的效果就越浑然不觉。而这必然引致一个惊悚的结果——互联网使得神经系统麻痹瘫痪，全面延伸意味着全面截除。部分"丧文化"行动者在互联网上的社交投入明显高于现实中的社交投入，这也是互联网对现实功能的"麻痹"的一种体现。

（三）互联网的场景融合—分隔二重性

梅洛维茨将麦克卢汉的"媒介理论"和戈夫曼的"场景主义"通过"信息系统"概念有机地结合起来，形成了独特的"场景理论"。梅洛维茨希望打破戈夫曼对社会场景的有形划分，研究更广泛、更有包容性的"信息获取模式"观念。① 他比较了以书籍为代表的印刷媒介和以电视为代表的电子媒介，展现出场景隔离媒介和场景融合媒介的特征。

当前，研究普遍认为互联网具有明显的场景融合偏向：在分析互联网的场景倾向的时候，依然可以从这三个变量（信息的共享、后台的显隐、与物质地点的关系）着手分析。很显然，如果一种媒介所支持的信息共享格局包含不同层次、不同年龄的人越多，后台区域越容易接近，与物质地点的联系越不紧密。②

互联网确实显然具有场景融合偏向，梅洛维茨也指出了电子媒介的三个主要特征是公共场景的融合、后区的暴露、相关地点的逐步削弱。③ 但是他也认为新媒介在场景融合和分隔上具有二重性：新媒介倾向于分隔现存的社会信息系统，它允许个人形成"更深的"后台和"更前的"前台的行为风格；而新媒介具有的融合现存信息系统的趋势，导致了"侧台"或"中区"行为。④ 对"中区"行为的探讨将在之后展开，在此只关注互联网如何融合和分隔了现存的信息系统。

互联网对现存的信息系统的融合似乎不言自明。一方面，互联网打破了不同群体信息系统的分离，使信息共享成为可能。书写和印刷时代通过文字编码创造出的信息系统将文化水平不同的群体分隔开，识字率低的群体很难接触更别提参与识字率较高群体的信息流动。但互联网以声音、图像等"平易近人"的符码编写的信息系统向所有群体开放。另一方面，互联网创造出虚拟世界作为前台，并使其与作为后台的现实世界相融合。在互联网全面渗透的当下，人们如果认为断离网络就可以退出虚拟世界，那未免也太过

---

① 〔美〕约书亚·梅洛维茨：《消失的地域：电子媒介对社会行为的影响》，肖志军译，清华大学出版社，2002。
② 朱婷：《媒介环境学视角下互联网传播的偏向及影响研究》，东北师范大学硕士学位论文，2012。
③ 〔美〕约书亚·梅洛维茨：《消失的地域：电子媒介对社会行为的影响》，肖志军译，清华大学出版社，2002。
④ 〔美〕约书亚·梅洛维茨：《消失的地域：电子媒介对社会行为的影响》，肖志军译，清华大学出版社，2002。

天真。人们在互联网上的每一次实践都留下了踪迹,并指向现实。互联网对虚拟和现实的融合更是将前台和后台的分界线后移,现实世界被暴露在前台,对互联网使用程度越深,这种暴露就越彻底。

然而,不能否认的是,互联网也具有隔离原有信息系统的意义。互联网虽然打破了受教育程度、阶级、性别、年龄等人口统计学变量划定的边界,但建立了一个个以兴趣和喜好为屏障的"玻璃房",这道"玻璃壁垒"虽然不妨碍"外部人"对内部的观看,但也没那么容易被打破。这也是亚文化得以存在并兴盛的基础。更何况,人口统计学变量的边界也并未全然被破除。除此之外,互联网在虚拟和现实之间也还是留下了"暂时"的分隔。部分"丧文化"群体成员会在网络平台中发表一些在现实生活中不可能发表的言论。有趣的是,不同网络平台与现实的区隔程度也引发了人们不同的媒介实践,这一点将在之后详述。

三 "丧文化"行动者的媒介实践

以互联网的独特媒介"偏向"为出发点,我们将在这一部分讨论该媒介环境如何对居间的行动者的实践产生"形塑"作用:具体而言,我们的分析集中在观念、行为和社会关系三个维度上。

(一)观念:符号的狂欢

"媒介即隐喻"是尼尔·波兹曼的警句,媒介更像是一种隐喻,用一种隐蔽但有力的暗示来定义现实世界。[1] 这里也将如波兹曼借用麦克卢汉的"媒介即讯息"一样,借"媒介即隐喻"这个颇具哲学色彩的话语来描绘媒介偏向对文化行动者观念的塑造。

互联网信息编码方式对行动者的思维运作方式加以隐蔽而有力的暗示,二者均表现出非线性、整体化、感性化、发散性的特征。互联网剪断了书

---

[1] 〔美〕尼尔·波兹曼:《娱乐至死》,章艳译,广西师范大学出版社,2004。

写/印刷的线性有序,将其编织成具有无数节点的网络并覆盖世界。被安置在网络节点而非直线上的青年群体因此被观念重塑:他们思维跳跃且发散,喜欢新鲜事物,热衷刺激和挑战,缺乏理性和追求娱乐化。在这种互联网思维之下,"丧文化"便是其必然产物。

拥有如网络般发散思维的青年群体对娱乐化、浅层次、情绪化、夸张式文化符号"情有独钟"。当"丧文化"发展出一套为群体成员所共享的符码之后,在自有的表情达意、情绪宣泄的功能之外,对符号本身的关注便成为引发这个群体参与"丧文化"实践的重要动因。之前提到,认为"丧文化"符号新奇有趣而进行创作和传播的青年不在少数,他们可能"丧",也可能只是"为了丧而丧",但有一个共同点在于都认为"丧文化"符号"有意思"。

多样态的"丧文化"符号也彰显了青年群体对原有符号进行解构和再创造的能力。"丧语言":"今天不开心没关系,反正明天也不会好过""有时候你不努力一下,不知道什么叫绝望"。"丧歌":《感觉身体被掏空》。"丧剧":《不求上进的玉子》《伦敦生活》……更不用说"丰富多彩"的表情包和"丧图"。至此,作为"传受过渡体"的青年群体又一次在网络上共同举办了一场符号的狂欢。

除此之外,由于"后亚文化"的多元复杂,"丧文化"青年群体往往也是其他亚文化群体的成员,而这些亚文化大多具有上述特点。例如有些"丧文化"行动者钟爱二次元文化,有些则将"土味文化"视作"快乐源泉",有些行动者还制作过"鬼畜"视频。

值得注意的是,互联网的"全面截除"倾向有时是文化行动者的主动选择。对于一些"丧文化"行动者而言,一方面,他们不认为网络"丧文化"能够反映自己的真实状态;另一方面,他们也并不觉得网络"丧文化"能对自己的现实生活产生实质性的影响。这些行动者仿佛明晰了互联网的娱乐化偏向,干脆将互联网视为"娱乐场所"。在阅读和学习时可以全身心投入的他们,也同时享受着互联网的"麻痹"和"浅度卷入",并认为这两种状态不冲突。

（二）行为：在"丧"与"不丧"之间

对于网络文化行动者而言，虚拟世界是前台而现实世界是后台。假设虚拟与现实是全然分隔的两个场景，人们可以安心地在两个舞台上扮演自己的角色，这两个角色甚至可以完全相反。那么，文化行动者就可以在虚拟世界中随心而行，不必在意可能在现实的舞台上"表演崩溃"，反之亦然。

但是，互联网的场景融合偏向将作为后台的现实世界暴露在作为前台的虚拟世界之中，对互联网使用程度越深，这种暴露就越彻底。这就使得文化行动者在任何一个舞台上的表演都不得不顾忌到另一个舞台的角色，也就是说，他在虚拟世界的行为必然要受到现实世界形象的影响，在现实世界的行为也同样，由此产生了"不前不后"的"中区"行为。"中区"行为指的是在混合场景中出现的新行为。[①]

因此，与其说文化行动者在互联网上的媒介实践是"前台"行为，不如说这是一种场景融合、后台暴露而产生的新的"中区"行为。场景与场景行为的关系示意如图1所示。

前前区行为　前台行为　中区行为　后台行为　深后区行为
　　　　　　　前台　　　侧台　　　后台

图1　场景与场景行为

"丧文化"行动者和其他网络行动者一样，会顾及社交媒体形象和现实形象的维护，对是否参与传播、传播何种内容、平台的选择都有一番考量。有些行动者为了保持与现实状态的一致，会抑制自己对"丧文化"的传播，比如不参与传播或者快速删除；有些行动者则会在"丧"与"不丧"之间寻找一种状态进行展现。耐人寻味的是，一些在现实生活中确实处在颓丧状态的青年反而不会产生"丧文化"传播行为。

---

① 〔美〕约书亚·梅洛维茨：《消失的地域：电子媒介对社会行为的影响》，肖志军译，清华大学出版社，2002。

在互联网的场景融合——分隔偏向部分中提到，不同网络平台与现实的融合程度也引发了人们不同的媒介实践，即不同的"中区"行为。两个或多个场景之间的距离越大，一个人从一个场景到另一个场景的行为变化也就越大。相反场景之间的距离越小，其中发生的行为就越相似。①

"丧文化"群体在微博平台和微信平台上展现的"丧文化"状态与现实状态的差距对比证明了这一观点。对一些"丧文化"行动者而言，微信平台与现实的联系明显要比微博平台与现实的联系紧密，微信好友在现实中大多相识，微博好友则相反。因此，行动者的"微信状态"与现实状态更接近，"微博状态"与现实状态差距更大。也就是说，文化行动者对"丧文化"符号的创作和传播大多在微博平台上进行，而在与现实联系更密切的微信平台上，他们会倾向于保持一致性。当然，无论是"微信状态""微博状态"还是现实状态，均是处在各自前台的表演，因此，在此讨论的都是"呈现"出来的状态。

（三）社会关系：认同的渴望

何道宽在《理解媒介——论人的延伸》一书的中文版序中写了这样一段话：

> 人类从远古至今经历了一个部落化——非部落化——重新部落化的过程。游徙不定、采猎为生的洪荒时代，人类感知世界的方式是整体的、直观的把握……那时的人是整体的人，是部落人……由于劳动分工的出现和拼音文字的发明，人学会了分析，同时也使自己成为被分裂切割的、残缺不全的非部落人……电子时代来临之后，人再不能只专精一门，人们认识世界的方式不再只偏重视觉、文字和线性结构——总之一句话，人不再是分裂切割、残缺不全的人。这就是更高层次上的重新部

---

① 〔美〕约书亚·梅洛维茨：《消失的地域：电子媒介对社会行为的影响》，肖志军译，清华大学出版社，2002。

落化过程。①

"非部落化"到"重新部落化"的过程似乎真实可感。前文所述互联网的去中心化和再中心化、场景融合和区隔，都隐约指涉了互联网的"重新部落化"。今天理解麦克卢汉的"重新部落化"，总会赋予其两层含义：一是重返部落化，人们如口语时代的人一样，是整体的全面的部落人；二是"顾名思义"的再中心化。

互联网时代的社会交往发生了质的变化。互联网打破了时空和地域的界线，时间偏向又保证了基于兴趣的网络社群的形成，朋友圈、群聊、豆瓣小组、知乎话题……每一个网络社群之中都活跃着一批兴趣爱好相投的网民，他们通过互联网紧密联结，共享一套信息符码。互联网的媒介偏向使得身处其中的行动者容易与社群紧密相连，寻求身份认同和情感共鸣便是这种偏向的必然结果，这是成为社群内成员而不是社群外的"他人"的重要心理需求。

事实上，"丧文化"群体不同于其他亚文化群体，不具有清晰的群体边界，群体之间也没有明确的成员关系。即使如此，寻求情感共鸣和身份认同的社交需求依旧是"丧文化"群体投身传播实践的一大动因。一些行动者会在社交平台好友普遍面临较大压力时与他们保持一致，参与到"丧文化"的传播实践中；也有行动者出于"想有人能安慰安慰我"的心态传播"丧文化"符号。

值得注意的是，互联网中的社群与传统意义上的集体明显不同，这不仅体现在二者分别得以联结的前提，还表现在网络社群的集体行为上。通常来说，传播既具有社会取向的部分，又有文化取向的部分②，具有文化解放价值③的互联网则十分明显地具有文化传播偏向。社会向度的传播在态度和行

---

① 〔加〕马歇尔·麦克卢汉：《理解媒介——论人的延伸》，何道宽译，商务印书馆，2000。
② 胡翼青：《论文化向度与社会向度的传播研究》，《新闻与传播研究》2012 年第 3 期。
③ 范明献：《网络媒介的文化解放价值——一种基于媒介传播偏向的研究》，《新闻与传播研究》2010 年第 1 期。

动的指向性上很强,观念与行为通常具有较高的一致性。而文化取向的传播与人们的思想观念紧密相关,通常无关人的切身利益,因此观念与行为往往没有直接因果关系,甚至可能背道而驰。① 文化研究观察到的"丧文化"群体现实状态与网络状态不能一一对应的现象则为这一偏向做了脚注。

四 结论:"我们因何而丧?"

独立于经验研究和批判研究之外的第三大传播研究范式——媒介环境学,在互联网时代重新焕发了生命力。关注于媒介本身及其所建构的媒介环境而非媒介内容的独特视角使得媒介环境学具有独特地位,但也因所谓的"技术决定论"而饱受诟病。事实上,我们不能不看到当今媒介社会的强大影响力,强大到使身处其中的行动者甚至没有察觉。基于此,我们势必将目光从传统的效果研究、受众研究转移到具有强大存在感的媒介自身。同时,在运用媒介环境学这一视角时,也要十分警惕,将媒介、技术、文化放置在合适且恰当的位置。

本研究基于媒介环境学的视角,以文化行动者为中介因素,分析媒介偏向对文化行动者在观念、行为方式和社会关系三个维度上的塑造。研究发现,互联网具有时间—空间二重性、多感官浅度卷入偏向、场景融合—区隔二重性的媒介偏向。置身于诸媒介偏向之中,文化行动者的观念被隐喻式地形塑,具有非线性、整体化、感性化、发散性的特征;兼顾虚拟和现实的"中区"行为显现;社会关系社群化,寻求身份认同和情感共鸣。之后的研究可以进一步思考文化行动者及其创作和传播的文化又如何反过来强化或弱化媒介的偏向和发展。

---

① 胡翼青:《论文化向度与社会向度的传播研究》,《新闻与传播研究》2012年第3期。

B.21 后 记

本书是上海社会科学院国家高端智库建设重大研究项目。全书聚焦上海传媒，分析传媒形态，解读传媒格局，追踪焦点事件热点现象，探究传媒发展趋势，以年度报告形式发布研究成果。本书为系列报告的第八部。

在本书的设计、选题、调研、撰写过程中，诸多单位的专家和学者给予了大力支持，在此谨表衷心感谢。

编委会

2019 年 5 月

Abstract

On the theme of the new era, new configuration and new media, *Annual Report on Media Development of Shanghai* (2019) is focusing on the great development achievements of media and in terms of theory and practice. , elaborating important governance policies and events, new mechanism and new products, analyzing the opportunities and challenges of media industry driven by new technology.

The book is composed of the 5 parts including the general report, hot topics, cases, traditional media transformation, international reference. The general report reviews and concludes the major achievements and shortcomings of in 2018. Hot topics focus on the County level media center, Intelligent media. The third part emphasis on traditional media transformation. The forth part pays close attention to classical media cases. The last part discusses comprehensive phenomena and problems in different fields.

New media is facing structural transition and the media convergence faces new challenges. , and media ecology is facing a new turn. No matter how the technology will be changing, how the external form of media changing, the professionalism and publicity of media is still an effective analysis framework and value judgment basis.

Keywords: New Configuration; Structural Transition; Media Convergence; New Communication Mechanism

Contents

Ⅰ General Report

B. 1 New Communication Mechanism in Intelligent Age

Qiang Ying, Jiao Yuhong / 001

Abstract: On the theme of the new communication mechanism in Intelligent age, the general report is focusing on the great development achievements in terms of theory and practice in 2018. , elaborating important governance policies and events, new mechanism and new products, analyzing the urgency and necessity of constructing the new communication mechanism. This paper discusses the continuous development of Intelligent age, including its importance, researching idea, contents and meaning, focusing on the relationship between new technology and new media. Under the background of internet national strategic and digital China strategy, in all of national level, social level and individual level, , China is generously contributing solutions toward global internet governance in terms of intelligent and technology standards.

Keywords: Intelligent Age; New Communication Mechanism; Ecological Balance

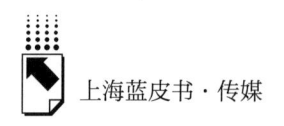

II Hot Topics

B.2 The Reform of News Production Practice under
the New Communication Form　　　　　　*Wang Yue* / 012

Abstract: The increase in mobile bandwidth, the decline in tariffs and the upgrade of product experience have made mobile network more widely available, so that a new form of communication has been gradually constructed. Firstly, the main body of information production has grown. The technical team has become an important part of the information production team in addition to professional journalists and the public.

Secondly, the practice of information production has changed from the "gate" in the traditional media era to the artificial "curing" in the portal era, into a human-machine collaborative "curing". Thirdly, the information production content has changed from the "content thinking" to "product thinking". Lastly, users have changed from public information hunters into personalized information fans. The media industry chain with information distribution as the starting point and gathering entertainment, life, education and wealth management has been formed under the new communication form

Keywords: Mobile Communication; Information Production Subject; Information Production Practice; Information Production Content; User

B.3　Boundary Setting and Legitimacy Reconstruction:
A Study on Artificial Intelligence Discourse
in Journalistic Community　　　　　　*Ding Fangzhou* / 021

Abstract: This study employs metajournalistic discourse theory to investigate the discoursive contest on Artificial Intelligence and intelligence media between legacy journalism and platisher journalism. Research findings include that legacy media and platishers use discourse interpretation and negotiation to distinguish journalistic actors in the AI era and gradually involve platishers in journalism field. Platishers challenge the boundary of traditional journalism by employing AI technologies while legacy media set the boundary of journalism to interpretative and investigative reports so as to strengthen their privileged positions. In legitimization process, platishers build their legitimacy on user needs while legacy media reconstruct their legitimacy on normative discourse and journalistic values. The discourse contest between legacy journalism and platisher journalism reveals the ongoing boundary work and legitimization process in the journalistic field.

Keywords: Metajournalistic Discourse; Artificial Intelligence; Platisher Journalism; Boundary Work; Legitimization

B. 4 Research Report on the Business Model and Technical Framework of the Integration Media Center

Zou Shuangze / 032

Abstract: Integrated media technology platform is not only a resource pool, but also an elastic distribution and application system. It is based on cloud computing technology, completing integrated production of all media, integrating release of diversified channels and making interactive business.

Keywords: Cloud Computing Technology; Integrated Media Technology Platform; Resource Pool; Interactive Business

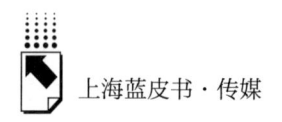

Ⅲ Traditional Media Transformation

B. 5 What Could Blockchain Technology do for Journalism?
—Taking *Decentralized News Network* (*DNN*)
  as an Example   *Dai Lina, Zhang Yuying* / 045

Abstract: The current journalism industry is in a dilemma of survival and development, the decline in media credibility caused by the proliferation of fake news and news entertainment is an important reason for news industry's crisis. There is an urgent need for the industry to find a way to self-break through in order to gain more readers for themselves and to achieve sustainable development. As an emerging technology, blockchain has been increasingly sought-after in many industries, it also provides a searchable direction for the development of journalism. This paper takes Decentralized News Network (DNN), a collaborative blockchain news platform, as an example, discusses its operation mode and potential problems, in order to provide suggestions for the application of blockchain technology in journalism industry.

Keywords: Blockchain Technology; Decentralization; DNN; Journalism

B. 6 The Development of Financial Media in the Era of
  Media Integration
  —*Taking Jiemian · Cailian Association as an Example*   *Dai Yu* / 056

Abstract: Media convergence is a dynamic process that constantly deepening. Now it has developed into a fusion of different media forms and cross-industry capital integration. It has multiplied competition and cooperation of various modes of communication. In particular, the financial media that has been at the forefront of the industry in this round of convergence acceleration process has developed in a multi-disciplinary and multi-disciplinary manner in industries, technologies, capital, and supervision. It has profound enlightenment for a deep understanding and future development of the media industry effect. This paper selects the emerging mainstream financial media group: Jiemian · Cailian Association, as the object of investigation comprehensively analyzes the many changes that have taken place in this way. So as to examine the changes in China's financial media's response to media integration, in order to look forward to the future development trend of the entire media industry in China.

Keywords: Media Integration; Financial Media; Jiemian · Cailian Association

B.7 Analysis the Platform Strategy of Traditional Media
News Client   *Gao Cunling, Zhang Lihua* / 071

Abstract: 2015 is the year when the Chinese traditional media news client broke out, and many news clients implemented. However, compared with Today's Headlines, Netease News client, the traditional media news client has many shortcomings. The main manifestations are: small download, relatively poor impact, lack of personalized content, poor user viscosity, etc. Based on the analysis of the traditional media news client, this paper believes that the platform can become a new way for the development of traditional media news client. Through the platform practice, the news client will become an information exchange platform, and provide users with differentiated services, which will effectively make up for the above shortcomings.

Keywords: Traditional Media; Client; Platform

B.8　On the Trends and Problems of Chinese Mobile

　　　Publishing Industry　　　　　　　　　　*Meng Hui* / 079

Abstract: With the development of mobile technologies and information technologies, the mobile publishing industry has thrived in recent years. However, China's mobile publishing industry is still immature and facing some problems for further study. This paper analyzes the development status and trend of Chinese mobile publishing, and points out problems such as homogenizationhoof content, lack of innovation in design, and vulgarization of content. It also claims that the industrial chain and business models need to be further explored, and the development models of mobile publishing in developed countries need to be learned from.

Keywords: Media Integration; Digital Publishing Cases; Mobile Publishing

Ⅳ　Cases

B.9　A Study on Public Cognition and Attitudes towards Major

　　　Host Diplomatic Activities in the New Era

　　　　　　　　　　　　　　　　Zheng Bofei, Zhang Xuekui / 095

Abstract: The first China International Import Expo is the world's first state-level large scale expo with import as the theme. As the finale of four host diplomatic events in China, expo is not only conducive to deepening reform and opening up, but also promoting development of global open economy. Analyzing and grasping Shanghai citizens' cognition and attitude at expo's preparatory period is beneficial to provide references for the hosting of the second China International Import Expo and other related activities. Through the questionnaire survey of 1000 Shanghai citizens in the 50 − day countdown of the expo, we can find that Shanghai citizens attach high attention to expo and affirm its positive meaning, but citizens' attention to the host diplomatic meaning of expo is not enough; Shanghai citizens show enough confidence in smooth convocation of expo and they are pleasure to participate in it, but there is still a gap between sense of participation and enthusiasm of them. This survey also show us that the three main channels for Shanghai citizens obtaining information of expo are news aggregation platforms, news mobile clients and TV, and publicity of expo on Microblog, WeChat, other social medias and in public places still need to be improved in the future preparatory process of the second China International Import Expo.

Keywords: Host Diplomacy; China International Import Expo; Public Cognition; Public Attitude

B. 10 From "Large Freehand" to "Meticulous Painting": A Tendency Study of Western Mainstream Media's Report on the Belt and Road Initiatives *Guo Yajing* / 109

Abstract: The Belt and Road Initiatives has been developing for five years, and there have been diversified reporting tendencies in foreign media reports. From the discourse characteristics of the report to the logical framework, the mainstream medias in the West are constructing a new understanding of the Belt and Road Initiatives and the image of China. This paper focuses on the text analysis of three reports on search content, cross-validating the cognition and shaping of Chinese image when foreign mainstream media reports on the Belt and Road Initiatives related issues.

Keywords: The Belt and Road Initiatives; Media Coverage; Global Governance System; New Economic Model

B. 11　Rumor Communication in New Media Environment
　　　　—A Case Study of ××× Scandal　　　Zhang Yuchen / 123

Abstract: Taking ××× scandal as a Case, the essay tries to analyze the spread of the rumors, the main types of rumors and different roles each subjects played in the spead of the rumors associated with this scandal and understand the new characteristics of rumor communication in Weibo and Wechat Environment in today's China. It is found that the rumors associated with this scandal mainly focused on the severity of the abuse, who the criminals were and the impartiality of public power and law enforcement, which constituted the main uncertainties of this scandal. The coorporative production of network rumors, the old methods of rumos control and the lack of cognition authority of the government and mass media are the key factors that account for the continuous spread of rumors associated with this scandal. Rumors today has hecome an important medium for people to communicate over uncertainties. The tratditional concepts of rumors and stategies to do with rumors cannot work well and need to be reflected upon and updated.

Keywords: Improvised News; Cognition Authority; Ambiguity; Rumor Corrections

B. 12　Research on the Agenda Settiing between Online
　　　　Media and Traditional Media: A Case Study
　　　　of Swedish Police Brutalizing Chinese Tourists
　　　　　　　　　　　　　　　　　　Li Jingxin, Jiao Yuhong / 137

Abstract: The function of online media agenda setting has become increasingly prominent, which has attracted the attention of many domestic scholars. However, few studies have been conducted on the interaction between online media and traditional media. Based on the theory of inter-media agenda setting, this paper analyses and compares the differences between traditional media and Internet media in the issue setting strategies, and explores the influence of the two media on the issue setting through content analysis, focusing on the relevant reports of Global Times and Sina News in the event of "Swedish police brutalizing Chinese tourists". After the analysis, it provides some suggestions on how to better complement and win-win between the two, so that the audience can understand the process of events from multiple perspectives and levels.

Keywords: Traditional Media; Online Media; Inter-media Agenda Setting

B. 13 Luck, Attribution Theory and Social Support:
a Case Study of Online Public Opinion of the Alipay
Prize Draw Winner *Jinli*

Yang Ya, Wang Tongning and Wan Lemeng / 151

Abstract: The paper selected Alipay prize draw winner *Jinli* in 2018 as a study case. From the perspective of luck attribution and social support, with online public opinion analysis, this study focused on the characteristics of the group who actively discussed this topic in social media field, the types of behavior to seek social support, and the different circles and group types of communication. In the process of paying attention to the *Jinli* incident, the perceived social support by the group initially derived from the secondary group, forming a circle of expression and momentum; then, the actors who wish to give social support to others would convey "luck" to the objects by forwarding or referring to others on social media in the secondary circle, where "luck" is often transmitted between family members and friends which were reckoned as the primary group. In addition, in the mainstream voice, just a few people wish to get rich overnight. Most of them did not regard "luck" as the main attribution factor but more as a personal factor, that is, "belief in luck". Finally, the study also explored the positive impact of rational view of "luck" and thus obtained social support on individuals.

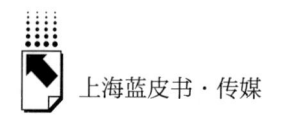

Keywords: Luck; Attribution Theory; Social Support; Alipay *Jinli*; Social Network Analysis

V Comprehensive

B.14 The "Anxiety" of Capital and the "Controversy" of Technology: The Internet Live Streaming in Public Discourse *Bai Hongyi, Li Tuo* / 161

Abstract: Driven by digital technology, the Internet live streaming has got rid of "sub-culture" gradually, becoming a national movement. In this context, some domestic news reports, news comments and Internet community text materials about "Internet live streaming" since 2016 are collected in this paper. The public discourse of the Internet live streaming is examined comprehensively. It is tried to show the difference among different subjects in terms of the positions, attitudes and views on the Internet live streaming as well as the related reasons. It shows that it still needs time to test whether the Internet live streaming, as a product of capital and technology, can gain advantages in the competition with the traditional media industry backed up by the country as well as in the relatively mature market media in the future.

Keywords: Live Streaming; Public Discourse; Live Streaming Host; Live Streaming Platform

B. 15 Ethical Anomie and Comprehensive Management
Measures for the Webcast   *Yang Taolian* / 183

Abstract: With the development of network techniques and 4G smart phones, the webcast has become a new media platform for people's daily life and entertainment. At the same time, there are also ethical anomies such as live pornography, violence and privacy violations. Based on the analysis of the chaotic phenomenon of the webcast, this paper studies the causes of ethical anomie of the webcast from the webcast platform, network live broadcaster and audience, and puts forward the comprehensive management measures.

Keywords: Webcast; Ethical Anomie; Comprehensive Management

B. 16 The Development Ecology of Mobile Video in a Strong Regulatory Context: Status, Problems and Adjustments
Fang Shishi, Zhang Xinzhi / 196

Abstract: As a new mode of communication at the mobile end, mobile video has formed a world-wide distribution in 2018. While almost at the same time, mobile video blooms in China with local characteristics and practice. In this report, we summarize the four main periods of mobile video's development in China, analyze the core problems and bottlenecks under the strong regulation, and point out the adjustments needed for the future development.

Keywords: Mobile Video; Initial Maturity; Strong Regulatory; Values

B. 17 Classification and Current Situation of Mobile Social APP
Li Jing / 213

Abstract: Mobile Social APP is one of the most mobile apps in China today. The essay summarizes the current situation and development history of Mobile Social APP resent years and try to classify according to the characteristics of social contact and different product mode. The paper analysis the innovation of APP's different modes and then try to explore the way of product design and the future development of this market with considering about the classic case and industry data.

Keywords: Mobile Social APP; Social +; Short Video

B. 18 Media as New Social Forces: Reseach on the Participation of Community Media in Community Governance of in New Communication Era *Guo Enqiang, Deng Yile* / 224

Abstract: With the material basis of new media technology, Internet community forum, New Community APP, social media with community functions, conmmunity sections of traditional media, can all be regarded as nodes in the communication networks and can be new forces in the participation of community governance. "Xinmin Lingsheng" as a new community APP, can be seem as a typical case. However, in its actual operation, "Xinmin Lingsheng" met with some problems regarding trasformation, orientation, resource, technology and faculty, which need to be solved. This weakened the effect of the participation of the new force in the community governance. It is argued that governance forces of community should be enhanced and guaranteed by the investment of finance, technology and human resources. A new mode and new system of community governance should be constructed to foster the convergence of people, media and community in community governance.

Keywords: Community Governance; Community Media; Community Participation; Network Society

B. 19　Research on the Construction of Community Communication System in New Media Environment

Dong Qian / 237

Abstract: At present, many communities are able to actively use various new media platforms for information communication. The community communication system has been initially constructed, and interpersonal and inter-group interactions have also broken through time-space restrictions to some extent. However, in practice, the effectiveness of these "virtual communities" is not satisfactory, specific performance: poor interaction, low publishing efficiency, and isolation between virtual and entity. This paper argues that the contradiction between the "flat network" and the "bureaucratic system" creates a disconnection between the realistic system and the urban network. It is also the fundamental reason why the existing community communication system cannot work very well. The innovation of community communication system should use new ideas and new technologies to create a multi-governance pattern, to cooperate and integrate with other communication systems, and to be alert to the "digital gap".

Keywords: Community Communication System; "Flat Network"; "Bureaucratic System"; Virtual Community

B. 20　How Does New Media Environment Shape Cultural Actors? An Analysis of the "Dispirited Culture" as an New Communication Phenomenon　　*Ma Xinyao, Dai Yuchen* / 248

Abstract: Based on the perspective of media ecology, this study takes cultural actors as intermediary factors to analyze how media bias shape cultural actors in three dimensions: concept, behavior and social relations. The research finds that there are three media bias of Internet, include time-space duality, multisensory shallow involvement bias, scene fusion-partition duality. In the media ecology, the concepts of cultural actors are metaphorically shaped, with the characteristics of non-linearity, integration, sensibility and divergence; the "middle-region behavior" which takes into account both virtual and real situations emerges; the social relations are communalized, seeking identity and emotional resonance.

Keywords: Media Ecology; "Dispirited Culture"; Media Bias; Cultural Actors

B.21　Postscript　　　　　　　　　　　　　　　　　　　　／263

权威报告·一手数据·特色资源

皮书数据库
ANNUAL REPORT(YEARBOOK) DATABASE

当代中国经济与社会发展高端智库平台

所获荣誉

- 2016年，入选"'十三五'国家重点电子出版物出版规划骨干工程"
- 2015年，荣获"搜索中国正能量 点赞2015""创新中国科技创新奖"
- 2013年，荣获"中国出版政府奖·网络出版物奖"提名奖
- 连续多年荣获中国数字出版博览会"数字出版·优秀品牌"奖

成为会员

通过网址www.pishu.com.cn访问皮书数据库网站或下载皮书数据库APP，进行手机号码验证或邮箱验证即可成为皮书数据库会员。

会员福利

- 已注册用户购书后可免费获赠100元皮书数据库充值卡。刮开充值卡涂层获取充值密码，登录并进入"会员中心"—"在线充值"—"充值卡充值"，充值成功即可购买和查看数据库内容。
- 会员福利最终解释权归社会科学文献出版社所有。

数据库服务热线：400-008-6695
数据库服务QQ：2475522410
数据库服务邮箱：database@ssap.cn
图书销售热线：010-59367070/7028
图书服务QQ：1265056568
图书服务邮箱：duzhe@ssap.cn

卡号：614157538862
密码：

S 基本子库
SUB DATABASE

中国社会发展数据库（下设12个子库）

全面整合国内外中国社会发展研究成果，汇聚独家统计数据、深度分析报告，涉及社会、人口、政治、教育、法律等12个领域，为了解中国社会发展动态、跟踪社会核心热点、分析社会发展趋势提供一站式资源搜索和数据分析与挖掘服务。

中国经济发展数据库（下设12个子库）

基于"皮书系列"中涉及中国经济发展的研究资料构建，内容涵盖宏观经济、农业经济、工业经济、产业经济等12个重点经济领域，为实时掌控经济运行态势、把握经济发展规律、洞察经济形势、进行经济决策提供参考和依据。

中国行业发展数据库（下设17个子库）

以中国国民经济行业分类为依据，覆盖金融业、旅游、医疗卫生、交通运输、能源矿产等100多个行业，跟踪分析国民经济相关行业市场运行状况和政策导向，汇集行业发展前沿资讯，为投资、从业及各种经济决策提供理论基础和实践指导。

中国区域发展数据库（下设6个子库）

对中国特定区域内的经济、社会、文化等领域现状与发展情况进行深度分析和预测，研究层级至县及县以下行政区，涉及地区、区域经济体、城市、农村等不同维度。为地方经济社会宏观态势研究、发展经验研究、案例分析提供数据服务。

中国文化传媒数据库（下设18个子库）

汇聚文化传媒领域专家观点、热点资讯，梳理国内外中国文化发展相关学术研究成果、一手统计数据，涵盖文化产业、新闻传播、电影娱乐、文学艺术、群众文化等18个重点研究领域。为文化传媒研究提供相关数据、研究报告和综合分析服务。

世界经济与国际关系数据库（下设6个子库）

立足"皮书系列"世界经济、国际关系相关学术资源，整合世界经济、国际政治、世界文化与科技、全球性问题、国际组织与国际法、区域研究6大领域研究成果，为世界经济与国际关系研究提供全方位数据分析，为决策和形势研判提供参考。

法律声明

"皮书系列"（含蓝皮书、绿皮书、黄皮书）之品牌由社会科学文献出版社最早使用并持续至今，现已被中国图书市场所熟知。"皮书系列"的相关商标已在中华人民共和国国家工商行政管理总局商标局注册，如LOGO（ ）、皮书、Pishu、经济蓝皮书、社会蓝皮书等。"皮书系列"图书的注册商标专用权及封面设计、版式设计的著作权均为社会科学文献出版社所有。未经社会科学文献出版社书面授权许可，任何使用与"皮书系列"图书注册商标、封面设计、版式设计相同或者近似的文字、图形或其组合的行为均系侵权行为。

经作者授权，本书的专有出版权及信息网络传播权等为社会科学文献出版社享有。未经社会科学文献出版社书面授权许可，任何就本书内容的复制、发行或以数字形式进行网络传播的行为均系侵权行为。

社会科学文献出版社将通过法律途径追究上述侵权行为的法律责任，维护自身合法权益。

欢迎社会各界人士对侵犯社会科学文献出版社上述权利的侵权行为进行举报。电话：010-59367121，电子邮箱：fawubu@ssap.cn。

社会科学文献出版社